KB265203

여자가 부자되는 부동산 경매로

대한민국에서 **땅땅**거리며 살아가기

여자가 부자되는 부동산 경매로

대한민국에서 **땅땅**거리며 살아가기

펴낸날 | 2005년 4월 28일 초판 1쇄

지 은 이 | 양용화
펴 낸 이 | 이태권
펴 낸 곳 | 소담출판사
　　　　　서울시 성북구 성북동 178-2 (우)136-020
　　　　　전화 | 745-8566~7　팩스 | 747-3238
　　　　　e-mail | sodam@dreamsodam.co.kr
　　　　　등록번호 | 제6-58호(1979년 11월 14일)
　　　　　홈페이지 | www.dreamsodam.co.kr
기획 편집 | 이장선 가정실 방세화
미　　술 | 이성희 김지혜
본 부 장 | 홍순형
영　　업 | 박종천 장순찬 이도림
관　　리 | 이영욱 안찬숙 장명자

ⓒ 양용화, 2005
ISBN 89-7381-842-2　13320
● 책 가격은 뒤표지에 있습니다

대한민국에서 땅땅거리며 살아가기

양용화 지음

소담출판사

|Contents|

여자가 부자되는 부동산 경매로
대한민국에서
땅땅거리며
살아가기

부동산 경매에 관한 책을 써보자는 제안을 처음 받았을 때, 문득 내가 경매를 배우기 시작했던 때가 떠올랐다. '그때 가장 힘들었던 점이 무엇이었지?' 질문에 대한 해답은 쉽게 떠올랐다. 처음으로 부동산 경매 관련 책을 읽었을 때 전문 용어 및 법률 용어를 이해하는 데 많은 어려움을 겪었다. 특히 대법원 판례를 읽어내려갈 때는 최소한 5번 이상 읽어야 해석이 되는 경우가 대부분이었다. 그나마 나 자신이 법률을 꾸준히 접하고 있었기에 가능한 일이었다. 그 당시 느낀 점은 '경매는 어렵구나' 였다. 그 후로 경매 강좌를 통해서도 많은 수강생이 나와 같은 문제로 어려움을 겪는 것을 지켜봐왔다. 그때 떠오른 생각이 '쉽게 이해할 수 있는 경매 서적은 없을까?' 였다.

그래서 처음 결심한 것이 최대한 쉽게 쓰자는 것이었다. 부동산 경매는 그 성격상 법률을 배제하고는 생각할 수 없다. 법률 조문을 읽어본 독자라면 누구라도 느끼겠지만 어떤 법률 조문의 경우에는 전문가가 아니고서는 도저히 이해할 수 없는 것도 많다. 특히 대법원 판례를 읽을 때면 외국어를 읽는 듯한 착각에 빠지기도 한다. 때문에 경매 서적은 필자가 쉽게 쓰려고 아무리 노력을 한다 해도 그 한계가 있음은 어쩔 수 없는 일이다.

하지만 이 책의 주 독자층을 '부동산 경매를 처음 접하는 초보 여성'에 두고 기획, 집필하였기에 항상 그 점을 염두에 두고 최대한 이해하기 쉽게 글을 쓰려고 노력했으며, 특히 어려운 용어의 경우에는 우리가 일상에서 자주 접하는 말로 표현하기 위하여 최선을 다하였다.

이해를 돕기 위하여 하나의 항목을 설명할 때 최대한 쉬운 말로 풀어서 설명하고 마지막에는 해당 법률의 원문을 옮기는 방식으로 표현했으며 사례를 가급적 많이 수록하여 부동산 경매가 필연적으로 가지고 있는 딱딱함을 해소하고자 했다. 또한 경매 관련 용어는 계속 변경되어왔다. 경매라는 용어만해도 '경매'에서 '입찰'로 그리고 다시 '매각'으로 바뀌었다. 하지만 본문에서는 여러분의 이해를 돕기 위하여 3가지 용어를 혼용하여 사용하였음을 밝힌다.

이 책에 기재된 사례는 실제 사례이므로 부동산 경매 초보자가 이해하기 쉬울 뿐더러 부동산 경매의 표준 사례라 해도 지나치지 않을 정도로 우수한 사례만 간추려 기재하였으니 큰 도움이 될 것이라 확신한다. 또한 이곳에 기재한 사례를 최근 것으로 하지 않고 과거 사례로 한 것은 현재 얼마만큼의 수익을 실현했는지를 조금 더 실감나게 알려주기 위함이다.

이 책은 최대한 초보자를 위하여 집필하였다. 따라서 '이 책 한 권만 읽으면 부동산 경매 전문가가 된다!'라는 표현은 거부하고자 한다. 이 책에 미처 수록하지 못한 많은 판례와 사례는 여러분의 수준이 조금씩 더 높아질수록 지식에 대한 목마름으로 작용할 것이다. 이러한 점은 기회가 된다면 계속 보완해 나가고자 한다.

막상 책을 써놓고 보니 아쉬운 점이 한두 가지가 아니다.

하지만 시중의 어떤 책보다도 용어나 내용 등을 쉽게 집필하였고, 다른 책에서는 볼 수 없는 이론과 사례를 함께 적절히 배치하여 사례의 주인공과 함께 행동하는 듯한 현장감을 최대한 살려 독자의 이해를 높일 수 있도록 집필하였다고 자부한다. 이를 통하여 이 책을 읽는 여러분은 보다 쉽고 빠르게 부동산 경매를 이해할 수 있을 것이다.

마지막으로 이 책이 나오기까지 도움을 주신 많은 분들에게 고마운 마음을 전하고 싶다. 곁에 건강하게 계셔주셔서 언제나 감사한 부모님과 형제들, 많은 어려움을 감내하면서 두 아들 종혁, 종민을 잘 키워주고 있는 아내, 이 책이 나올 수 있도록 저에게 용기를 주고 마지막까지 독려를 아끼지 않으신 한성출판기획과 소담출판사 식구들에게 감사의 마음을 전한다.

2005. 양용화

제1장
부동산 경매
초보 여우의 투자 일기

●35세 당당한 싱글녀의 내 손으로 오피스텔 장만하기

부동산에 투자하는 사람은 크게 두 가지로 분류할 수 있다. 첫번째 사람은 그야말로 많은 이익을 위해 자신의 여윳돈을 가지고 부동산 시장을 쫓아다니는 사람. 두번째 사람은 알뜰살뜰 모은 종잣돈을 가지고 실거주를 위해 투자하는 사람이다. 그렇다면, 이 두 사람의 가장 큰 차이점은 무엇이며, 또 어느 쪽이 투자에 성공할 수 있는 확률이 더 높은 걸까?

아마도 대부분의 사람은 여윳돈으로 부동산을 찾는 사람이 더 유리한 조건에서 좋은 물건에 투자할 확률이 높다고 생각할 것이다. 물론 맞는 말이다. 투자금액의 규모가 크면 클수록 투자할 수 있는 폭이 넓은 건 사실이니까. 하지만 부동산 시장은 '여기저기 찔러봐서 되는 감 따먹는' 식의 확률 게임이 아니다. 하나를 잡더라도 제대로 된 물건을 찾는 것이 승패를 좌우한다. 즉 금액과 상관없이 본인의 노력 여하에 따라 달라진다는 점이다. 특히 부동산 경매 시장은 더욱 그렇다. 하나의 사례를 보더라도 자신이 체크하고, 필요한 부분이 무엇인지 알기 위해서는 기본적인 시장 흐름은 파악할 줄 알아야 한다. '아는 만큼 성공한다' 는 간단한 공식이 기가 막히게 들어맞는 투자처인 셈이다. 사람들은 발을 담그지도 않고 한번도 접하지 않은 세상에 대한 두려움에 떤다. 그러나 이러한 것들은 자신에게 아무런 도움이 되지 않는다. 필자는 과정을 즐기라는 말을 하고 싶다. 과정을 즐기고, 위험 요소도 이겨내다 보면 분명히 성공이 보일 테니 말이다. 여기 부동산 경매에 처음으로 문을 두드린 여성이 있다. 이 여성의 경매 투자 일기를 함께 들여다보면서 경매를 배워보자!

35세 당당한 싱글녀의
내 손으로 오피스텔 장만하기

'당당한 싱글, 실천하는 여자가 아름답다' 라는 인생관을 갖고 있는 최윤미라고 합니다. 제 나이는 35세이며 을지로에 있는 금융기관에서 근무하는 독신 여성입니다.

저의 관심사는 딱 세 가지입니다.

기죽지 않고 당당하게 살게끔 해주는 여유자금, 몸짱이 되고자 아침저녁으로 끊어놓은 요가 수강증 그리고 편안한 생활을 영위할 수 있도록 해주는 집 한 채입니다.

우와 멋지다고요? 혼자 살려면 갖춰야 할 것이 많잖아요! 특히 내 집 마련은 30대에 이뤄야 할 인생의 목표이기도 한데요, 글쎄 부동산 경매라는 좋은 경로가 있다는 겁니다. 그래서 머리 싸매고 열심히 연구를 시작했습니다. 처음에는 오피스텔을 낙찰받았습니다. 저야 운이 좋아서 낙찰에 성공했다고 하지만 경매는 누구나 성공할 수 있는 분야입니다.

왜 이런 말이 있죠. '아무것도 모를 때가 가장 용감하다' 고…….

지금은 아파트로 거주지를 옮기기 위하여 아파트 경매에 관심을 쏟고 있는데 여러분의 성공에 조금이나마 보탬을 드리고자 제 지난날의 투자 일기를 꺼내봅니다.

출근길의 지하철에서 평소처럼 경제신문을 펼쳤다. 신문을 읽어내려가던 중 경매 성공 사례 기사가 눈에 띄었다. 물론 한참 경매에 관심을 갖기 시작해서 인지 모르겠지만, 나를 위한 기사가 떡하니 있는 것이 아닌가? 어디 한번 살펴볼까? 전에도 성공 사례는 몇 번 읽어보았지만 오늘은 왠지 다른 느낌으로 그 기사가 다가왔다.

평소 재테크에는 관심이 많았지만 주식은 손해를 보았다는 친구들이 많아 처음부터 엄두를 내지 못했고, 그래서 그냥 은행에 돈을 넣어두고 있지 않은가? '그래! 나도 경매로 재테크를 한번 해보는 거야! 부동산은 그래도 안전하다잖아! 마침 전세 만기도 다가오는데 이참에 이사할 집도 알아보자.'

경매에 관심이 쏠려 신문의 다른 면을 뒤적이며 경매 강좌 광고를 찾아보았다. 사람이란 원래 필요에 의해 관심사가 보이기 마련 아니던가? 물론 내가 이렇게 이야기하면 우리 어머니께서는 "그래, 그럼 지금까지 남자에는 관심이 없어서 혼자 사냐!" 라고 할지도 모른다.

그러나 나는 절대 굴하지 않고, 내 인생을 스스로 개척하려고 한다.

막상 알아보려고 하니까 왜 이렇게 경매 강좌를 하는 곳이 많은지?

마침 직장 근처에 있는 모 기관에서도 경매 강좌를 예고하고 있는 것이 눈에 띄었다.

교육일정 : 2002. 5. 16 ~ 6. 18 (매주 월, 화, 목요일)

교육시간 : 오후 7시부터 10시까지

교육비 : 60만 원

'시간은 맞는데 교육비가 만만치 않네, 그래도 마음먹은 김에 한번 해보자.'

퇴근하면서 교육기관에 들러 접수를 했다.

이것이 부동산 경매와의 첫 만남이었다.

오늘 첫 강의를 들었다. 부동산 경매 입문과 용어의 이해 등 부동산 경매 총론이 오늘 강의 주제였다.

"아니, 초보자 과정이라며 뭐가 이렇게 복잡하고 어려운 거야?"라는 생각이 강의시간 내내 들었다. 아니 솔직히 말하면 앞으로 일주일은 더 그럴 것 같다. 이제부터 어쩐담? 주변 사람들에게 큰소리쳤는데?

두번째 강의는 민법과 민사소송법을 주제로 하였는데 한숨이 발끝부터 올라오는 것이 아닌가?

"어휴~ 법은 언제 들어도 피곤해, 용어도 어렵고. 오늘만 같으면 어디 듣겠어? 나는 지은 죄도 없는데 무슨 법이란 말인가? 다음 강의도 주택임대차보호법이던데 큰일이네."

야간에 어려운 책을 끼고 앉아서 교육을 받으니 피곤하긴 했지만 새로운 것을 배우는 재미 또한 쏠쏠했다. 그런데 아니 이럴 수가! 어디서 많이 본 듯한 사람이 내 앞으로 뚜벅뚜벅 걸어오는 것이 아닌가?

"팀장님, 여기는 웬일이세요? 팀장님도 경매 과정 들으세요?"

회사에서 재테크의 달인으로 통하는 박문수 팀장이었다.

"아! 자네도 여기서 강좌를 듣나? 아주 현명한 선택을 했구만!"

"근데 팀장님은 이런 강좌 들을 필요 없으시잖아요?"

"나는 두 번째 같은 강좌를 듣고 있는데 들으면 들을수록 배울 점이 많아. 자네는 처음 듣는 모양인데 처음에는 다 어리둥절할 걸세"

'재테크의 달인으로 통하는 팀장님도 두 번이나 들었다는데 그까짓 것 나도 한번 해보지 뭐.' 마음을 바꾸니 확실히 자신감이 생겼다.

특히 강사가 재미있게 강의를 해줘서 그리 힘들이지 않고 공부를 마칠 것 같은 예감이었다. 오늘 배운 것을 복습하고 자야겠다.

◉ 2002년 5월 21일 (화) 골짜기를 넘어야 산을 정복한다!

오늘의 강의 주제는 주택임대차보호법과 말소기준권리 및 인수주의 등 부동산 권리분석에 대한 것이었다. 민법에서 들은 법률 용어 때문에 지레 겁을 먹고 강의에 임했는데 우리 실생활과 밀접한 관계가 있는 법이라서 그런지 많이 어렵지는 않았다.

오히려 매우 재미있었고 유익했다.

사실 직접 경험해보지 않고서는 그 떡의 맛이 어떤지 정확하게 알기 어려운 법이다.

"너 같은 애는 운전면허 절대 못 따. 간이 콩알만하면 안 되거든."

친구들의 말처럼, 내 인생에 있어서 나를 괴롭힌 최대의 적은 바로 운전면허증이었다. 워낙 겁이 많아 혼자서 자동차를 몰 자신이 없었기 때문이다. 그러나 집과 직장의 거리가 멀어짐에 따라 필요에 의해서 면허증을 따야 했고, 스물일곱 살 드디어 운전면허 시험에 최윤미라는 이름을 등록시켰다. 처음에는 손발이 저리고, 세상 사는 것이 이렇게 힘든 거구나 하고 느꼈는데 차츰 적응해보니 처음보다는 겁이 많이 사라졌다. 그리고 지금은 뒤도 안 돌아보고 주차를 시키는 베스트 드라이버로 군림하고 있다. 이처럼 세상에는 자신이 익숙하지 않은 사물 혹은 기능에 대한 두려움이 있기 마련이다. 그것을 내 몸과 일치시키기까지 가장 큰 적은 바로 뛰어들기 전에 자신을 얽매는 괜한 두려움이다. 경매도 마찬가지이다. 막상 강의를 들으니 왜 진작에 시작을 안 했는지 후회가 몰려온다.

'최윤미! 골짜기를 넘어야 산을 정복할 수 있어, 파이팅' 이라는 낙서를 몇 자 적으니 수업의 반이 지나갔다. 마침 그때 강사는 수업을 멈추고, 수강생들과 이야기를 나누었다.

최고 권력자가 경매로 집을 잃고 천막생활을 하는 서민을 보고 법을 만들도록
했다는 주택임대차보호법 제정 당시의 상황을 설명해준다.

차츰 경매의 핵심으로 다가감을 느낀다.

⊙ 2002년 6월 1일 (화) 드디어 투자 전략에 들어갔다

이제부터 본격적으로 실제 투자 요령에 대한 강의가 시작되었다.

드디어 기다리고 기다리던 실제 투자 전략 수업이다. 내가 이 날을 얼마나 기
다렸는지 아무도 모를 것이다. 지금까지 배운 것들을 실전 연습을 통해 파악
하는 오늘 수업을 하나도 빠짐없이 노트에 메모하였다.

오늘 강의는 아파트, 단독 주택, 다세대 주택 등 물건별 투자 전략에 대한 것이
었다. 평소 관심이 많았던 아파트에 대한 투자 요령을 듣고 나니 어서 빨리 경
매에 참가하여 낙찰받고 싶은 마음이 간절해진다.

오늘은 물건별 투자 전략의 두번째 시간으로 토지와 상가의 투자 전략에 대한
강의가 있었다. 경매는 물건별로 별 차이가 없다고 생각했었는데 강의를 듣고
나니 물건별로 투자 전략이 많이 차이 나는 것을 느꼈다.

역시 이래서 공부를 해야 한다니까.

⊙ 2002년 6월 17일 (월) 세금전략이 기본이라고?

부동산을 사고 팔 때는 누구나 똑같이 세금을 내는 줄 알았는데 오늘 강의를
듣고서 그렇지 않음을 알았다.

내가 모르는 게 의외로 많구나 하는 것도 새삼 느낄 수 있었다. 부동산 중개업
소를 통해서 아파트를 사는 것보다 경매로 살 때 세금이 더 많다는 얘기를 듣
고 처음에는 이해되지 않았다. 경매로 사면 조금이라도 더 싸게 살 수 있을 테
고 그러면 당연히 그만큼 세금도 적을 것으로 생각했는데, 강의를 들어보니
탈세가 아닌 절세 요령도 참 다양하구나 하는 것을 느꼈다. 일반적인 매매에

서는 과세시가표준액이란 것으로 취득세와 등록세를 내고 경매에서는 낙찰가격으로 취득세와 등록세를 내는데 이 과세시가표준액이 시세의 절반에도 미치지 못한다고 한다. 그런데 경매로 아무리 싸게 사봐야 시세의 절반 이하로는 낙찰받기가 힘들기 때문에 결과적으로 경매로 사면 세금을 조금 더 낸다고 한다. 그러나 반드시 그렇게 되는 것은 아니고 전세보증금이 많은 임차인을 인수하는 조건으로 낙찰받으면 낙찰가격이 그만큼 낮아져서 세금도 줄어든다고 한다.

부동산 경매 과정을 들으면서 다른 재테크 분야에도 관심을 갖기 시작했다. 외국어 하나를 터득하면, 다른 언어를 습득하는 데도 빨리 적응된다는 말이 이해된다. 경매를 파고들면서 자연스럽게 다른 재테크 분야에도 영향을 미친다는 사실을 깨닫게 되었기 때문이다.

경매와 세금은 서로 다른 별이라고 생각했는데 공존하고 있었다니? 새삼 배움의 기쁨을 느낀다.

서점에 가서 부동산 세금에 관한 서적을 살펴봐야겠다. 이왕 시작한 김에 제대로 해볼 생각이다.

◉ 2002년 6월 18일 (화) 경매 강의 수료증 받은 날!

드디어 오늘, 낙찰받은 주택을 점유하고 있는 임차인 및 소유자에 대한 명도 방법 등의 공부를 마지막으로 모든 강의가 끝났다. 강의를 마치고 지도교수로부터 수료증을 받으니 새로운 분야에 도전하여 많은 지식을 얻었다는 것에 기쁜 마음이 들었다. 언제라도 필요한 일이 있으면 전화하거나 방문하여 상담하라는 지도교수의 말을 뒤로하고 학원을 나섰다.

희경이를 포함해서 모처럼 친구들을 만나 저녁을 먹었다. 만나서 그동안 배운 경매 실력을 자랑했더니 요것들이 부러워하는 눈치였다. 녀석들이 부러워하는 걸 보니 배워두길 잘했구나 하는 생각이 든다. 나중에 경매에 참가할 때는 같이 하자는 희경이의 말을 뒤로하고 영화 한편을 같이 보고 헤어졌다.

◉ 2002년 7월 19일 (금) 정확한 판단으로 경매의 시작을 풀다!

경매 강좌를 들은 지도 벌써 한 달이 되었다.

강의를 듣고 아무것도 못했는데 시간이 이렇게 빨리 지나가다니, 뭔가 해봐야지 하는 조급한 마음이 든다. 마침 휴가철이라 동료들은 휴가 계획을 세우느라고 여념이 없는데 나는 이 기회에 경매 공부를 조금 더 해서 낙찰에 연연해하지 않고 한 건이라도 입찰을 해봐야겠다고 마음먹었다. 휴일을 이용하여 그동안 공부했던 교재를 꺼내들고 읽어보았다.

그래도 한번 강의를 들어서인지 진도는 잘 나가는데 막상 혼자 입찰하려니 '내가 잘할 수 있을까' 하는 걱정이 앞선다.

그러던 중 전화가 왔다. 바로 박문수 팀장님의 전화다. 팀장님이 경매에 관심을 갖기 시작한 나를 기억하고 있었는지, 좋은 물건이 있으니 한번 해보라는 것이었다. 아니 기회가 이렇게 갑자기 오면 어쩌지? 난 A부터 Z까지 완벽한 준비를 해야 되는데……. 이틀이라는 생각할 시간을 약속한 뒤 전화를 끊었다. 그리고 다시 박 팀장님에게 전화가 왔다. 처음에 전화상으로 말한 물건이 아파트만 있는 것이 아니라 오피스텔도 있으니 잘 생각해보라는 것이었다.

그리고 나는 그날 세상에서 가장 현명한 결정을 했다. 처음에 생각한 아파트를 접고 오피스텔로 정한 것이다. 그 이유는 굳이 많은 자금을 전세보증금으로 사장시키지 않고, 대출을 조금 받더라도 오피스텔을 낙찰받는 것이 유리하다는 판단 때문이었다.

나 역시 처음에는 오피스텔은 사더라도 가격이 오르지 않고 잘못하면 오히려 가격이 하락하는 부동산으로만 인식하고 있었다. 물론 일반적으로는 그렇지만 입지에 따라 좋은 물건도 많으며 그런 인식 때문에 싼 가격에 낙찰받을 수도 있다는 확신을 갖게 되었다.

굳이 현재의 전세보증금 6,000만 원을 묵혀둘 필요가 없다는 생각이 들었다. 내가 가지고 있는 돈이 많지 않으니 가지고 있는 돈을 최대한 활용하는 것도 아주 좋은 방법이라는 생각이 든다. 이런 확신을 갖게 된 내 자신이 자랑스럽다. '사람은 결정적일 때 일을 저질러야 해' 라는 마인드로 경매를 추진하기로 하였다

◉ 2002년 7월 27일 (토) 심봤다! 횡재 물건을 내 손으로 고르다!

내가 입찰할 오피스텔에 대한 조사를 시작했다. 감정가격이 5,500만 원이고 최저경매가격이 3,520만 원으로 생각보다 가격이 상당히 저렴했다. 면적도 15평형으로 나 혼자 쓰기에는 충분할 것 같다. 경매 정보지를 보니 전에 경매 강좌를 통해서 배운 기억이 새록새록하다. 특별히 어려운 것이 없는 사건이기 때문에 그 내용을 이해할 수 있었다. 박문수 팀장님도 괜찮다고 하니 더욱더 나의 생각에 대한 확신이 들었다.

박 팀장님과 함께 오피스텔을 둘러보았다. 준공된 지 5년 정도지만 외관은 비교적 깨끗했다. 우편함을 보니 몇 가지 우편물이 그대로 있는 것으로 보아 임차인은 계속 상주하고 있지는 않고 가끔씩 들르는 것 같았다. 벨을 눌러보았더니 역시나 아무런 대답이 없다.

오피스텔 현관에 있는 화이트보드에 부동산 중개업소에서 보는 것과 같은 임대를 희망하는 오피스텔이 2개 적혀 있고 관리인의 전화번호가 있었다. 임대 희망 가격은 둘 다 보증금 1,000만 원에 월세 40만 원이어서 시세를 어느 정도 파악할 수 있었다.

관리인에게 전화를 해보니 입찰대상 오피스텔의 관리비가 100만 원 정도 미납된 상태이며 시세는 화이트보드에 적혀 있는 정도의 금액이라고 한다. 오피스텔을 나와 주변 환경을 살펴보았다.

바로 길 건너편에 E-Mart가 있어 쇼핑하기는 매우 편리할 것 같다. 특히 혼자

사는 나에게 E-Mart 같은 시설은 입지만큼이나 필요한 생활 환경이다. 그리고 가장 좋은 뉴스는 지하철 9호선의 착공이 발표되었고 지하철역이 걸어서 2분 정도 거리인 사거리에 생긴다고 한다.

이때 박 팀장님이 한마디 거든다.

"지하철이 들어오면 가격도 오르겠지만 역세권이 되므로 임대도 잘 되고 매매도 잘 될 테니 더욱 좋겠군."

속으로 횡재를 불렀다. 심봤다! 아주 큰 희망을 품고 집으로 돌아왔다.

입찰은 8월 22일에 남부지원에서 있다고 한다.

⊙ 2002년 8월 17일 (일) 두번 마음에 들면 100% 성공

박 팀장님은 나 혼자서 알아보는 것이 마음에 걸렸는지 자꾸 물어온다. 그러나 나는 벌써 나 나름대로 시세를 파악하고 있었다.

일단 다시 현장을 방문하여 부동산 중개업소 두 군데를 들러 시세를 알아보았다. 전에 알아본 시세와 큰 차이는 없었고 오히려 지하철 공사의 호재로 인하여 임대료는 비슷하나 매매가격은 6,000만 원 정도로 보면 된다고 한다. 주변도 다시 확인해보니 주차장도 괜찮고 E-Mart도 걸어서 5분이면 충분히 갈 수가 있어서 살기에는 별다른 불편이 없을 것 같았다. 잘해서 낙찰받으면 여러모로 나에게 무척 도움이 될 것 같다. 그래 한번 입찰해보자.

나는 세상에서 충동구매를 가장 싫어한다. 100% 확신하여 물건을 구입해도 후회가 생기거늘 견물생심의 심정으로 물건을 구입하면 결과는 보지 않아도 뻔하다. 물론 이런 나의 쇼핑 스타일은 함께 쇼핑을 즐기는 친구들에겐 종종 답답함으로 느껴지기도 했을 것이다.

"야, 마음에 들면 바로 사. 뭐가 문제야? 그러다 이 옷 놓치면 어떡할래?"

"아냐. 마음에 들긴 한데 나에게 필요한 옷은 아닌걸."

이렇게 단호하게 말하고, 일주일 뒤 친구를 만날 때는 그 옷을 입고 나간다.

그래서 간혹 잔소리를 듣기도 한다.

"어차피 살 건데 뭣하러 걸음을 두 번이나 해? 이 미련 곰순아."

나는 일단 눈에 들어와도 바로 사지 않고 집으로 발걸음을 돌린다. 그런 뒤에도 계속해서 마음속에 남거나 필요하다고 생각하면 혼자 가서 사버린다. 그러나 이런 적도 많지는 않다. 10건 중에 2건 정도만 구입하고, 나머지는 안 사기를 잘했다는 생각이 든다.

이번 오피스텔 경매 건은 두 번의 현장 방문을 한 결과 손색이 없었다.

처음 내 결심을 더욱더 단호하게 해준 적절한 답사 결과이다.

◉ 2002년 8월 22일 (목) 오늘은 나만의 궁전을 얻은 날

처음이라서 그런지 입찰일을 기다리는 것이 지루하기도 하고 긴장되기도 했다. 오전 안에 경매가 종료될 것이라고 해서 오전만 직장에 양해를 구하고 법원에 갔다. 난생처음 법원에 들어서니 왠지 무섭기도 하고…….

입찰장에 있는 많은 사람들이 모두 다 경쟁자처럼 보여 내가 정말 낙찰을 받을 수 있을까 하는 의구심이 들었다.

'사람들이 왜 나만 쳐다보지? 혹시 내가 찜한 물건을 다 공략하는 거 아냐?

이때 강사 선생님의 말이 떠올랐다.

"처음 입찰에 참가해서 낙찰받는 사람은 드뭅니다. 그러니 마음 푹 놓고, 견학하듯 법원을 둘러보세요." 그러면서 "처음부터 낙찰받아서 경매를 너무 쉽게 보면 안 되는데"라고 농담을 하시던 기억이 떠오른다. 잠시나마 마음이 편안해졌다.

매각물건명세서를 신청하여 읽어내려가는데 주변에 있는 모든 사람들이 나만 쳐다보는 것 같아서 글이 눈에 들어오지 않는다. 강좌를 들으면서 몇 번 보았던 내용인데도 불구하고 정말 아무것도 보이지 않았다.

'이게 초보자의 한계구나! 지금까지 물건 선정도 내가 하고, 현장 방문도 두

번이나 해서 확신을 얻어 여기까지 왔건만. 왜 이렇게 가슴이 쿵쾅쿵쾅인지.'

이런 나의 첫 떨림을 아는지 모르는지, 나중에 알고 보니 일반적으로 필요한 것만 본다고 한다. 굳이 이것저것 다 볼 필요도 없다고 한다. 기록에는 별 문제가 없는 것으로 판단되어 입찰표를 작성하기 시작했다. 연습할 때는 잘 써졌는데 막상 진짜로 입찰하면서 쓰려고 하니 손에 약간의 떨림을 느낄 수 있었다.

입찰 봉투를 입찰함에 넣고 기다리는 30분이 그렇게 길게 느껴질 수가 없었다. 특히 발표하는 순간의 그 기쁨이란 정말 모든 것을 다 얻은 듯한 기분이었다. 나를 포함해서 3명이 입찰해서 내가 3,726만 원으로 낙찰을 받았다. 나는 천하를 다 얻은 기분이었다. 세상에 처음 입찰에 임해서 당당히 낙찰에 성공했으니 말이다. 박 팀장님에게 전화를 걸어 나의 승전보를 알렸다.

"정말 대단한걸!"

"제가 운이 좋았어요. 저에게도 이런 행운이 있나봐요."

"아니야. 그건 운이 아니라 자네의 소신이었어."

"네?"

처음 경매에 임하는 사람치고는 지나치게 조심하고, 신중하고, 다른 길 안 보고 쭈욱 길을 걸었던 것이 낙찰의 성공 비결이라는 말씀이었다.

◉ 2002년 8월 29일 (목) 성공적인 임차인과의 합의

오늘은 낙찰허가결정일이다. 임차인 등 이해관계인의 항고나 이의신청이 없으면 입찰일로부터 7일 이내에 낙찰허가결정이 된다. 법원에 전화를 해서 확인해보니 예상대로 낙찰허가결정이 되었다고 한다. 낙찰허가결정이 되고 1주일이 지나야 허가결정이 확정된다고 한다. 이제 낙찰이 허가되었으니 임차인을 만나서 명도협의를 해야 한다. 내가 경매에 참가하면서 가장 걱정했던 부분이 임차인을 내보내는 것이었다. 이 걱정은 경매 강좌를 들으면서도 느꼈던 부분인데 이제 막상 그 시점에 오니 긴장이 된다. 그래도 일단 처음부터 혼자서 시작한 거 끝까지 밀고 나가기로 했다.

임차인과 통화를 해 만날 일정을 미리 잡고, 오늘 임차인을 만났다. 내가 가장 걱정했던 일이자 마지막 관문이다. 그러나 막상 임차인을 만나보니 내가 걱정했던 것과는 달리 별다른 일은 일어나지 않았고 오히려 그쪽에서 먼저 말로써 협상이 되기를 원했다. 대략적인 합의 내용은 이렇다.

"저도 피해자이니 어떻게 도와줄 수는 없겠습니까?"

임차인이 먼저 말문을 텄다.

나는 임차인의 이 말이 경매 강좌에서 배운 이사 보조 비용을 말하는 것이라는 걸 금세 알아차릴 수 있었다. 그러나 솔직히 말하면 내 예상 이상을 원하는 줄 알고, 가슴이 세근반 네근반 뛰었다.

'이사 보조 비용은 입찰하기 전에 미리 100만 원을 산정해 놓았었는데 그 이상을 원하면 어쩌지.' 그 때 임차인이 바로 내 걱정을 덜어주었다.

"그냥, 이사 비용만 챙겨주세요."

그래서 나의 전세기간인 11월 10일을 감안하여 이사는 2개월 뒤에 하는 조건으로 이사 보조 비용은 50만 원에 합의하였다. 관리인도 만나서 미납 관리비 100만 원은 다 납부할 수가 없고 대법원 판례대로 공용부분에 대해서만 납부할 테니 금액을 알려달라고 했다. 대략 30만 원 정도 된다고 하길래 정확한 금액을 전화로 알려달라고 하고 집으로 돌아왔다. 집에 오니 가장 께름칙한 일을 모두 마친 아주 개운한 기분이 들었다.

◉ **2002년 9월 6일 (금) 금액을 지불하고, 드디어 법적소유자가 되다**

법원으로부터 9월 26일 오전 10시까지 대금을 납부하라는 대금지급기일 소환장을 받았다. 입찰보증금을 제외한 잔금 3,350만 원과 취득세를 포함한 등기비용으로 약 250만 원을 준비해야 한다.

집주인에게는 다른 곳에 전세를 얻을 보증금으로 필요하다고 하고 1,000만 원을 미리 받았다. 그리고 직장의 대출 담당자에게 경매낙찰잔금대출에 대해서 확인해보니 2,200만 원까지 대출이 가능하다고 한다.

그렇다면 단 400만 원만 준비하면 된다. 그 정도는 통장에 이미 준비돼 있으니 잔금은 걱정하지 않아도 되겠다. 나중에 입주하고 나면 오히려 보증금 잔금 5,000만 원이 남을 걸 생각하니 벌써부터 다른 투자처가 그려진다.

⊙ 2002년 10월 27일 (일) 일기 마지막 장 속에 '새로운 시작'을 적다

오늘이 대망의 이삿날이다.

집주인에게서 보증금 잔금 5,000만 원을 받아 이삿짐을 싣고 내 오피스텔로 왔다. 전에 살던 곳보다는 조금 좁지만 그래도 처음으로 가져보는 내 집에 입주하는 기분은 아마 경험해보지 못한 사람은 모를 것이다. 많지도 않은 이삿짐을 대충 정리하고 이사를 도와준 친구들과 거하게 저녁을 먹었다. 모두 축하한다는 인사를 해주는 와중에 희경이는 자기와 함께 하지 않았다고 째려본다. 나도 처음 하는 일이라서 이번에는 전문가의 도움을 조금 받아 입찰했는데, 다음부터는 혼자 할 예정이니 그때는 같이 하자고 달래면서 즐겁게 웃었다. 이제 경매의 모든 절차를 경험해봤으니 처음부터 내가 희망했던 아파트 경매에 도전을 해봐야겠다.

처음에는 매우 많은 일들이 날 괴롭힐 거라고 생각했다. 아니 그럴 거라고 믿었다. 그러나 막상 시작해보니 경매를 하는 과정에서 나를 발견할 수 있었고, 무엇보다 세상을 살아가는 자신감을 갖게 되었다.

낙찰받은 오피스텔 방에 앉아 경매 일기를 써내려가는 지금 이 순간을 나는 몇 개월 전부터 간절히 꿈꿔왔을지도 모른다. 아니, 처음 이 일기를 쓰기 시작할 때부터 줄곧 마지막 장을 궁금해하고, 결과가 좋든 나쁘든 빨리 끝냈으면 좋겠다는 생각까지 했었다. 그러나 막상 마지막 장을 쓰고 있는 지금은 생각했던 것보다 시원하지도 섭섭하지도 않다.

왜 시원하지도 섭섭하지도 않은지, 나도 잘 모른다. 다만 추측해보건대 처음 경매를 시작했을 때 걱정했던 경매에 대한 오해와 편견들을 하나씩 넘어서면서 느꼈던 통쾌함이 이미 극에 달했기 때문일 것이다. 또한 그토록 꿈꾸던 '마지막' 시점에서 그 동안의 노력과 시간에 대한 섭섭함이 없는 것은 이제부터 시작이라는 생각이 더 크기 때문이다. 처음에는 '이것만 하고 그만둬야지' 라는 생각으로 시작했으나 지금 생각은 다르다. 설사 다음번에는 실패에 대한 일기를 쓸지라도 계속해서 경매에 도전할 생각이다.

새로운 시작을 꿈꾸며, 화려한 비상을 준비할 것이다.

경매에 처음 입문하여 수익이 대단하게 크지는 않았지만 그래도 성공을 경험한 초보자의 경매 투자 일기를 살펴보았다. 그녀의 투자 일기를 읽으면서 경매에 대한 기초적인 감을 잡고 '나도 성공할 수 있겠구나' 하는 자신감을 갖게 되었다면 필자는 더 바랄 것이 없다. 이제 이 글을 읽고 있는 당신도 그녀의 경험을 바탕으로 경매에 입문해보도록 하자.

다음 장에서는 이른바 경매 몸풀기 과정으로 경매를 처음 시작하는 사람들을 위한 경매 상식에 대해 알아볼 것이다. 이 과정을 통해 많은 재테크 수단 중에서 왜 꼭 경매를 통하여 재테크를 하려고 하는지, 그리고 우리가 일반적으로 잘못 알고 있는 경매에 대한 오해와 아울러 경매 절차 등 경매의 기초를 정확히 이해하여 경매 입문에 필수적인 토대를 다지기 바란다.

제2장
경매 몸풀기!
부동산 경매를 시작하면서

01 | 왜 부동산 경매인가?

사람이 인생을 살아감에 있어서 반드시 필요하고, 없으면 너무나도 불편한 것이 '돈'이다. 따라서 많은 사람들이 지금 이순간에도 돈 벌 생각을 하고 있으며, 우리는 이것을 일반적으로 '재테크'라고 부른다.

재테크에 전혀 관심이 없다고 말할 수 있는 사람은 아마 없을 것이며, 이 책을 읽는 독자들은 더욱더 재테크에 관심이 있을 것이다. 따라서 이처럼 재테크에 관심이 많은 투자자를 유혹하는 투자 시장이 많이 있으며 그곳에서는 소리 없는 치열한 경쟁이 벌어지고 있는 것이다.

이제부터 우리가 알아보려는 '부동산 경매'도 그 많은 재테크 수단 중의 하나이며, 이 책을 읽으면서 느끼겠지만 엄청난 매력을 지닌 재테크 방법이기도 하다.

그렇다면 부동산 경매가 지니고 있는 매력은 무엇일까?

어떠한 매력이 있기에 많은 사람들이 오늘도 법원의 경매법정을 드나들면서 회심의 미소를 짓는 것일까?

경매의 가장 큰 매력은 뭐니뭐니해도 매우 안전한 재테크 방법이라는 것이다. 부동산은 그 특성상 주식과 같이 시세의 변동이 크지 않다. 이 점은 부동산의 장점이 되기도 하고 단점이 되기도 하나 안정성이라는 측면에서 볼 때는 매우 큰 장점이 된다.

경매 시장에 나온 부동산은 팔고자 하는 가격(최저매각가격)이 미리 정해져 있으며, 조금만 발품을 팔면 현재 시세도 이미 알려져 있는 것이다.

또한 보통의 거래처럼 서로 흥정하면서 가격을 결정하는 것도 아니다. 내가 사고 싶은 금액을 법원에 가서 입찰표에 적어내기만 하면 되는 것이고 이때 적어내는 금액은 당연히 내가 얻고자 하는 수익이 포함된 금액일 것이다.

이처럼 시세와 내가 사고자 하는 가격이 이미 결정된 부동산에 입찰하여 그 부동산을 낙찰받기만 하면 당연히 투자 수익을 올릴 수 있고 이는 정말로 '땅 짚고 헤엄치기' 만큼이나 쉬운 것이다.

이와 같은 투자 수단이 어디에 있겠는가?

우리가 투자를 말할 때 흔히 쓰는 말이 있다.

"High Risk! High Return!"

이 말은 위험이 높을수록 투자 수익도 높다는 투자의 상식과도 같은 말이나, 부동산 경매 시장은 조금 과장되게 말하자면 '투자 위험은 전혀 없으면서도 매우 높은 투자 수익을 올릴 수 있는 시장' 이라고 할 수 있다.

또한 일반 부동산 시장과 부동산 경매 시장의 동향은 서로 반대로 가는 경향이 있어 일반 부동산 시장이 불황일 경우 경매 시장은 호황인 경우가 대부분이다.

정부의 10. 29 부동산 안정대책 이후 부동산 시장 특히 아파트 등 주거용 부동산 시장이 침체에 빠져 있다. 하지만 그 틈새시장인 토지와 상가 등에 투자자들이 몰리고 있으며, 또 다른 틈새시장인 경매 시장에도 많은 투자자의 관심이 집중되고 있다.

부동산 및 경기 침체의 여파로 법원마다 경매 물건이 급증하고 있고 이에 따라 각 법원에서는 경매계를 증설하는 추세이며, 이러한 경매 물건의 증가는 선택 대상 물건의 확대로 경매 시장에 또 다른 호재로 작용하고 있다. 그렇다면 이렇게 매력적인 경매 시장에 참여하기 위해서는 엄청난 지식과 돈이 필요할까?

답은 '아니오' 다! 대개의 경매 물건은 간단한 지식으로 무장하면 매우 안전하게 그 권리를 분석할 수 있으며, 아주 적은 돈으로 투자할 수 있는 부동산도 경매 시장에서 조금만 찾아보면 많이 찾을 수 있는 것이 현실이다.

자, 그럼 이제부터 매력적인 경매 시장에 참여하여 재테크에 성공함으로써 주변 사람들의 부러움을 한 몸에 받아보자!

02 | 부동산 경매에 대한 사람들의 오해

우리는 세상을 살면서 선택도 하게 되고, 그 선택의 결과에 대한 후회도 하게 된다.

어떤 경우에는 '조금만 신중히 생각하고 행동했다면 큰 문제는 없었을 텐데……' 라고 생각하는 반면에 '무작정 부딪쳐볼 걸 괜히 이리 재고 저리 쟀네' 라고 가슴을 친 적이 누구에게나 있었을 것이다. 도대체 어느 장단에 맞춰야 하는 걸까.

대책도 없이 무조건 뛰어들면 모처럼 다가온 기회가 날아가 버리고, 또 지나치다 싶을 만큼 신중하면 기회는 정해진 시간만 머물러 있다가 달아나 버린다. 사랑도, 결혼도, 돈도, 사람도 모두 자신이 소망하는 것을 얻기 위해서는 반드시 고민과 갈등의 시간을 겪기 마련이다.

하지만 나는 꼭 말하고 싶은 것이 있다. 다른 건 몰라도 그 대상이 돈이라면 고민하지 말고, 무작정 싸워보라고 말이다. 다른 가치들은 자신의 의지만으로 해결할 수 없지만 돈은 그렇지 않다. 그나마 상대하기가 수월하다. 정해진 조건만 인식하고, 공부하면 얼마든지 자기 것으로 만들 수 있는 것이 바로 돈이다. 부동산 경매를 시작하려는 독자들도 이에 해당한다. 결국 경매도 돈을 추구하는 수단이니까 말이다. 어떤 일이든 시작해보고 직접 몸을 던져보지 않으면 그 가치를 알 수 없다. 뜬소문이나 선입견으로 상대에 대한 인식을 시작한다면 그 게임은 해 보나마나 지는 게임이 될 것이다. 일반인들이 부동산 경매에 대해 몇 가지 오해하는 사항이 있다. 상대의 얼굴이 어떻게 생겼는지도 모르는 채 쓸데없는 선입견으로 인해 자신의 칼자루를 상대에게 넘겨주는 어리석은 짓은 하지 말자.

| 부동산 경매 시장에는 깡패와 브로커만 있다 |

일반인들이 경매를 멀리하고 두려움을 갖는 가장 큰 이유는 경매 시장에는 폭력배와 브로커가 상존하고 있어서 잘못하면 큰일을 당할지도 모른다고 생각하기 때문이다.

이러한 우려는 전혀 근거 없는 것은 아니어서, 실제로 경험한 피해자의 입을 통해 전달되어 다수의 사람들이 경매 시장을 경원하는 이유가 되기도 한다.

그러나 지금은 어떠한가?

결론부터 말하자면 그런 염려는 정말로 오해에 불과하므로 아무런 부담 없이 경매에 참여해도 된다.

과거 법원에서 진행하는 부동산 경매 방식은 '호가제' 였다.

'호가제' 란 하나의 물건을 두고서 경매에 참여하고자 하는 사람이 서로 가격을 불러서 가장 높은 가격을 부른 사람이 낙찰받는 방식으로 미술품 및 자동차 경매 시장에서 흔히 볼 수 있는 방식을 말한다. 이러한 방법으로 경매를 진행하면 경쟁자가 누구인지 노출이 되므로 경우에 따라서는 신변의 위협을 받을 수도 있었다. 실제로 경매법정에 신문지로 포장한 칼을 들고 가 상대방을 위협하여 입찰을 포기하게 한 경우도 있었다고 한다.

그러나 지금의 경매는 '서면입찰' 방식으로 진행하고 있어 경쟁 상대방이 노출되지 않을 뿐더러 입찰금액까지 비밀리에 입찰할 수 있다.

물론 민사집행법에는 경매를 호가제로도 진행할 수 있도록 규정하고 있으나, 위와 같은 부작용을 우려하여 현재 모든 경매법원에서는 서면입찰제 방식으로 경매를 진행하고 있다.

이러한 방식은 부동산 경매와 자동차 경매에 해당되며, 동산 경매의 경우에는 아직도 현장에서 호가제로 경매를 진행하고 있다.

오늘날 경매법정에 가본 사람들은 알겠지만 속칭 '브로커'라고 불리는 무자격 컨설턴트들이 가끔씩 눈에 띈다.

하지만 경매법정 앞에는 속칭 브로커의 출입을 제한하는 경고문이 게시되어 있고 또한 철저히 단속하고 있어서 이들은 들어내놓고 활동하지 못한다. 은밀하게 명함 등을 나누어주면서 자기에게 경매를 의뢰하라고 권유한다. 그러나 이마저도 최근에는 거의 볼 수 없게 되었다. 정식으로 경매 컨설팅을 할 수 있는 변호사, 법무사 및 부동산 중개법인 등과 연계하여 합법적으로 활동하는 경우가 대부분이다. 따라서 오늘날의 경매 시장은 폭력배와 브로커가 존재하지 않는 그야말로 부동산 경매를 통하여 투자를 하거나 내 집을 마련하려는 일반인들, 이들에게서 합법적으로 컨설팅을 의뢰받은 경매 전문가들이 경쟁하는 장소가 되었다. 그러므로 이 글을 읽는 초보자들은 지금 이 순간부터 이러한 오해를 싹 날려버리고 자신에게 꼭 맞는 부동산을 찾아 철저한 투자분석을 통하여 원하는 수익을 창출하기 바란다.

| 부동산 경매로 낙찰받으면 그야말로 대박이다 |

흔히 사람들은 경매하면 대박을 생각한다.

경매를 통하여 낙찰을 받는다고 해서 무조건 엄청난 수익이 보장되는 것은 아니다. 물론 우리들이 경매에 참여하는 가장 큰 이유는 시세보다 싸게 사기 위해서다. 그렇다고 해서 시세보다 엄청나게 싸게 낙찰받아 그야말로 대박을 이룰 수 있는 물건들이 많으냐 하면 실제로는 그렇지 않다. 어떤 경우는 대박은 그만두고서라도 쪽박을 차는 경우도 종종 있다.

그래서 많은 사람들이 '흙 속의 진주' 라고 하지 않던가? 진주는 그리 많지 않으며 내가 열심히 노력한 만큼 진주를 얻을 확률이 높아진다는 마음가짐으로 경매에 임하자. 그리고 꼭 진주가 아니면 어떠랴! 모아서 진주를 만들면 되지 않겠는가? '가랑비에 옷 젖는다' 는 말도 있지 않은가?

일반적인 매매에서보다 조금이라도 싸게 살 수 있는 곳이 부동산 경매 시장이다. 이런 투자 수익을 모아 모아서 우리가 원하는 대박으로 만들 수 있는 곳이 또한 경매 시장이다. 이것은 누구라도 경매 시장에서 체험할 수 있는 기회이기도 하다.

예를 들어, 한 번의 낙찰로 2억 원의 수익을 얻기는 어려우나, 5천만 원의 수익이 나는 낙찰을 4번 받으면 총 2억 원의 수익을 올릴 수 있다는 말이다.

이 글을 읽는 모든 초보자들 역시 이러한 경험을 꼭 해볼 수 있을 거라 믿어 의심치 않는다. 아울러 대박의 이면에 존재하고 있는 쪽박에 대해서도 주의해야 한다.

사전에 철저한 현장 조사와 권리분석 없이 너도나도 대박을 꿈꾸며 경매 시장에 몰려들다 보면 그 중에 꼭 쪽박을 차고 하소연하는 사람을 만날 수 있다. 이 역시 경매 현장에서 흔히 볼 수 있는 광경이며, 필자 또한 그런 사람(특히 이 책의 주 독자층인 여자들이 많다)을 많이 보아왔다.

몇 차례 유찰을 거듭하여 다른 물건에 비해 또는 시세에 비해 엄청나게 싼 물건을 종종 볼 수 있다. 이러한 물건은 다 그만한 이유가 있는 것이고 그 이유를 정확히 분석하여 경매에 참여하는 것이 바로 경매 전문가를 꿈꾸는 사람들이 가져야 할 자세이다.

이러한 물건이 우리가 찾던 '흙 속의 진주' 일 수도 있으나, 반면에 우리에게 재산상의 큰 피해를 줄 수 있는 '계륵' 이 될 수도 있는 것이다. 대박이 있는 대신에 그 이면에는 항상 쪽박도 존재한다는 점을 명심하고 앞에서 언급했던 현장 조사와 권리분석을 철저히 하여 언제나 쪽박을 피해갈 수 있는 안목을 기르기 바라며, 혼자서 해결하기 어려운 문제에 봉착하면 전문가에게 손을 내밀어 한순간의 실수로 힘들게 모았던 재산을 어이없이 날리는 우를 범하지 말아야 할 것이다.

| 낙찰만 받으면 너도나도 돈을 번다 |

앞에서 언급한 쪽박과 일맥상통한 말이다. 낙찰을 받는다고 해서 무조건 돈이 되는 것은 아니다.

당연한 말이지만 돈이 되는 부동산을 낙찰받아야 돈이 된다. 이렇게 당연한 사실을 무시하고 많은 사람들이 낙찰만 받으면 돈이 되는 것처럼 생각해서 경매 시장에 몰려들고 있다. 이러한 생각을 하는 사람들은 대부분 몇 차례의 입찰에 실패해서 그 동안의 수고에 보람없이 허탕을 친 사람들이다.

한 번의 입찰에 참여하기까지는 우리가 배운 것처럼 많은 노력과 시간과 비용이 들어간다. 그렇게 연구하고 발품을 팔아서 입찰했는데 번번이 떨어진다면 조금씩 약이 오르기 시작할 것이다.

경매법정에서 나의 경쟁자들은 당당히 낙찰을 받는데 비하여 나는 번번이 떨어진다면 누구라도 그런 생각이 들 것이다. 특히 낙찰된 금액이 내가 적어낸 금액과 차이가 크지 않다면 억울한 마음은 며칠간 당신을 괴롭힐 것이다.

'조금만 더 적어낼걸' 이라고 생각하면서 다음에는 오늘의 실패를 거울삼아 '꼭 낙찰을 받고 말리라' 고 다짐한다.

이러한 다짐이 좋은 방향으로 나타날 수도 있으나, 조급한 마음이 강하여 돈이 되지 않는 부동산에 입찰하거나 시세보다도 높은 금액으로 입찰하면 경매를 통하여 낙찰을 받더라도 수익은커녕 오히려 손해를 보는 경우가 생기는 것이다.

이러한 경험은 경매에 참여하게 되면 모두가 경험하게 될 것이며, 이 조급함을 잘 달래는 것도 초보자들이 해야 할 일이다. 이는 성격상 남자들보다 여자들이 유리하니 조급함에 휘둘려서 일을 그르치는 경우가 없도록 하자.

나에게 이런 경우가 닥친다면 어떻게 이를 극복할 것인가?

이러한 경우가 생겨서 그 동안의 발품이 아깝고 왠지 손해보는 마음도 들고 해서 조급한 마음이 든다면 이렇게 해보도록 하자!

한 번의 입찰에 단 하나의 부동산에만 입찰할 것이 아니라 조금 더 발품을 파는 등 노력을 하여 대상 부동산을 몇 개 골라서 다수 입찰하는 것이다. 이렇게 함으로써 낙찰 가능성을 높여 그 동안의 수고를 보상받을 수 있도록 하는 것이 경매의 지루함과 조급함에 빠지지 않는 방법이다.

이렇게 설명하면 대부분의 사람들은 다음과 같은 질문을 한다.

"그러다가 전부 낙찰을 받으면 어쩌죠?"

여기에 대해 필자는 "그렇게 되면 그야말로 전문 용어로 '장땡' 이죠"라고 대답한다.

왜냐하면 다수 입찰한 부동산 모두가 충분한 권리분석과 투자 타당성이 검토된 우수한 물건이기 때문이다. 행운의 여신이 당신의 인내심에 상을 내린 것이니 기쁜 마음으로 받아야 하지 않을까?

돈의 주인은 따로 있다는 말이 있다. 이는 그만한 돈을 기다릴 줄 아는 인내와 돈을 관리할 줄 아는 지혜로운 사람에게 돈이 들어온다는 말이다. 세상의 이치를 잘 생각해보면 속뜻을 이해하는 데는 오랜 시간이 걸리지 않을 것이다.

| 망한 집 공짜로 줘도 싫다 |

이렇게 적다 보니 '경매에 대한 오해는 참 여러 가지 많다' 라는 생각이 든다. 지금부터 말하고자 하는 것은 오해라기보다는 사람들마다의 생각의 차이이며, 따라서 이러한 차이가 경매에 대한 오해가 될 수도 있다. 앞으로는 그런 오해 없이 경매에 참여하라고 강권할 수도 없는 것이다.

그것은 바로 '망한 집' 이라는 썩 기분 좋지 않은 선입견이다. 경매에 나온 부동산은 당연히 집주인이 원해서 나온 경우는 없으며, 말 그대로 빌린 돈을 갚지 못해서, 속칭 '망해서' 나오는 것들이 대부분이다. 따라서 '망한 집' 이라는 데는 별다른 이견이 없으나 반대로 경매의 순기능을 따져봐야 한다.

즉, 경매가 없다면 어떻게 될 것인가에 대해서 곰곰이 생각해보자. 그렇게 함으로써 '망한 집' 이라는 부정적인 이미지를 씻고 경매가 가지고 있는 긍정적인 이미지를 알 수 있을 것이다.

경매라는 제도가 없으면 어떻게 될까?

합법적이고 공식적인 기관에서 이루어지는 부동산담보대출이 어려워질 것이다. 그 대신 그 빈자리를 사채업자 및 불법적인 대금업체에서 차지하게 될 것이며, 금리는 현재보다 엄청나게 올라갈 것이다. 은행에서 대출을 받을 때의 이자와 사채 이자를 비교해보면 그 차이를 실감할 수 있을 것이다.

그렇다면 왜 은행 등에서는 부동산담보대출을 취급하지 않으려고 할까?

부동산을 담보로 잡는 목적은 채무자가 나중에 대출금을 갚지 않을 경우에 담보물을 처분하여 빌려준 돈을 회수하려는 목적이다. 그런데 경매라는 제도가 없어 돈을 합법적으로 회수할 방법이 없어진다면 당연히 대출을 기피하지 않겠는가?

우리나라의 법률은 '자력구제'를 금지하고 있다.

자력구제란 간단히 설명하자면 돈을 받을 사람이 채무자의 허락없이 강제로 채무자의 재산 등을 팔아서 돈을 회수할 수 없다는 것이다. 대신 그러한 절차를 개인이 아닌 국가가 행사하게 되는데 가장 대표적인 것이 '경매' 제도이며, 이 절차는 법원을 통하여 진행된다. 따라서 이를 일반적으로 '법원경매'라고 부른다.

이런 기능을 가진 법원경매가 없다면 불법적인 자력구제가 성행할 것이고, 음성적으로 자금을 회수할 자신이 있는 업자들이 그 자리를 메우게 될 것은 불을 보듯 뻔한 일이며, 이렇게 될 경우 이자도 엄청나게 높아질 것이다.

또 한편 채무자의 입장에서 볼 때도 경매는 유익한 제도가 될 수 있다.

빚을 갚지 못해서 소유하고 있던 부동산이 경매로 나왔다손 치더라도 갚아야 할 빚이 없어지는 것도 아닌 다음에야 높은 금액으로 부동산을 처분하는 것이 조금이나마 채무자에게 유리할 것이다. 그런데 경매를 통한 매각 방법이 없다면 최종적으로 부동산이 팔리는 가격은 많이 낮아지게 될 것이다.

이렇듯 경매는 '망한 집'이라는 부정적인 면이 있는 반면에 결과적으로 채무자에게 도움을 주는 제도라는 긍정적인 면도 있는 점을 감안하여, 부정적인 이미지를 강하게 받아들이지 말고 경매의 순기능도 충분히 참작하여 열린 마음으로 경매를 받아들이면 좋을 것이다.

| 싼 게 비지떡이다 |

경매의 또 다른 오해 하나! '에이, 싼 게 비지떡이지!'

그러나 이러한 오해는 경매의 절차 및 구조를 모르고 하는 말이다.

채무자가 빚을 갚지 못해서 경매에 나오는 것이지 시세보다 싼 물건만 경매에 나오는 것이 아니다. 오히려 다른 부동산에 비하여 대출을 많이 받고 그 후 제때에 상환하지 못하여 경매에 나온 부동산의 경우에는 다른 부동산보다도 그 효용가치가 매우 좋은 경우도 많다. 또한 경매 과정을 통해서 낙찰가격이 시세보다 저렴해지는 것이지 처음부터 싼 부동산은 아닌 것이다.

경매에 나온 부동산을 감정할 때는 일반 담보감정과는 다른 방법을 사용한다. 즉, 경매 또한 매매라고 간주하고 매매에 준한 감정을 하는 것이다. 따라서 경매에 나온 부동산의 감정가격은 거의 시세를 반영하고 있다고 생각해도 큰 무리는 없을 것이다.

부동산 경매 시장은 '싼 게 비지떡'이 아니라 거듭 말하거니와 일반적인 거래에서보다 조금 싸게 부동산을 구입하는 것이며 궁극적으로 '흙 속에 묻힌 진주'를 찾는 과정인 것이다.

나중에 전문가가 되면 위험을 즐기게 되며, 그래야 보다 많은 수익을 창출할 수 있다. 하지만 초보자일 때는 무리하지 말고 조그마한 위험도 피해서 투자해야 한다. 즉 완벽하지 않으면 투자를 하지 말아야 한다. 특히 초보자들은 더 명심해야 할 사항이다.

'영원한 이상을 꿈꾸지만 한순간에 변하는 것이 여자의 마음이라 하지 않던가?'

돈 앞에서는 여자도 남자도 없다는 점을 명심하자! 사람이란 자고로 중심을 잡지 못하고 흔들리면 떨어지게 마련이다. 그럼 초보자들이 경매의 위험에 빠지지 않고 보다 안전하게 수익을 올릴 수 있는 방법에 대하여 알아보도록 하자.

| 현장 답사, 즉 발품은 필수다 |

부동산 경매의 제1원칙이다.

이 원칙은 초보자뿐만 아니라 전문가에게도 통용되는 원칙이다.

부동산 경매에 입문하려는 초보자에게 있어서 현장 답사, 즉 발품의 중요성은 수없이 강조해도 지나치지 않다. 아무리 시간이 없고 귀찮더라도 부동산 경매에 있어서의 필수적인 절차라는 점을 항상 명심하고 반드시 현장을 답사해야 한다. 예전에는 '현장 답사' 하면, 당연히 해당 부동산의 현장 점검뿐만 아니라 경매법정의 상황도 예의 주시해야만 했다. 하지만 새로운 민사집행법('신법' 이라고도 함)이 시행된 이후로는 경매법정의 현장 점검은 그리 큰 도움이 되지 않는다.

이유는 예전의 민사소송법에 의한 부동산 경매 절차('구법' 이라고도 함)에서는 경매 당일에야 열람이 가능한 경매 서류가 권리분석에 있어서 매우 중요한 자료로서의 가치를 가지고 있었으나, 신법이 시행된 이후로는 인터넷에서 열람 가능한 자료만 경매 당일에 제공되고 구법 당시에 제공되던 자료, 예컨대 임차인의 권리신고 및 배당요구서 등은 열람하여주지 않고 있으므로 경매 당일의 현장 분위기는 그리 중요한 판단 요인이 되지 못한다.

현장에 답사하여 확인해야 할 사항은,

첫째, 물건 현황을 파악하는 것이다. 내가 입찰하려는 물건이 어떠한 상태인지 주변 환경은 어떠한지를 알아보는 절차를 말한다.

시세에 영향을 미치는 교육 시설(인근 학교의 종류 및 위치를 확인할 것), 편의 시설(병원, 쇼핑 시설, 관공서 등), 교통 편의성(지하철, 버스 정류장과의 거리 등) 등에 대해서도 꼼꼼히 챙겨봐야 한다.

또한 현장 점검에 있어서 어느 것 못지 않게 중요한 것이 부동산의 현재 상태이다.

우선, 누군가 살고 있는지 아니면 비어 있는 집인지를 먼저 파악해야 한다. 우편물 등을 통하여 비어 있는 집인지의 여부는 어느 정도 확인할 수가 있을 것이다. 누군가 살고 있다면 살고 있는 사람이 누구인지 확인해야 하며, 동사무소에 가서 가지고 간 경매 정보지를 보여주고 세대 열람을 신청하여 전입 세대주와 전입 일자를 확인해야 한다.

이때 담당직원에게 해당 세대를 열람한 사람이 있는지를 물어봐서 경매 경쟁률을 예측하는 데 활용하도록 한다. 아파트인 경우에는 체납된 관리비가 있는지, 있다면 금액은 얼마인지 관리사무소를 방문해 확인해봐야 할 것이다.

둘째, 시세를 확인한다. 부동산 중개업소를 통하여 시세를 확인하는 절차를 말하며, 내가 사려고 하는 물건값이 얼마인지를 확인해보는 절차이다. 정확한 가격을 확인하기 위해서는 아무래도 현장 사정에 정통한 현장에 소재하는 부동산 중개업소를 방문하여 확인하는 방법이 제일임은 물론이다.

Key point

부동산 물건 확인 요령 |

⊙ **주택**
- 학교가 가까이 있으면 좋고, 그 학교가 우수한 학교라면 금상첨화이다.
- 관공서, 쇼핑 시설 등 편의 시설의 이용 편의성이 좋아야 한다.
- 주변에 오폐수 처리장 등 혐오 시설이 없어야 한다.

⊙ **상가**

- 상가 전면의 너비가 넓어야 하며, 길쭉한 속칭 터널형 상가는 좋지 않다.
- 상가 전면에 계단이 있으면 좋지 않다.
- 다른 상가를 압도할 수 있는 상가면 좋다.
- 상가는 향과는 무관하다.

⊙ **토지**
- 개발 가능성을 면밀히 살펴 개발 용도가 다양한 토지가 좋다.
- 토지의 모양이 좋아야 하며, 가장 좋은 모양은 직사각형이다.
- 임야인 경우에는 경계를 확인하기가 용이하지 않으니 현지 이장에게 도움을 받는 것이
  가장 좋으며 분묘가 있는지 철저히 확인해야 한다.

Key point

현장 답사시 지참물 |

⊙ 경매 정보지 또는 경매 진행 내용이 기재된 인쇄물 및 신분증 : 동사무소에서 세대열
  람할 때 필요
⊙ 메모지와 펜 : 중요 사항을 메모할 때 필요
⊙ 나침반과 줄자 : 방향과 거리 등을 측정할 때 필요

| 입찰가격은 사전에 정한다 |

경매에 나온 부동산의 감정가격과 최저매각가격은 이미 정해져 있으며, 이제 입찰자 스스로 입찰가격만 정하면 된다.

입찰가격을 정할 때 절대 경매법정 현장에서 정하지 말자. 물론 현장분위기에 따라 꼭 낙찰받고 싶은 욕심이 앞서겠지만 모든 일에는 순서와 인내가 필요한 법. 자고로 큰 부자일수록 돈 앞에서 신중하다. 기회가 왔다고 해서 바로 낚아채는 일은 기회를 잡는 동시에 숨어 있는 리스크를 파악하지 못할 수도 있다는 점을 명심하자.

그럼, 왜 바로 현장에서 가격을 결정하면 안 되는지 알아보자. 그 이유는 현장 분위기에 휩쓸려 수익이 나지 않는 가격으로 입찰에 참가하거나 아니면 오히려 낙찰받으면 손실을 볼 수 있는 금액으로 입찰에 참가하는 우를 범할 수 있기 때문이다. 물론 현장에서 이러한 일은 비일비재로 일어나기도 한다.

초보자일수록, 특히 몇 차례 입찰에서 떨어진 경험이 있는 초보자일수록 범하기 쉬운 실수이므로 절대 현장에서 입찰가격을 정하지 말고 사전에 입찰가격을 정한 후에 경매법정에 들어가도록 하라.

즉, '기회는 올 때 잡으라고 했는데 한번 가격을 올려봐. 어차피 돈 놓고 하는 게임인데'라는 마음이 아니라 '오늘 입찰할 아파트는 최저 2억 원에서 최대 2억 2천만 원까지의 금액 안에서 입찰해야 겠다'라고 미리 정하고 경매법정에 들어가라는 말이다. 경매의 목적은 큰 수익이지만 그런 일은 전문 브로커 및 고수들이나 할 수 있는 일이다. 초보자는 자신이 정한 목표를 이루는 것만으로도 성공했다고 할 수 있다. 여자의 마음이 갈대라지만 돈 앞에서는 절대 통용되지 않는다는 점을 계속해서 강조하는 바이다.

초보자는 유치권 또는 법정지상권이라는 단어가 보이는 물건에는 절대 입찰하지 말라

입찰에 참여하기 위해서 경매 정보지 또는 법원의 매각물건명세서를 통해 경매에 나온 부동산을 살펴보다 보면 '유치권신고 있음' 또는 '법정지상권 성립 여지 있음' 이라는 문구를 볼 수 있다. 유치권과 법정지상권에 대한 자세한 내용은 별도로 설명할 기회가 있겠지만 우선 간단히 알아보면 다음과 같다.

유치권이란 대개 신축 건물에 나타나는 경우가 많은데 공사 대금 등을 받지 못한 건축업자가 그 대금의 지급을 요구하면서 해당 부동산을 점유하고 있는 것이 가장 대표적인 유치권이며, 법정지상권은 경매에 나온 토지 위에 경매에 부쳐지지 않은 건물이 있을 경우 발생할 수 있는 권리를 말한다.

아직 경매에 초보인 여자들이여!

우리가 찾던 부동산에 위와 같은 유치권 또는 법정지상권이라는 문구가 보이거든 일단 대상에서 제외시키도록 하자.

왜?

경매 시장에는 이러한 부동산 말고도 보다 안전한 부동산이 많이 나와 있으며 아직까지 경매 초보자에게는 이것을 정확히 분석할 실력도 부족하고 잘못하면 큰 함정에 빠질 수도 있기 때문이다. 그렇지만 앞으로 전문가가 될수록 이러한 부동산에 더욱더 관심을 갖게 될 것이다.

왜?

다른 부동산보다 수익이 많기 때문이다.

| 추가 비용을 아까워하지 마라 |

사실상 경매를 진행해가는 과정 중에서 초보자들이 가장 어려워하는 점이 바로 권리분석이다. 이 책 저 책 읽어보고 경매 강좌도 열심히 들어본 여자들이라면 웬만한 권리분석은 자신있어 할지도 모른다. 물론 노력을 기울였다면 어느 정도의 자신감은 확보한 셈이다. 하지만 모든 일이 그렇듯 그것이 나의 일이 되면 사정은 100% 달라진다.

쇼핑을 한번 생각해보자! 그냥 아무 생각 없이 윈도우 쇼핑을 즐길 때면 왜 이렇게 예쁘고, 자신이 원하는 맞춤형 상품이 많은지 하나같이 욕심이 난다. 하지만 막상 돈을 들고 구입하려는 마음에 쇼핑을 나서면, 하나의 상품을 사더라도 쉽지가 않다.

옷의 디자인은 좋으나 자신에게 어울리지 않는 것 같고, 막상 마음에 드는 디자인을 골라도 함께 입을 옷이 없다. 그렇다고 한 벌로 사자니 무리하는 것 같아 속이 편하지가 않다. 경매도 마찬가지다. 책 속에서 또는 사례 속에서 연구하던 연습이 아니고 실전이 되면 생각하지도 않았던 변수로 인해 처음에 잡았던 계획이 조금씩 달라지게 된다. 잘못하면 내 돈을 손해볼 수도 있다는 생각이 들면 더욱더 그러하다.

아무리 자신있게 권리분석을 마쳤더라도 막상 입찰에 참여하려면 걱정이 되게 마련이고 내가 참여한 입찰의 경쟁률이 아주 낮거나 또는 그 입찰에 나 혼자 참여한 결과로 나타나면 혹시 권리분석을 잘못하지는 않았나 하는 불안감은 극에 달한다.

만약 자신이 한 권리분석에 완전하게 자신이 없다면 전문가의 도움을 받

자. 이 경우 약간의 수수료가 필요하지만 내가 얻을 이익을 생각해서 수수료는 절대 아까워해서는 안 된다.

공짜는 없는 세상이며, 또한 시간이 돈인 세상이다. 약간의 수수료를 지불하더라도 불안감을 해소하고 또한 시간을 벌 수 있다면 부동산 경매를 통해서 얻을 수 있는 이익에 비해 수수료는 그야말로 얼마 되지 않는 비용인 것이다. 게다가 부동산을 낙찰받으면 세금 및 건물 수리 비용 등이 필요하다. 또한 경우에 따라서는 세입자 이사 비용 정도는 아량으로 베풀어주어야 한다.

부동산 경매를 통하여 성공하고픈 여자들이여, 절대로 추가로 드는 비용을 아까워하지 말고 전문가를 적절히 활용하도록 하라!

04 | 부동산 경매 절차 한눈에 파악하기

경매에 참여해서 낙찰을 받는 것이 경매 절차의 핵심이지만, 그 앞에 일어나는 절차와 그 뒤에 일어나는 절차에 대해서도 잘 알고 있어야만 경매에서의 실패 위험을 줄일 수 있다.

이 절차는 표로 보는 것이 이해하는 데 더 도움이 될 것으로 생각되어 표로 대체한다.

| 부동산 경매 전반 절차도 |

❶ 경매신청 및 경매개시결정	채권자의 신청이 있으면 법원은 경매개시결정을 하여 목적부동산을 압류하고 관할 등기소에 경매개시결정의 기입등기를 촉탁하여 등기관으로 하여금 등기부에 기입등기를 하도록 한다. 경매개시결정 정본은 채무자에게 송달하게 된다.
❷ 배당요구의 종기 결정 및 공고	구법에서는 낙찰기일까지 배당요구를 할 수 있었으나, 신법에서는 법원이 정한 배당요구의 종기까지만 배당요구를 할 수 있도록 하고 있다. 배당요구의 종기는 경매개시결정에 따른 압류의 효력이 생긴 때부터 1주일내에 결정하되, 첫 매각기일 이전의 날로 정하게 된다.

❸ 매각의 준비

환가의 준비절차로서 집행관에게 부동산의 현상, 점유관계, 차임 또는 보증금의 액수, 기타 현황에 관하여 조사를 명하고, 감정인에게 부동산을 평가하게 하여 그 평가액을 참작하여 최저매각가격(최저입찰가격)을 정한다.

❹ 매각 및 매각결정기일의 지정, 공고, 통지

위 절차가 끝나면 법원은 매각 및 매각결정기일을 지정하여 이를 공고한다.

❺ 매각의 실시

매각기일에는 집행관이 집행보조기관으로서 미리 지정된 장소에서 매각을 실시하여 최고가매수신고인 및 차순위매수신고인을 정한다. 매각기일에 매수인이 없는 경우에는 법원은 최저매각가격을 저감하고 신매각기일을 정하여 다시 매각을 실시한다.

❻ 매각허부결정 절차

법원은 매각결정기일에 이해관계인의 의견을 들은 후 매각허부결정을 한다.

❼ 매각대금의 납부

매각허가결정이 확정되었을 때에는 법원은 대금지급기한을 정하여 낙찰자에게 낙찰대금의 납부를 명하고 낙찰자는 정해진 기한내에 언제든지 대금을 납부할 수 있다. 매수인이 지정한 기일까지 대금을 완납하지 아니한 경우에, 차순위매수 신고인이 있는 때에는 그에 대하여 매각의 허부를 결정하고 차순위매수신고인이 없는 때에는 재매각을 명한다.

❽ 배당절차

매수인이 매각대금을 완납하면 법원은 배당기일을 정하여 이해관계인과 배당을 요구한 채권자에게 통지하여 배당을 한다.

<table>
<tr><td>

❾
소유권이전등기
등의 촉탁,
부동산 인도명령

</td><td>

매수인은 매각허가결정이 선고된 후에는 매각부동산의 관리명령을 신청할 수 있고 대금완납후에는 인도명령을 신청할 수 있다. 또한 매수인이 대금을 완납하면 부동산의 소유권을 취득하므로, 집행법원은 매수인으로부터 필요 서류의 제출이 있게 되면 매수인을 위하여 소유권이전등기, 매수인이 인수하지 아니하는 부동산 상의 부담의 말소등기를 등기관에 촉탁하게 된다.

</td></tr>
</table>

| 입찰 당일 입찰 절차도 |

<table>
<tr><td>

❶
입찰에 대한
안내

</td><td>

매각기일에 집행관이 안내(입찰내역소개 / 취소물건 발표 / 입찰시 주의사항 등)
▶입찰제한자 : 1) 채무자(직계가족 참가 가능) 2) 전 낙찰자(재경매)
　　　　　　　 3) 집행관(친족포함) 4) 감정평가사(친족포함)
　　　　　　　 5) 경매법원을 구성하는 법관, 법원사무관(친족포함)

</td></tr>
<tr><td>

❷
입찰개시선언

</td><td>

집행관 선언 후 종(버저) 울림(통상 오전 10시)

</td></tr>
<tr><td>

❸
매각물건명세서열람

</td><td>

매각물건명세서, 임대차 조사서, 감정평가서 등을 열람

</td></tr>
<tr><td>

❹
입찰표 기재

</td><td>

입찰표 기재대 또는 다른 장소에서 기재

</td></tr>
<tr><td>

❺
입찰함에 입찰 봉투 투입

</td><td>

연결번호와 간인받은 수취증 보관(보증금과 교환 증표)

</td></tr>
<tr><td>

❻
입찰마감선언

</td><td>

집행관 선언 후 종(버저) 울림(통상 오전 11시 10분)

</td></tr>
</table>

❼ 개찰 및 최고가 매수신고인 결정	사건번호순으로 최고가매수신고인 결정 / 탈락자 보증금 환급
❽ 입찰종결고지	집행관이 매 사건별 최고가매수신고인 결정 후 고지

05 | 부동산 경매에 필요한 서류 꼼꼼히 체크하기

서류를 꼼꼼히 봐야 하는 것은 누구에게나 그리 반가운 일은 아니다.

특히 그 서류에 내 돈이 관련되어 있다면 부담감마저 느껴지는 것이 서류 분석이다. 더구나 여성들은 남성에 비하여 더욱더 서류를 어려워하고 심지어 두려워하는 경향이 있다. 그러나 처음 해보는 것이 어렵지 한번만 경험하고 나면 별것 아닌 것이 또한 서류 분석이다.

부동산 경매와 같이 법률에 의하여 진행되는 절차뿐만 아니라 개인의 일상적인 생활에서도 모든 것은 결국 서류로 말하는 것이므로 정확한 서류 분석은 부동산 경매뿐만 아니라 일상 생활에도 도움이 될 것이다.

아무리 보기 좋은 떡도 손을 써야 먹을 수 있는 것이다.

서류 분석을 게을리 하다가 어렵게 벌어놓은 돈을 날릴 수도 있다면 어떻게 하겠는가?

이 장에서 언급할 몇 장의 서류는 부동산 경매를 함에 있어서 알아야 할 필수적인 서류이며 그 분석 또한 그리 어려운 것이 없다.

이제 서류가 말하는 새로운 세계로 가보도록 하자!

경매에 참가하여 낙찰을 받으려면 제일 먼저 해야 할 일이 입찰할 부동산을 고르는 일이고 입찰대상 부동산을 고르기 위해서는 경매 정보지를 보는 것이 가장 일반적인 방법이다.

그 외의 방법으로는 인터넷으로 경매 정보를 제공하는 업체의 사이트에 회원으로 가입하여 정보를 얻는 방법도 있고, 대법원에서 제공하는 '법원경매정보(www.courtauction.go.kr)'를 이용하는 방법도 있다.

경우에 따라서는 법원의 경매공고문을 보는 사람도 있으나 대부분의 사람은 경매 정보지 또는 인터넷 경매 사이트에서 경매 물건 현황을 보고 경매에 참여하게 된다.

가장 대표적인 경매 정보지로는 〈계약경제일보〉와 〈부동산태인〉에서 발행하는 정보지 및 〈경매가이드〉 등이 있으며, 입찰자의 가격 결정에 도움을 주고자 물건 정보 이외에 인근 지역의 낙찰 통계 등을 추가로 제공한다.

인터넷 경매 사이트의 경우에는 일반 기업이 운영하는 '인포케어(www.infocare.co.kr/유료)'와 대법원에서 운영하는 '법원경매정보(www.courtauction.go.kr/무료)'가 가장 대표적인 사이트다.

인터넷 사이트의 경우에도 입찰가격 산정 및 입찰 결정에 도움을 줄 수 있는 많은 정보를 추가로 제공하고 있는 것이 일반적이다.

아래는 가장 일반적으로 접할 수 있는 경매 정보지의 견본이다. 이것을 토대로 경매 정보지 보는 법을 알아보도록 하자.

〈 고양3계〉❶

사건번호 경매일-결과	주 소❺ 소재지 특성	면적(단위:㎡)❻	감정평가액❼ 최저경매가	일자-성명-보증금❽ 주민등록 확인 결과	등기부상의❾ 권리관계
신법❷ 2003-13XXX❸ 임의 2003-21XXX 중복 아파트 기술신용보증❹ ○○산업 박○○ 2004. 5. 18 유찰	경기 고양 일산구 일산동 1090 후곡마을 1810동 3층 3XX호 *철근콘크리 트조, 슬래브(평) *신일중학교 남서측인근 *공동및단독 주택 혼재 *버스 정류장 인근 *열병합중앙난방 *북동측15m, 남동측 20m도로 접함	대지 60,346/41249.7 (18.25평)건물 84.81(25.66평) (33평형) (방3,욕실2, 다용도실2) 총20층중 3층	감정가 250,000,000원 ○○감정 (2003.10.28) 최저가 200,000,000원 (80. 0%) 〈감정평가액〉 250,000,000 토지 75,000,000 건물 175,000,000	전입 2002/08/29 박○○ 1300만 (방1) 확정 2002/08/29 배당신청요구 2003/10/31	저당 1996/09/10 국민은행 3,250만 저당 1997/04/30 하나은행 8,400만 저당 1998/07/03 윤○○ 9,000만 저당 1998/07/14 기술신용보증 4억 5,720만 가압 1998/08/12 경기신용보증 8,750만 가압 1998/08/14 신용보증기금 6억 926만 가압 1998/08/31 대한보증보험 9,807만 가압 2,000/10/09 서울보증보험 1,609만 임의 2003/09/09 기술신용보증 임의 2003/12/24 하나은행 *청구액 : 457,200,000원

❶ 고양3계 : 경매를 진행하는 경매법원을 나타낸다. 이 물건은 의정부지방법원 고양지원 3계에서 진행한다는 의미이다.

❷ 신법 : 2002년 7월 1일 새로운 민사집행법이 시행되었으며, 그 전에는 민사소송법에 근거하여 경매를 진행하였다. 법률의 적용시기는 경매신청시기에 따라 2002년 7월 1일 이전에는 민사소송법을, 이후에는 민사집행법을 적용한다. 민사집행법의 자세한 내용은 다음에 설명하기로 하고 과거의 민사소송법에 의한 경매 진행을 구법에 의한 경매 진행이라 하고, 민사집행법에 의한 경매 진행을 신법에 의한 경매 진행이라고 표기한다. 본 건은 신법인 민사집행법의 법률 및 절차에 따라 진행함을 의미한다.

❸ 2003-13XXX 임의 / 2003-21XXX 중복 : 숫자는 사건번호를 나타내며 앞의

2003은 경매가 신청된 연도를 말한다. 즉, 2003년에 신청된 사건임을 말한다. '-' 는 사건부호를 생략한 것이며 부동산 경매사건의 법원 사건부호는 '타경' 으로 표기한다. 뒤에 붙은 임의란 말은 경매의 종류가 강제경매가 아닌 임의경매란 의미이다. 또한 연이어 기재된 사건번호와 중복이란 표시는 앞의 임의경매신청 이외에 다른 채권자가 별도의 경매를 신청했다는 의미이다.

❹ 이해관계인 : '아파트' 문구 아래에 기재된 이해관계인은 채권자, 채무자, 소유자 순으로 기재된 것이다. 즉, 기술신용보증기금이 채권자이며, ㅇㅇ산업이 채무자이고, 박ㅇㅇ이 소유자임을 의미한다.

❺ 주소 / 소재지 특성 : 경매대상 부동산의 주소 및 인근 지역의 특성을 나타낸다.

❻ 면적 : 경매대상 부동산의 면적을 나타낸다.

❼ 감정평가액 / 최저경매가 : 경매대상 부동산의 감정가격, 감정기관, 감정일자를 나타내며, 최저경매가는 이번에 입찰할 금액을 표시한다. 본 사례에서 표시된 2억 원(80%)는 1회 유찰되어 20%를 저감하여 감정가격 2억 5,000만 원의 80%의 금액인 2억 원으로 최저경매가격을 결정하여 경매를 진행함을 표시한다.

❽ 임대차 내역 : 주민등록과 집행관의 현장조사에 의한 임대차 내역을 표시하며, 본 사례의 내용은 임차인 박ㅇㅇ씨가 보증금 1,300만 원에 방 1개를 임차했으며 전입일자는 2002년 8월 29일이고 확정일자도 동일자로 받았으며 이번 경매와 관련하여 2003년 10월 31일자로 배당신청을 요구한 상태임을 나타낸다.

❾ 등기부상의 권리관계 : 등기부등본에 기재된 권리관계를 표시한 것이다. 등기부등본에 대해서는 다음 장에서 알아보도록 하자.

| 등기부등본 |

경매에 있어서 권리분석의 첫번째는 무엇보다도 등기부등본을 분석하는 것이다. 등기부등본을 보면 경매 권리분석의 핵심 요소인 말소기준권리를 발견할 수 있으며, 이 말소기준권리를 알아야 권리분석을 시작할 수 있는 것이다.

그렇다면, 말소기준권리란 도대체 무엇이란 말인가?

복잡한 법률 용어는 배제하고 쉽게 말하자면, 내가 낙찰을 받게 되면 어떤 것은 떠안아야 하고 어떤 것은 말소되는지를 구별하게 해주는 권리를 말한다. 이 말도 어렵다면, 우리가 체육시간에 누구 한 명을 정해서 기준이라고 하고 그 사람을 중심으로 줄을 맞추던 기억이 날 것이다. 그 기준을 말하는 것이며, 보다 자세한 것은 사례 등을 통해서 설명하도록 하겠다.

그러면 이 말소기준권리는 어떻게 찾을까?

내가 '말소기준권리요' 하고 써 있지도 않은데 말이다.

답은 의외로 간단하다.

돈과 관련된 등기 중에서 날짜가 가장 빠른 놈이 바로 그 말소기준권리인 것이다. 돈과 관련된 등기라면, 저당권, 근저당권, 담보가등기, 압류, 가압류, 경매개시결정기입등기 등을 말하며, 실무에서 가장 많이 등장하고 기준이 되는 권리가 바로 근저당권이다.

말소기준권리에 앞서는 권리는 낙찰자가 인수하여야 한다. 즉, 떠안아야 한다는 말이다. 말소기준권리에 앞서는 가처분, 가등기(소유권이전청구권 가등기일 경우), 환매등기, 등기된 임차권, 지역권, 지상권, 전세권 및 전소유자 앞으로 설정된 압류, 가압류 중에서 말소되지 않는 것은 낙찰자가 인수하여야 하며, 또한 말소기준권리에 앞서서 대항력을 확보한 세입자도 낙찰자가 인수하여야 한다.

예고등기는 그 소송의 결과가 나오기 전까지 말소되지 않고 존속하며, 법정지상권, 유치권, 분묘기지권은 기준권리에 관계없이 낙찰자에게 인수된다.

다음은 등기부등본의 갑구를 보아서 경매의 종류가 강제경매인지, 임의경매인지 파악하는 것이다. 자세한 내용은 후술하기로 하고, 강제경매로 진행된 부동산을 낙찰받으면 보다 안전하다고만 알고 일단 넘어가도록 하자.

그럼 이제 등기부등본의 구조를 알아보도록 하자.

〈등기부등본 (말소 사항 포함) - 집합건물〉

경기도 고양시 일산구 일산동 1090 후곡마을아파트 제1810동 제3층 제xxx호　　　　　　고유번호 1164-1996-020593

\[표제 부] (1동의 건물의 표시) ❶				
표시번호	접 수	소재지번, 건물명칭 및 번호	건물내역	등기원인 및 기타사항
~~1~~ ~~(전1)~~	~~1995년11월20일~~	~~경기도 고양시 일산동 1090~~ ~~후곡마을아파트 제1810동~~	~~철근콘크리트 벽식조 스라브~~ ~~20층 아파트~~ ~~지층 398,418m²~~ ~~1층 414,618m²~~ ~~2층 397,290m²~~ ~~3층 397,290m²~~ ~~4층 397,290m²~~ ~~5층 397,290m²~~ ~~6층 397,290m²~~ ~~7층 397,290m²~~ ~~8층 397,290m²~~ ~~9층 397,290m²~~ ~~10층 397,290m²~~ ~~11층 397,290m²~~ ~~12층 397,290m²~~ ~~13층 397,290m²~~ ~~14층 397,290m²~~ ~~15층 397,290m²~~ ~~16층 397,290m²~~ ~~17층 397,290m²~~ ~~18층 397,290m²~~ ~~19층 397,290m²~~ ~~20층 397,290m²~~	~~도면편철장 제1책제14장~~ ~~부동산등기법 제177조의 6~~ ~~제1항의 규정에 의하여~~ ~~2000년 4월 26일 전산이기~~
2		경기도 고양시 일산동 1090 후곡마을아파트 제1810동	철근콘크리트 벽식조 스라브 20층 아파트 지층 398,418m² 1층 414,618m² 2층 397,290m² 3층 397,290m² 4층 397,290m² 5층 397,290m² 6층 397,290m² 7층 397,290m² 8층 397,290m² 9층 397,290m² 10층 397,290m² 11층 397,290m² 12층 397,290m² 13층 397,290m² 14층 397,290m² 15층 397,290m² 16층 397,290m² 17층 397,290m² 18층 397,290m² 19층 397,290m² 20층 397,290m²	2000년 5월 30일 행정구역 명칭변경으로 인하여 2000년 5월 30일 등기 도면편철장 제1책제14장 부동산등기법 제177조의 6 제1항의 규정에 의하여 2000년 04월26일 전산이기

(대지권의 목적인 토지의 표시)				
표시번호	소재지번	지 목	면 적	등기원인 및 기타사항
1 (전 1)	1. 경기도 고양시 일산동 1090	대	41249,7m²	1995년 9월 13일 부동산등기법 제177조의 6 제1항의 규정에 의하여 2000년 4월 26일 전산이기

[표 제 부] (전유부분의 건물의 표시)				
표시번호	접 수	건물 번호	건물내역	등기원인 및 기타사항
1 (전 1)	1995년1월26일	제3층 제xxx호	철근콘크리트 벽식조 84,810m2	도면편철장 제1책제14장
				부동산등기법 제177조의 6 제1항의 규정에 의하여 2000년 4월 26일 전산이기

(대지권의 표시)			
표시번호	대지권 종류	대지권 비율	등기원인 및 기타사항
1 (전 1)	1 소유대지권	41249,7분의 60,346	1995년 9월 13일 대지권 1995년 11월 13일 등기
			부동산등기법 제177조의 6 제1항의 규정에 의하여 2000년 4월 26일 전산이기

[갑 구] (소유권에 관한 사항) ❷				
순위번호	등기목적	접 수	등기원인	권리자 및 기타사항
1 (전 3)	소유권이전	1996년 8월 20일 제133431호	1996년 7월 24일 매매	소유자 박oo 4xxxxx-1xxxxxx 고양시 일산구 일산동 1090 후곡마을 1810동 xxx호
2 (전 4)	가압류	1998년 8월 12일 제45570호	1998년 8월 8일 수원지방법원 가압류 결정(98카단107949)	청구금액 금87,500,000원 채권자 사단법인경기신용보증조합 수원시 권선구 고등동 6-2
3 (전 5)	가압류	1998년 8월 14일 제46151호	1998년 8월 10일 서울지방법원 서부지원 가압류 결정(98카단28287)	청구금액 금609,265,508원 채권자 신용보증기금 서울 마포구 공덕동 254-5(고양지점)
4 (전 6)	가압류	1998년 8월 31일 제49595호	1998년 8월 27일 서울지방법원 가압류	청구금액 금98,072,000원 채권자 대한보증보험(주) 서울 종로구 연지동 136-74(영등포지점) 부동산등기법 제177조의 6 제1항의 규정에 의하여 1번 내지 4번 등기를 2000년 4월 26일 전산이기
5	가압류	2000년 10월 9일 제72071호	2000년 10월 4일 서울지방법원남부지원의 가압류결정(2000카단20055)	청구금액 금16,092,104원 채권자 서울보증보험주식회사 110111-0099774 서울 종로구 연지동 136-74(영등포지점)
6	임의경매 개시결정	2003년 9월 9일 제92277호	2003년 9월 8일 서울지방법원고양지원의 경매개시결정(2003타경xxxx)	채권자 기술신용보증기금 180171-0000028 부산 중구 중앙동4가 17-7(의정부지점)
7	임의경매 개시결정	2003년 12월 24일 제135020호	2003년 12월 23일 서울지방법원고양지원의 경매개시결정(2003타경xxxxx)	채권자 주식회사하나은행 110111-0015671 서울 중구 을지로1가 101-1(채권관리팀)

순위번호	등기목적	접 수	등기원인	권리자 및 기타사항
		[을구] (소유권 이외의 권리에 관한 사항) ❸		
1 (전 1)	근저당권설정	1996년 9월 10일 제148470호	1996년 9월 9일 설정계약	채권최고액 금삼천이백오십만 원정 채무자 박oo 고양시 일산구 일산동 1090 후곡마을 1810동 xxx호 근저당권자 한국주택은행 111235-0001908 서울시 영등포구 여의도동 36-3(일산북지점)
2 (전 2)	근저당권설정	1997년 4월 30일 제60290호	1997년 4월 30일 설정계약	채권최고액 금84,000,000원정 채무자 박oo 고양시 일산구 일산동 1090 후곡마을 1810동 xxx호 근저당권자 주식회사하나은행 110111-0117063 서울시 중구 을지로1가 101-1(일산후곡지점)
3	근저당권설정	1998년 7월 3일 제36533호	1998년 7월 2일 설정계약	채권최고액 금90,000,000원정 채무자 박oo 고양시 일산구 일산동 1090 후곡마을 1810동 xxx호 근저당권자 윤oo 5xxxxx-xxxxxxx 서울 강서구 화곡동 xxx-xx
4	근저당권설정	1998년 7월 14일 제38536호	1998년 7월 13일 설정계약	채권최고액 금457,200,000원정 채무자 (주)oo산업 양주군 광적면 효촌리 xxx-x 박oo 서울 양천구 목동 903 목동 신시가지아파트 311-xxx 박oo 고양시 일산구 일산동 1090 후곡마을 1810-xxx 근저당권자 기술신용보증기금 180171-0000028 부산 중구 중앙동 4가 17-7(의정부지점) 공동담보목록 제152호 부동산등기법 제177조의 6 제1항의 규정에 의하여 1번 내지 4번 등기를 2000년 04월 26일 전산이기

*실선으로 그어진 부분은 말소사항을 표시함 *등기부에 기록된 사항이 없는 갑구 또는 을구는 생략함

등기부등본은 표제부, 갑구, 을구로 구성되어 있으며, 토지와 건물에 대하여 각각 하나씩의 등기부등본이 존재한다. 따라서 일반 주택의 경우에는 토지와 건물 각각 하나씩 총 2개의 등기부등본이 존재하나, 아파트와 같은 집합건물의 경우에는 표제부를 건물 전체와 전유 부분으로 나누어 작성된 하나의 등기부등본으로 구성된다.

❶ 표제부 : 부동산의 표시에 관한 사항

표제부를 통하여 부동산 소재지의 지번이 정확히 일치하는지 확인하고, 건물의 준공년도, 구조, 용도 및 면적을 확인할 수 있다. 여기에 표시된 면적은 분양면적이 아닌 전용면적을 나타내고 있는 것이다.

아파트, 연립, 다세대 주택과 같은 집합건물은 표제부가 2장으로 이루어져 있으며, 앞장에는 건물 전체를 표시하고 뒷장에는 전유 부분에 대해서 표시한다.

❷ 갑구 : 소유권에 관한 사항

갑구에는 소유권과 관련한 내용들이 기재되며, 가장 대표적으로 부동산의 소
유자가 누구인지를 표시하고 있다. 또한 소유권과 관련이 있는 가처분, 가압
류, 예고등기, 가등기, 경매개시결정기입등기 등도 갑구에 기재된다.

❸ 을구 : 소유권 이외의 권리에 관한 사항

을구에는 부동산의 사용 및 담보에 관한 권리내용 등이 등기되며, 가장 대표
적인 것이 담보물권인 근저당권이다. 아울러 전세권, 지상권, 지역권, 임차권
등의 설정과 말소도 이곳에 등기된다.

| 매각물건명세서 |

매각물건명세서는 앞에서 언급한 경매 정보지, 등기부등본에 비하여 경
매사건에 있어서는 보다 공신력이 있는 매우 중요한 문서이다. 경매가 신
청되면 담임 법관 앞으로 사건이 배당되고 담임 법관은 집행관에게 경매대
상 부동산에 대한 조사를 명하게 된다. 이러한 조사를 거쳐 작성되는 것이
매각물건명세서이며 담임 법관의 도장이 날인된다.

만일 경매 과정에서 이곳에 기재된 내용과 다른 내용이 발견되어 손해가
발생하게 되면 이의신청 등을 통하여 구제받을 수 있으며 나아가 낙찰 자
체를 취소할 수도 있는 것이다. 매각물건명세서는 입찰기일 7일 전부터 해
당 경매법원 및 인터넷 대법원 법원경매정보 사이트에 게시되어 열람이 가
능하다.

매각물건명세서의 양식 및 그 기재 내용에 대하여 알아보도록 하자!

〈매각물건명세서〉

<table>
<tr><td colspan="12" align="center">의정부지방법원 고양지원</td></tr>
<tr><td colspan="12" align="center">매각물건명세서</td></tr>
<tr><td>사건❶</td><td colspan="3">2003타경13XXX 부동산임의경매
2003타경21XXX(중복)</td><td colspan="2">매각물건번호❷</td><td>1</td><td>작성일자❸</td><td>2004. 6. 7</td><td>담임법관❹</td><td></td></tr>
<tr><td colspan="2">부동산 및 감정평가액
최저매각가격의 표시</td><td colspan="3" align="center">부동산 표시목록 참조</td><td colspan="4" align="center">최선순위 설정일자❺</td><td colspan="3" align="center">1996. 9. 10</td></tr>
<tr><td colspan="12">부동산의 점유자와 점유의 권원, 점유할 수 있는 기간, 차임 또는 보증금에 관한 관계인의 진술 및 임차인이 있는 경우
배당요구 여부와 그 일자, 전입신고일자 또는 사업자등록신청일자와 확정일자의 유무와 그 일자</td></tr>
<tr><td>점유자❻
의 성명</td><td>점유부분</td><td>정보출처
구분</td><td>점유의
권원</td><td>임대차기간
(점유기간)</td><td>보증금</td><td>차임</td><td colspan="2">전입신고일자·
사업자등록신청일자</td><td colspan="2">확정일자</td><td>배당요구여부
(배당요구일자)</td></tr>
<tr><td>박○○</td><td>이건중 방1칸
이건중 방1칸</td><td>현황조사
권리신고</td><td>임차인
임차인</td><td>2002. 8. 부터 사용시
2002. 8. 28부터 사용시</td><td>13,000,000
13,000,000</td><td></td><td colspan="2">2002. 8. 28
2002. 8. 29</td><td colspan="2">미상
2002. 8. 29</td><td>
2003. 10. 31</td></tr>
<tr><td colspan="12">〈비고〉</td></tr>
<tr><td colspan="12">※최선순위 설정일자보다 대항요건을 먼저 갖춘 주택·상가건물 임차인의 임차보증금은 매수인에게 인수되는 경우가 발생
할 수 있고, 대항력과 우선변제권이 있는 주택·상가건물 임차인이 배당요구를 하였으나 보증금 전액에 관하여 배당을
받지 아니한 경우에는 배당받지 못한 잔액이 매수인에게 인수되게 됨을 주의하시기 바랍니다.</td></tr>
<tr><td colspan="12">■등기된 부동산에 관한 권리 또는 가처분으로 매각허가에 의하여 그 효력이 소멸되지 아니하는 것 ❼</td></tr>
<tr><td colspan="12">해당사항 없음</td></tr>
<tr><td colspan="12">■매각허가에 의하여 설정된 것으로 보는 지상권의 개요 ❽</td></tr>
<tr><td colspan="12">해당사항 없음</td></tr>
<tr><td colspan="12">■비고란</td></tr>
<tr><td colspan="12"></td></tr>
<tr><td colspan="12">※주1 : 경매, 매각목적물에서 제외되는 미등기건물 등이 있을 경우에는 그 취지를 명확히 기재한다.
   2 : 최선순위 설정보다 먼저 설정된 가등기담보권, 가압류 또는 소멸되는 전세권이 있는 경우에는 그 담보가등기, 가압류 또는
      전세권 등기일자를 기재한다.</td></tr>
</table>

❶ 사건 : 본 경매사건의 사건번호를 말하며, 2003타경13XXX가 현재 진행중인 사건번호이며, 2003타경21XXX는 다른 채권자에 의하여 본 부동산에 대하여 추가로 신청된 경매사건의 사건번호이다.

❷ 매각물건번호 : 하나의 사건번호에 여러 건의 물건이 한꺼번에 경매되는 경우가 있다. 이 경우에 각 물건의 구분을 위하여 붙이는 번호가 매각물건번호

이며, 1건일 경우에는 공란으로 두거나 1번으로 붙이는 것이 일반적이다.

❸ 작성일자 : 매각물건명세서의 작성일자를 나타낸다.

❹ 담임법관 : 본 경매사건의 담당 법관을 나타내며 원본에는 법관의 이름과 도장이 날인되어 있다.

❺ 최선순위 설정일자 : 등기부등본상 그 설정일자가 가장 빠른 권리의 설정일자를 나타낸다.

❻ 점유자의 성명 이하 부분 : 집행관이 조사하고 점유자가 권리신고한 점유자의 성명과 보증금, 점유기간 및 전입신고일자, 확정일자, 배당요구일자 등을 표시한다. 이 사례의 경우에는 임차인 박ㅇㅇ씨가 이 사건 부동산의 방 1칸을 보증금 1,300만 원에 점유하고 있으며, 집행관의 현황조사에는 2002년 8월 28일자로 전입신고한 상태이며 확정일자는 미상으로 표시하고 있으나 점유자의 권리신고 내용에 의하면 2002년 8월 29일자로 전입신고 및 확정일자를 받았음을 나타낸다.

❼ 등기된 부동산에 관한 권리 또는 가처분으로 매각허가에 의하여 그 효력이 소멸되지 아니하는 것 : 말소기준권리보다 앞서는 권리가 있는지 여부와 있다면 어떠한 권리가 있는지에 관한 사항을 기재한 것으로 '해당사항 없음'이라는 표시는 말소기준권리에 앞서는 권리가 없으므로 낙찰과 동시에 모든 권리가 소멸함을 나타낸다.

❽ 매각허가에 의하여 설정된 것으로 보는 지상권의 개요 : 이른바 본 경매에 의하여 매각한 결과 '법정지상권'이 성립하는지 여부에 관한 내용을 기재하는 것으로 '해당사항 없음'이란 '법정지상권'이 성립할 여지가 없음을 나타내는 것이다.

이번 장에서 우리는 부동산 경매에 처음으로 입문하는 여자들을 위한 가장 기초적인 내용 및 경매의 상식 등에 대하여 알아보았다. 그리하여 우리가 막연히 잘못 알고 있었던 경매에 대한 오해를 해소하고 경매의 기초에 대하여 공부함으로써 많은 재테크 수단 중에서 부동산 경매를 통하여 성공할 수 있는 가능성을 살펴보았다.

이제 그 가능성을 토대로 경매에 한걸음 더 나아가도록 해보자. 내용을 잘 이해하여 자기 것으로 만든 다음에 자신있는 태도로 부동산 경매에 참여하여 원하는 소기의 성과를 거두기 바란다.

이에 따라 다음 장에서는 많은 경쟁자들이 무한경쟁을 펼치고 있는 부동산 경매 시장에서 승리할 수 있도록 여성들이 보유하고 있는 장점에 대하여 알아보도록 하겠다.

이 과정을 통하여 보다 큰 자신감을 갖고 경매에 도전하기 바란다.

처음 부동산 경매를 시작하는 사람일수록 '자금 계획 및 일정'을 철저하게 준비해야 한다. 자금 계획은 낙찰 후 드는 부대 비용, 즉 세입자 명도 비용, 수리 비용, 체납된 관리비, 취득시 내는 부동산 세금 등을 포함한 계획을 말한다. 특히 부동산 경매는 취득시 내는 부동산 세금이 만만치 않으므로 처음부터 철저하게 준비하고 시작해야 나중에 문제가 없다.

일정을 관리하는 것 또한 이러한 자금 계획을 융통성 있게 만들어주는 아주 중요한 지표가 된다. 준비된 자금을 바탕으로 필요 시기별로 소요되는 자금을 메모하여 관리한다면 시기를 놓쳐서 허둥대는 일이 없이 여유를 가지고 경매에 임할 수 있다. 그럼 경매 고수 김미영씨와 함께 구체적으로 어떻게 준비해야 하는지 함께 살펴보자.

경매 고수 김미영씨는 올해 33세이며, 분당 서현에 거주하고 있다. 그녀는 광고 기획사에서 4년 동안 일을 하다 결혼을 한 후 집에서 살림만 한다. 워낙 움직이는 일과 무언가 연구하기를 좋아하는 성격인지라 어디 몰두할 일이 없을까 궁리를 했었다. 아줌마들을 위한 인터넷 사이트에 글도 남기고, 육아 및 생활 정보를 캐치해 직접 응용해보기도 했던 그녀가 부동산 경매에 관심을 갖게 된 것은 인터넷에 개설된 재테크 강좌를 처음 접한 때부터이다. 재테크의 중심은 부동산이고, 특히 부동산 경매는 해볼 만한 자신감이 생긴 것이다. 그 후부터는 경매 관련 사이트를 즐겨찾기 하여 하루에도 수십 번씩 드나들며 대략적인 그림을 그리기 시작했고, 드디어 상가 긴 건물로 5천만 원의 시세 차익에 대한 수익을 남기면서 고수로서 경험을 쌓기 시작한 것이다. 물론 그녀 역시 처음에는 낙찰 실패를 여러 번 경험했다.

처음 경매를 접하는 사람들에게 권리분석, 발품 전략, 정보 수집 등은 그 중요성이 인식되어서인지 어느 정도 개념이 서 있는 반면, '자금 계획 및 일정 관리'에 대해서는 철저한 준비가 부족한 편이다.

"아니에요. 당연히 제 자산을 투자하는데 자금 계획이 왜 없겠어요?"

"맞아요. 그런 준비도 되어 있지 않은데 어떻게 시작을 하나요? 그건 기본인데요."

물론 김미영씨 역시 이런 자부심으로 출발하였다.

그녀 역시 처음 경매에 임했을 때는 "일단 우리가 가지고 있는 자금으로 시작해보자"라는 가벼운 마음으로 시작했다. 그러나 이것이 웬걸. 생각지도 못한 추가 비용이 여기저기서 마구 튀어나오는 것이었다. 특히 부동산 경매는 추후에 낼 세금이 무시 못할 액수다.

김미영씨는 그때만 해도 막 결혼 생활을 시작하였던 터라 내 집 마련의 꿈은 그녀에게 '스위스 별장'보다 아름답고 원대하게 느껴졌다. 그러나 그 꿈은 단숨에 접어야 했다. 그녀가 낙찰받고자 했던 단독 주택은 전 주인이 사업을 하다 망해서 나온 물건이었다. 여기까지는 좋았다. 그러나 그 동네 전체가 집을 다시 짓는 바람이 불어 너도나도 할 것 없이 새 집 짓기 붐이 인 것이 큰 문제였다. 성남은 집이 다닥다닥 붙어 있어 한 발자국만큼만 벌려도 옆집이 닿는다.

즉 양 옆집에서 동시에 공사가 진행중이라 그 여진으로 인하여 낙찰을 받고자 했던 집 자체에도 결함이 생기게 된 것이다. 물론 그 결함이 큰 문제가 아닐지는 몰라도 살면서 문제가 발생할 여지까지 생각하면 추후 추가 비용까지도 생각하지 않을 수 없었다. 물론 간혹 '일단 집을 사 놓고서 감당하면 되지 않겠냐' 라고 말하는 사람들도 있지만 신혼부부가 감당해야 할 몫으로는 부담스러운 것이 사실이었다.

이제 막 경매에 발을 들여놓은 사람이 있다면 단순히 자금 마련, 권리분석, 현장 방문을 별도로 생각하지 말고 종합적인 판단 아래 자금 계획을 세워야 한다는 말을 강조하고 싶다. 하나씩 하나씩 따로따로 계획을 세우지 말고 적어도 부동산 전체 일정 계획을 잡고 그 안에 얼마의 유동 자금이 필요한지를 진지하게 생각해볼 필요성이 있다는 것이다.

아무리 맛좋고 영양 많은 콩고물이라도 그 떡을 담아낼 그릇이 당신에게 마련되어 있지 않다면 그 떡의 주인은 당신이 아니다. 그럼 조금 더 구체적으로 김미영씨만의 노하우를 알아보도록 하자.

그 전에 여러분께 소개시켜줄 사람이 있다. 바로 최근에 김미영씨와 함께 경매 시장에 푹 빠져버린 그녀의 친언니인 34세 철없는 주부 김민정씨다. 상가 건물을 마련할 때 함께 경매에 관해 이야기를 나누었는데 아주 답답한 소리만 늘어놓아 고수인 김미영씨의 마음을 불편하게 했던 아줌마다. '무조건 아끼자' 라는 컨셉을 아무 때나 들고나와 고수를 심히 당황스럽게 만든 장본인이기도 하다.

| 현재 시세를 기준으로 가격을 측정해라 |

입찰가격을 얼마로 정하느냐는 매우 중요한 문제이다. 그 금액으로 인하여 낙찰을 받을 수도 있고 아니면 있는 시간 없는 시간 몽땅 짜내어 입찰에 참여하기까지 들인 모든 노력이 허사가 될 수도 있으며 낙찰을 받더라도 수익을 낼 수 있느냐 없느냐도 이 입찰가격에 달려 있기 때문이다.

"아니 낙찰을 받으면 수익을 내는 건 당연한 거 아닌가요?"

물론 다들 그런 목표를 가지고 경매 시장에 오지만 꼭 그런 것만은 아니다.

"그렇다면 입찰가격은 어떤 기준을 가지고 결정을 하면 좋은가요?"

언니 김민정씨가 꺼낸 질문이다.

"당연히 현재 시세를 기준으로 가격을 정해야지. 그러기 위해서는 현재 시세를 정확히 파악하는 것이 매우 중요한데 이것이 경매의 성패를 좌우할 아주 중요한 변수로 작용돼."

고수답게 김미영씨가 대답한다.

시세 확인 요령에 대해서는 앞에서도 간단하게 설명하였으나 여기에서는 조금 더 자세히 설명하도록 하자!

먼저 해당 지역 부동산 중개업소를 최소한 두 곳 이상 방문하여 시세를 확인해보자. 아줌마 특유의 근성으로 부동산을 빈번히 찾아가 물건을 알아보는 것이다.

여자의 장점이 빛을 발하는 순간이다.

방문한 부동산 중개업소 사장님의 마음에 들도록 아부하여 정확한 시세를 알려줄 수 있도록 하는 것이 그 비결이다. 물론 이 비결은 초보 김민정 씨의 주특기이자 유일하게 혼자서 해낸 부분이다.

"요즘 투자해볼 만한 부동산 있나요?"

"글쎄요, 요즘 경기가 안 좋아서. 찾는 물건이 뭔가요?"

"아니요. 여유자금이 있는데 부동산으로 재테크 좀 한번 해보려고요?"라고 운을 띠운다. 그리고 다시 방문한다.

"저 왔어요. 이번에는 뭐 없나요?"

"아, 또 왔구만! 여기 앉아보세요. 이번에 서울 가락동에 이런 건물이 나왔는데 해보고 싶으면 한번 해보세요. 이 물건 찾는 사람 많을 겁니다. 경쟁률이 셀 거 같긴 한데……."

"아~ 그래요. 그럼 이런 건 대충 얼마 정도 하나요?" 하고 자연스럽게 접근하는 것이다.

요즘에는 부동산 거래 정보망이 대부분의 지역에 설치되어 있어서 굳이 여러 곳의 부동산 중개업소를 방문하지 않더라도 비교적 정확한 시세를 파악할 수 있다.

여기에 더불어 해당 지역의 과거 시세 변동 추이를 검토해보고 아울러 인근 지역의 시세를 비교, 검토해보면 거의 정확한 시세를 파악할 수 있다.

이렇게 파악한 시세를 기준으로 입찰에 참여하면 시세의 부정확으로 인해 실패하는 경우는 거의 없을 것이다. 참고로 아파트의 경우 시세의 85% 이상으로 입찰하면 추가 비용 등을 감안하여 볼 때 투자 수익성이 거의 없다는 것도 알아두어야 한다.

| 부동산 경매 물건 값 이외에 드는 추가 비용 |

고수의 경험에 비추어볼 때 경매 현장에서 여자들이 가장 많이 하는 실수는 입찰금액 이외에 드는 추가 비용에 대한 검토가 부족하여 결과적으로 시세보다 비싸게 낙찰받는 것이다. 바로 이 점이 고수 김미영씨가 초보자들에게 하고 싶은 말의 핵심이다.

"아니, 낙찰을 받으면 90%는 내 집인데 뭐가 문제야?" 언니가 의아하다는 듯이 물어온다. 아마도 많은 여자들이 고개를 갸우뚱할 것이다.

"경매 부동산은 낙찰받았다고 해서 그걸로 모든 것이 끝나는 것이 아냐. 내가 그 부동산의 열쇠를 넘겨받게 되기까지 추가로 들어가는 비용이 별도로 있어."

그럼 이제부터 그 비용들에 대해서 알아보도록 하자.

첫째, 취득세금이 통상적인 일반 매매의 경우보다 더 든다. 여기서 통상적이라는 것은 대부분 그렇다는 것이고 경우에 따라서는 오히려 절약이 되는 경우도 있으나 그러한 사례는 그리 많지 않다.

"왜 더 들어가야 해? 바보 같은 질문이라고 생각할지 몰라도 난 알고 싶어." 초보 언니의 질문이다.

"그 이유는 일반 매매의 경우에는 취득세 및 등록세의 과세표준액이 기준시가 또는 과세시가표준액인데 비하여 경매의 경우에는 낙찰가격이기 때문이지. 과세시가표준액은 통상 시세의 50% 미만 수준이고, 기준시가는 70~80% 수준에서 정해져 있기 때문에 시세의 약 80~90%에 육박하는 낙찰가격과는 차이가 많이 나는 거야."

참고로 세율은 취득세(농어촌특별세 포함) 2.2%, 등록세(교육세 포함) 2.4%, 그리고 국민주택채권을 할인하는 것으로 계산할 때 합하여 대략 5% 정도 된다. (과거 3.6% 하던 등록세(교육세 포함)가 2005년 1월부터 2.4%로 인하되었으며, 추가인하방안이 논의중이다.)

그럼 여자들이 쉽게 이해할 수 있도록 한 예를 들어보자!

시가 2억 5천만 원짜리 아파트를 시세의 80%인 2억 원에 낙찰받았고, 그 아파트의 기준시가가 1억 7천만 원이라고 가정해보자.

경매에 따른 취득세 등은 2억 원의 약 5%인 1,000만 원이 소요되고, 일반 매매로 구입했을 경우에는 1억 7천만 원의 5%인 850만 원이 소요된다.

"아하! 이제야 왜 부동산 경매에 따른 세금을 알아둬야 하는지 알겠어. 일반 부동산으로 취득하는 경우보다 많은 비용이 드네."

"그래. 차액인 150만 원도 경매로 인하여 추가로 드는 비용으로 계산을 해야 하는 거야. 참고로 절약되는 경우란 거액의 세입자를 인수하고, 즉 떠안고 낙찰을 받을 경우에 발생하게 돼."

"거액의 세입자를 떠안는다는 것은 부담스러운 부분인데."

"아니야. 오히려 더 이익을 얻을 수도 있어. 만약 위의 예를 들어 설명하면, 경매에 따른 실제 매입금액은 2억 원이 되는 거지?”

“그렇지.”

“대항력 있는 선순위 세입자의 전세보증금 1억 5,000만 원을 떠안고 실제로 5천만 원에 낙찰받았다면 어떻게 될까? 아마도 취득세 등의 취득 비용은 5천만 원을 기준으로 약 5%인 250만 원이 소요되어 일반 매매의 경우보다 오히려 600만 원이 절약되는 경우가 발생할 수도 있는 거야. 즉 2억 원을 기준으로 세율이 매겨지는 경매보다는 1/4로 줄어든 것이고, 일반 부동산거래와 비교해보았을 때도 크게 절약이 되었다는 것을 알 수 있지.”

“아, 그건 전혀 생각지 못한 부분이네. 무조건 내 입맛에 맞는 물건만 생각했었는데 역시 돈은 아는 만큼 보인다는 말이 맞네.”

“맞아. 무조건 유찰이 많이 되었다고 혹은 세입자 문제가 끼어 있다고 해서 머리를 절레절레 흔들 게 아니라 투자자 개인이 왜 여러 번 유찰되었는지 그 이유를 살피고, 세입자 문제는 어떻게 처리를 해야 하는지를 알아보는 것이 중요해.”

두번째 추가 비용에 대해 알아보자.

“초보자로서 질문하겠는데 명도 비용이 뭐야? 그리고 왜 명도 비용을 우리가 물어야 해?”

사실 이 부분은 김미영씨도 처음에 당황스러웠던 문제였다. 그렇다면 명도 비용이 왜 필요한지 알아보도록 하자.

명도 비용은 두 가지로 나누어 볼 수 있는데 하나는 명도소송 또는 인도명령신청 등 법에 의한 강제집행으로 인하여 소요되는 비용이며, 다른 하나는 법으로 처리하지 않고 합의하는 경우에 들어가는 합의금을 말한다.

아파트의 경우에는 대개 1가구가 거주하고 있으므로 명도 부담이 비교적 적은데 비하여 여러 가구가 거주하는 일반 주택의 경우에는 명도 부담이 많으며 이에 따라 비용도 소요된다.

이사 비용까지 절대로 줄 수 없다고 촛불시위라도 하고 싶어하는 독자들에게 명도 비용에 대한 자세한 설명을 하고자 한다. 소유자, 채무자 및 대항력이 없는 세입자는 인도명령을 통하여 강제로 명도시킬 수 있으나 인도명령 신청에는 비용 및 시일이 소요된다. 그래서 대부분의 명도 방법으로는 이사비 등의 명목으로 일정 금액의 합의금을 지급함으로써 빠른 시일 내에 원만하게 처리하는 것이 일반적이다.

위의 두 가지가 일반 매매에 비하여 추가적으로 드는 가장 대표적인 비용이며, 그 외에는 다음과 같은 비용이 추가로 발생할 수 있다. 여기서 '365일 무조건 아끼자' 라는 인생관을 갖고 있는 김민정씨가 발끈하며 얼굴을 붉힌다.

"뭐가 또 있어? 이사 비용까지 줬으면 됐지, 뭘 또 내라는 거야?"

"이래서 부동산 경매는 낙찰 후가 더 중요하다고 할 수 있는 거야. 넓은 마음을 갖고 지불해야 할 항목에 대해 알아보는 게 훨씬 건강에도 좋을 것 같지 않아?"

아파트와 같은 부동산의 경우 발생하는 연체된 관리비 등이 세번째로 알아볼 추가 비용이다.

"관! 리! 비! 라고? 럴수 럴수 이럴 수가!"

사실 초보자 김민정씨가 아무리 화를 내도 경매에 나온 아파트의 대부분은 관리비가 체납되어 있다. 물론 대항력이 있는 세입자 또는 보증금 전액을 배당받는 세입자가 거주하는 아파트의 경우 연체된 관리비는 없을 것이다.

"그럼 연체 관리비는 무조건 지로용지에 나온 대로 내면 되니?"

평소 자기 집에 고지된 세금도 못마땅하게 여기는 김민정씨인지라 극도로 흥분을 하고 있다. 하지만 절대로 흥분할 문제도 아니고, 무시할 사항도 아니다.

"한 달치를 뚝딱 측정하여 청구하는 것이 아니기 때문에 이 부분에 대해서도 방법을 잘 알고 있어야 해. 그렇게 흥분만 했다가는 죽도 밥도 안 되니 마음을 가라앉히고 내 말을 잘 들어. 아파트의 면적 및 연체 기간에 따라 상당액의 관리비가 체납됐을 수도 있으므로 입찰 전에 아파트 관리사무소에 문의하여 체납된 관리비를 확인하는 것이 중요해. 그 비용 또한 추가 비용으로 산정하여 입찰가격을 정하는 데 참고해야 하고……."

대법원 판례에 의하면, 체납된 관리비 전액을 낙찰자가 부담해야 하는 것이 아니고 공용 부분에 해당하는 관리비만 부담하면 된다.

네번째는 만약 모든 절차를 혼자서 할 수 없다면 컨설팅 수수료가 추가로 들어간다.

경매의 전 과정에는 혼자서 모든 것을 해결할 수 없는 경우도 있으며, 많은 돈을 투자하는 데 비하여 자신의 지식만으로는 뭔가 조금 불안한 경우도 있다. 이럴 때는 전문가의 도움을 받아야 한다.

누구나 '아 이것만 누가 해결해주었으면 좋겠는데' 혹은 '이건 정말 자신이 없는데' 라고 생각해본 적이 있을 것이다.

"그럼 전문 컨설턴트에게 맡기면 다 알아서 해주니?"

"처음부터 끝까지 맡는 경우도 있고, 권리분석 및 까다로운 부분만 의뢰하는 경우도 있어. 처음부터 전문가에게 의지하기보다 자신이 어느 정도 방향을 잡은 다음에 찾아가는 것이 좋아. 왜? 전문가에게 부탁하는 것도 다 돈이니까."

우리가 쉽게 만날 수 있는 경매 전문가는 법원 주변에서 부동산 중개법인을 운영하면서 경매 부동산에 대한 권리분석을 해주는 사람이다. 하지만 현행 법률로는 입찰대리까지는 할 수 없는 한계가 있지만 현재까지는 가장 적은 비용으로 가장 효율적인 컨설팅을 받을 수 있다.

하지만 현실적으로 입찰에서 명도까지 경매의 모든 과정을 컨설팅받을 수 있다.

다음으로는 법무사와 변호사가 있다.

이 두 전문가는 입찰대리까지 할 수 있는 법적 요건을 갖추고 있어서 모든 절차를 합법적으로 컨설팅받을 수 있는 장점이 있으나, 비용이 만만치 않고 아직까지는 경매에 대하여 완전한 컨설팅을 받는 데 부족한 면이 많다. 다만, 법원 주변에 있는 사무실에서는 어느 정도 그 약점이 보완될 수 있을 것이다.

마지막으로 그냥 지나치기 쉬운 비용이 있는데 바로 금융 비용이다.

일반적인 거래에 있어서는 잔금을 치르면 바로 입주할 수 있으나, 부동산 경매에 있어서는 잔금을 모두 다 납부하더라도 실제로 입주할 수 있기까지는 시일이 더 소요된다.

자기 자금으로 잔금을 낸 사람도 마찬가지지만 특히 잔금을 융자받아서 낸 사람은 실제로 입주할 때까지 소요되는 기간 동안 집을 사용하지도 못하면서 이자를 내야만 한다. 이렇게 해서 발생하는 비용을 금융 비용이라

하며, 이 또한 추가 비용으로 계산하여야 한다.

| 부동산의 미래 가치를 보고 구입해라 |

투자(입찰) 하고자 하는 부동산을 고를 때는 그 부동산의 미래 가치를 보고 투자해야 한다는 점도 필수적이다.

즉, 현재 가치보다도 미래에 그 가치가 더욱 상승할 만한 부동산을 골라야 한다는 말이다. 그 가치는 가격뿐만 아니라 임대 수익 등 이용에 따른 수익 가치도 포함된다.

우리가 알고 있는 주변을 살펴보면, 전반적으로 부동산 가격이 상승할 때 어떤 지역은 평균보다도 더 많이 상승하는 지역이 있는가 하면 또 다른 지역은 전체적인 부동산 가격이 오르든 말든 전혀 미동도 않는 지역이 있는 것을 보아왔을 것이다.

이렇듯 우리가 부동산을 고를 때는 평균보다도 더 많이 오를 만한 부동산을 고르는 것이 상책이지만 그것이 어렵다면 최소한 다른 곳이 오를 때 따라서 오를 만한 부동산을 골라야 나중에 스트레스를 받지 않는다.

이 때 김민정씨는 수긍은 하지만 왠지 못마땅한 듯 조용히 말을 건넨다.

"물론 맞는 말이야. 그러나 미래 가치를 판단하는 일은 고수들이나 할 수 있는 일 아닌가? 나 같은 초보는 당장 넘어야 할 게 첩첩산중이라 가치 판단까지는 무리 아냐?"

"그래. 그러나 최소한 투자 물건을 선정할 때 당장의 이익에 어두워 일을 그르치는 것은 막아야지. 그러기 위해서는 한번쯤 미래 가치를 조망해볼 필요성이 있지 않겠어?"

그렇다면 미래 가치가 좋은지 나쁜지 어떻게 판단해야 할까?

먼저 지역적으로 말하자면, 해당 지역의 가격을 선도하는 지역을 선택해야 한다. 예를 들어 '서울 하면 부동산 가격을 선도하는 지역은 강남' 하는 식으로 말이다. 이 방식을 좁게 적용하여 '일산 하면 어디?' 하는 식으로 자신이 입찰하고자 하는 부동산의 미래 가치를 검토해보는 것이다. 이렇게 해서 선택한 부동산이 그 지역에 위치해 있다면 최소한 남들 오를 때 오히려 가격이 하락하여 스트레스를 받게 하는 부동산은 되지 않을 것이다.

또 다른 방법으로는 남들도 선호하는 부동산을 고르는 것이다.

상가로 말하자면 상가의 코너자리 등 목이 좋은 곳에 위치한 상가를 고르는 것이며, 아파트로 말하자면 로열 동 로열 층을 고르는 것이다.

"그러나 경매 초보인 내가 알기로는 그런 물건은 경매 시장에서 거의 찾아볼 수가 없다고 들었는데."

"맞아! 그런 물건들은 경매에 나오더라도 낙찰되기 전에 정상적인 급매물 거래로 소화되기 때문에 찾아보기 힘이 들지. 하지만 열심히 찾다 보면 내가 진주를 발견하는 주인공이 될지 어찌 알겠어?"

진주를 발견하지 못하더라도 이와 같은 안목으로 투자할 물건을 고른다면 역시 다른 사람에 비해 미래 가치가 훌륭한 부동산을 발견할 수 있을 것이다. 이렇게 해서 내가 선택한 물건을 좋은 가격에 낙찰받는다면 많은 투자 수익은 물론 정신 건강에도 매우 좋을 것이다.

| 부동산 경매의 최대 변수를 미리 알자 |

부동산 경매에는 일반적인 매매의 경우에서는 발생하지 않는, 일정을 지연시키는 많은 변수들이 존재하며, 경매의 모든 과정을 성공적으로 마치기 위해서는 이러한 변수에 대하여 충분히 알고 있어야 한다. 그래야 정확한 자금 계획과 일정을 짤 수 있다.

"그렇다면 어떤 변수들이 있니?"

메모할 준비를 하면서 물어오는 언니의 자세가 제법 진지하다. 처음 경매 강좌를 듣던 때의 김미영씨 자신의 모습을 보는 것 같다.

"부동산 경매에서 발생하는 일정을 지연시키는 변수들은 크게 두 가지가 있어. 첫번째로 세입자를 비롯한 이해관계인의 항고가 있지. 세입자, 채권자 등 부동산 경매사건의 이해관계인은 법률에 따라 부동산 경매의 전 과정에서 항고할 수 있는 자격이 있어. 이러한 항고가 발생하면 대부분의 경우 그 항고에 대한 재판 결과가 나올 때까지 경매의 진행이 정지돼."

"그럼 항고가 발생되면 얼마 동안 경매 진행이 멈추게 되니?"

"음, 기간은 항고의 종류에 따라 다르지만 최소한 3개월 이상이 소요되는 것이 대부분이야."

흔히 신법이라고 하는 민사집행법이 시행되기 전에는 채무자와 소유자가 아니면 항고에 따른 보증금이 없었다. 항고 이유 또한 기재하지 않아도 그 항고를 적법하게 인정해주었다. 즉, 아무런 이유 없이 항고가 가능하여 항고가 남발되고 이는 부동산 경매사건을 몇 개월간 불필요하게 지연시키는 요인이 되기도 하였다.

그러나 2002년 7월 1일부터 시행된 민사집행법에 의하여 항고하는 모든 이해관계인은 항고보증금을 법원에 공탁하여야 하고 그 항고가 각하 또는 기각될 경우에는 항고보증금을 돌려받지 못할 수 있다. 또한 항고 이유를 반드시 기재하여 제출해야만 항고를 적법하게 받아들여 항고사건을 진행하게 됨으로써 과거에 비하여 항고가 대폭 줄어들었다.

"두번째는 명도소송 또는 인도명령에 소요되는 기간을 들 수 있어. 예를 들어 아파트를 낙찰받았으나 그곳에 집주인이 살고 있거나 보증금을 전액 배당받지 못한 대항력이 없는 세입자가 살고 있을 경우 이들을 내보내야 해. 그래야 완전히 내 소유가 되니까."

"그래, 사실 나 같은 초보자들이 가장 부담스러워하는 부분이야. 물론 정당한 절차를 밟고 낙찰받았지만 왠지 기존에 살고 있었던 사람을 내쫓는 느낌이 드는 것도 사실이잖아."

"아마 이 부분은 전문 컨설턴트라 할지라도 가장 껄끄러운 부분일거야. 사람 일이라는 게 언제 어떻게 입장이 바뀌게 될지도 모르는 일이고, 기존의 세입자들에게 '내가 새로운 주인이니 나가주세요' 라고 말하는 것은 쉬운 일은 아니지. 다만, 일정한 절차를 통해 인도명령을 신청하는 방법이 있어. 솔직히 그 사람들도 살고 있었던 집이 경매에 들어가면 많은 번거로움으로 인하여 빨리 나가고 싶어하지. 그래도 거주자를 만나야 하는 절차는 피할 수가 없어. 하지만 낙찰받은 아파트를 완전하게 내 소유로 만들려면 부딪칠 수밖에 없는 절차야."

앞에서 언급한 대로 그들과 합의하여 내보내면 가장 좋겠으나 그들이 합의에 응하지 않거나 과다한 합의금을 요구할 경우에는 어쩔 수 없이 법대로 처리하는 수밖에 없다. 이렇게 법에 호소하여 법원을 통해 이들을 강제로 내보내는 방법에는 '인도명령'과 '명도소송'이 있다.

"인도명령과 명도소송은 많이 다르니?"

"자세한 언급은 추가로 하겠지만 소요되는 기간, 절차 및 비용에 있어서 많은 차이가 있어."

인도명령의 경우 당사자의 심문이 없을 경우 통상 신청서 접수 후 7일 이내에 결정이 나오는데 비하여, 명도소송의 경우에는 3개월에서 6개월 정도가 소요되며 그 절차도 더 복잡하고 비용도 더 많이 소요된다.

"일단 초보자들이 이해하기 쉽게 말해볼까. 인도와 명도는 용어부터가 다르잖아. 소송이라는 용어가 들어가면 뭐든지 오래 걸리는 법이야."

"그럼 그 대상은 누가 되는 거야? 내가 듣기로는 그 대상을 정확히 아는 것도 중요하다고 들었는데."

언니는 어디서 이야기를 들었는지 한걸음 앞서간다.

"그렇지, 그럼 그 대상자를 알아볼까. 과거 민사소송법에 의하면 인도명령 대상자가 매우 제한적으로 정해져 있었어. 그러나 새로운 민사집행법이 시행되면서 대항력이 없는 모든 점유자는 인도명령 대상자로 분류되었지. 이에 따라 대부분의 점유자가 인도명령 대상자에 해당되는 거야. 즉 소유자, 채무자 및 대항력이 없는 모든 점유자는 인도명령의 대상자가 되는 거야. 인도명령의 신청기간은 대금 납부 후 6개월까지이며, 이 기간이 경과하면 인도명령의 대상자일지라도 명도소송을 통해서 내보내야 하니까 반드시 6개월의 기간을 넘기지 않도록 주의해야 돼. 그리고 인도명령의 대상이 아닌 점유자는 명도소송의 대상자가 되는 거야."

예를 들어 내가 낙찰받은 아파트에 집주인이 살고 있다면 인도명령 신청을 통하여 내보내면 되는 것이다. 이때 주의할 점은 '점유이전금지가처분신청'을 함께 신청해야 한다는 점이다.

"점유이전금지가처분신청?"

"그래! 말 그대로 이전을 금지하는 법적 장치를 말하는 거야. 인도명령을 신청하여 그 집행문을 받았더라도 현재 살고 있던 집주인이 다른 사람에게 집을 이전하고 이사를 가버린다면 그 집행문은 아무 쓸모가 없게 되는 거야. 즉 새롭게 이사 온 사람을 상대로 또다시 내보내야 하는 수고를 해야만 하는 거지."

인도명령과 점유이전금지가처분신청까지의 절차를 진행하면 현재의 거주자와 합의가 원만히 이루어지는 것이 보통이다. 거주자의 입장에서 보면 본인이 승소할 가능성은 전혀 없고 법에 의하여 강제로 쫓겨 나가는 것도 모양새가 좋지 않아 보다 적극적으로 합의에 응할 것이므로, 이럴 경우에는 가급적 합의를 통해서 내보내는 것이 좋다. 사람이 사는 데 있어서는 법대로 하는 것보다도 합의에 의한 원만한 해결이 가장 좋은 방법이기 때문이다.

만족할 만한 방법은 아니지만 마지막까지 합의가 이루어지지 않는다면 어쩔 수 없이 법원을 통해서 이를 집행해야 한다. 이것을 강제집행이라고 하며 강제집행에도 약간의 시간은 필요하다.

집행 절차는 다음과 같다. 인도명령이 결정되면 '인도명령결정 정본'이 점유자에게 송달되고, 명도소송에서 승소할 경우에도 '승소판결문 정본'이 점유자에게 송달된다. 송달되면 법원에서 '송달증명원'을 발급받아 이를 첨부하여 집행관 사무실에 '강제집행신청서'를 제출하여 강제집행에 착수하면 된다.

만약에 강제집행 후에 재침입을 한 경우에는 원칙적으로 다시 인도명령을 받아 집행하여야 하나, 이 경우에는 형사상 주거침입죄에 해당되므로 경찰서에 신고하여 형사사건으로 처리하면 빨리 해결할 수 있다.

그러나 이러한 모든 절차가 번거로운 방법이므로 집을 넘겨받는 즉시 열쇠를 교체하여 다른 사람이 다시 입주하지 못하도록 예방하는 것도 중요하다.

| 변수가 많은 경매, 넉넉한 경매 일정을 잡자 |

"골라 골라, 오늘만 50% 세일~!"

시장판에서 옷을 파는 아저씨들이 고객을 끌 때 소리치는 인상 깊은 구절이다.

시장에서 파는 값싼 여름 티셔츠도 아닌데, 경매 물건을 보러 다니는 초보 여자들을 보면 급하게 일정을 잡는 경우가 종종 있다.

부동산 경매에는 앞에서 설명했듯이 일반적인 매매에서는 볼 수 없는 많은 변수가 있다. 경우에 따라서는 이러한 변수가 하나도 나타나지 않을 수도 있지만 반대로 모든 변수들이 다 등장할 수도 있다는 가정을 초보자일수록 항상 염두에 두어야 한다. 따라서 부동산 경매 일정은 여유있게 잡아야 하며, 처음부터 낙찰받고자 하는 부동산에 대한 권리분석을 철저히 하여 최종적으로 그 부동산을 소유할 수 있는 기간을 넉넉히 계산하여야 한다. 이러한 변수를 제대로 예측하지 못하여 낭패를 보는 경우도 적지 않게 발생하기 때문이다.

"기간을 넉넉하게 잡지 못했다고 낭패까지 보니?"

"그럼, 예를 하나 들어볼까? 낙찰받고 6개월 후면 그 집에 입주할 수 있을 것으로 예상하고 현재 살고 있는 집을 팔았다가 점유를 타인에게 이전한 집주인의 함정에 빠져 추가로 명도소송 기간 동안 오도 가도 못하는 신세가 되는 경우가 생기면 낭패가 아니겠어?"

거듭 말하지만 부동산 경매를 통하여 일반적으로 이사하듯이 현재 살고 있는 집을 팔고 낙찰받은 부동산에 입주하려는 생각은 처음부터 안 하는 것이 좋다. 왜냐하면 부동산에는 많은 변수가 존재하므로 초보자일수록 변수를 이겨내는 기간이 오래 걸리기 때문이다.

| 현장 발품이 안전과 수익을 가져온다 |

부동산에 대해서는, 경매뿐만 아니라 일반 매매에 있어서도 현장 발품에 대한 중요성은 몇 번이고 강조해도 지나침이 없을 것이다. 철저한 현장 확인을 통하여 보다 안전하게 부동산을 취득할 수 있으며, 이를 소홀히 하는 사람에 비하여 높은 수익을 올릴 수 있다.

현장 확인시에는 가격만 확인할 것이 아니고, 학교 시설, 관공서, 할인점 등 편의 시설과 주변 환경도 면밀히 살펴야 한다. 주변 환경이 부동산 가격에 미치는 영향은 굳이 강조하지 않더라도 잘 알고 있을 것이라고 믿는다.

제3장
경매 재테크가
여자들에게 딱인 이유

01. 부동산 경매는 여자를 위한 재테크 수단이다

02. 부동산 경매에 투자할 때 여자들이 조심해야 할 사항

01 | 부동산 경매는 여자를 위한 재테크 수단이다

돈을 버는 것보다 모으는 것이 더 중요한 시대가 왔다. 지금까지 돈은 있는 사람들이 굴리고 늘리는 특권이라고 생각해왔다. 하지만 이제는 돈이 없는 사람들도 자신의 자산을 늘리는 데 관심을 갖기 시작했다. 특히 부동산은 재테크 분야 중에서 단연 돋보이는데 부자 신드롬 안에는 반드시 부동산이라는 노른자위가 있기 때문이다. 게다가 부동산 경매는 여러 모로 여자들에게 유리한 호조건을 갖고 있다. 그야말로 '여자라서 행복해요'다.

| 일반 부동산보다 공략할 범위가 좁다 |

재테크 분야 중에서도 가장 안정적이고, 쉽게 접근할 수 있는 방법이 금융 상품이나 펀드 같은 간접투자 방식이라면 가장 수익성이 뛰어난 부동산은 남성적인 느낌이 많이 드는 게 사실이다. 금융 상품은 일정한 금리를 예측할 수 있으며 무엇보다 원금 손실의 우려가 없기 때문에 누구나 접근 가능한 투자처이다. 하지만 부동산은 선 굵은 한 편의 역사물을 보는 것처럼 변수라는 함정과 리스크라는 도적떼가 여기저기에 모여 있다. 하지만 부동산 경매는 여자들에게 인기가 있다. 그 이유가 무엇인지 한번 살펴보자!

부동산 경매가 여자들에게 인기 있는 이유는 일반 부동산 시장보다 투자 범위가 좁기 때문이다. 즉 일반 부동산은 하나를 알더라도 열 가지 변수에 의해 해결점이 보이지 않아 그야말로 많은 경력과 시장 흐름을 알아야 성공적인 투자가 가능하다.

물론 부동산 경매도 부동산이라는 큰 카테고리의 하나에 해당된다. 투자 금액이나 투자 기간 모든 면에서 쉽게 생각할 수 있는 대상이 아니다. 그럼에도 여자들이 경매 시장에 관심이 많은 건 여자들의 심리와 경매 시장이 딱 맞기 때문이다. 무슨 소리냐고?

처음 여성들을 상대로 강의를 나간 필자는 생각했던 이상으로 여성들의 관심에 놀라 왜 경매를 하려고 하는지 물었던 적이 있다.

당연히 "돈을 벌려고요"라는 대답이 나올 줄 알았는데 그녀들의 표정에는 진지함이 묻어나 있었다. 물론 수익을 얻어 가정 살림에 보탬이 되고자 하는 취지는 동일하나 근본적으로 여자들도 당당히 재테크를 하고 싶다는 의지를 필자에게 보여준 것이다.

"경매는 하면 할수록 재미있어요. 처음에는 권리분석이 어렵다고 해서 엄두도 못냈는데 사건이나 사례를 접할 때마다 기존에 내가 알고 있었던 사항과 일치하면 정말이지 공부한 보람이 있다니까요."

필자는 그제서야 무릎을 쳤다.

부동산 경매가 재밌다니……. 처음 이런 말을 듣는 사람은 이해가 잘 되지 않을 것이다. 하지만 여자의 심리를 알면 금방 알아차릴 수 있는 항목이다.

남자들은 경매 시장을 일종의 투자 혹은 투기성으로 보는 반면 여자들에게 경매는 자신감이다. 이것이 남자와 여자의 차이이고, 경매 시장에 여자들이 있어야 하는 이유다. 남자들은 하나의 목표를 정하면, 목표만을 향해 달린다. 즉, 그 목표가 자신이 되는 것이다. 하지만 여자들은 아니다. 하나의 목표가 정해져 있다면 그 과정에서 자신을 찾는다. 즉, 열 개의 고개가 있다면, 남성들은 고개를 다 넘는 데 의미를 두는 반면, 여자들은 하나의 고개를 넘으면서 자신과의 공감대를 형성할 만한 사항에 만족을 두는 것이다. 그리고 경매가 그러한 만족감을 주는 좋은 투자처인 셈이다.

여자들이 뻔한 비정의 드라마를 좋아하는 것도 드라마 구성 자체가 여자들의 감정 기복과 일치하기 때문이듯 부동산 경매 또한 수평선으로 쭉 가는 부동산보다 한 가지 배움을 알고, 바로 자신의 것으로 만들고자 하는 여성들의 욕구를 적절한 타이밍에 맞춰주기 때문이다.

| 함께 공감해주는 경매 친구가 있다 |

남자의 입장에서 여자들의 행동 중에서 이해되지 않는 것이 있다면, 바로 화장실을 같이 가는 것이다. 도대체 왜 그럴까? 화장실에 가면 무엇이 있길래 저렇게 몰려다니는 걸까? 라는 의문을 품게 한다. '화장실'은 여자들에게 있어 하나의 문화 공간이다. 그것을 이해하지 못하면 화장실을 같이 가려는 여자들의 행동은 이상하게 보일 것이다. 근데 왜 갑자기 화장실이야기냐고? 여자들의 집단심리를 이해하는 데 화장실만큼 좋은 예가 없기 때문이다.

경매가 여자들에게 인기있는 이유 중에 하나가 자신의 고민과 기쁨을 함께 누릴 수 있는 동무가 있다는 것이다. 경매 강좌를 둘러보거나 법원 현장을 가보면 대부분의 여자들은 한두 명씩 친한 지인들과 함께 방문한다. 이는 그만큼 부동산 경매가 다른 분야와 달리 여자들의 수요가 많다는 뜻이기도 하거니와 자신의 희로애락을 함께 해줄 만한 친구들이 많다는 뜻이기도 하다. 여자들은 자신이 손실을 입었을 때 혹은 낙찰을 받지 못했을 때의 상황을 저장해두었다가 다른 사람들이 물어오거나 똑같은 상황에 처하게 되면 그 상황을 드라마틱한 구성으로 알려준다.

사람들은 집단을 이루었을 때 외부로부터 방어 능력이 생겨난다. 즉 집단을 이룸으로써 최소한의 방어는 안고 들어간다는 생각으로 좀더 자신을 표현해내고, 자신의 뜻을 과감히 밀고 나간다는 뜻이다. 특히 '수다'로 자신의 에너지를 표현하는 여자들에게 있어서 내부의 동료는 서로의 정보 교환과 더불어 최고의 안식처인 셈이다. 처음에는 자신이 없다가도 같은 입장에서 이야기해주는 동료에게 강한 힘을 느껴 자신감을 되찾는 경우도 있다.

여자들은 절대적인 목표를 생각하기보다는 상대적 개념으로 사물을 바라보며 자신과 타인을 비교하여 결과물에 대한 만족을 얻는다. 여기에 필자가 여성들에게 하고 싶은 말이 있다. 가끔 상담을 받아보면 경매의 기준을 자신이 아니라 타인에 두는 사람들이 있다.

"선생님, 저랑 같이 수업받는 연경이 엄마는 운이 좋은지 손만 댔다 하면 낙찰이 돼요. 이번에는 상가 건물을 낙찰받았는데 입지도 괜찮고, 건물 상태도 깨끗하더라구요."

이 말 뜻에는 연경이 엄마를 부러워하는 마음과 함께 자신도 그렇게 될 수 있다는 확신을 필자에게 확인받고 싶어하는 마음이 담겨 있다. 하지만 필자는 그런 희망을 주고 싶지 않다.

함께 정보도 공유하고 감정 기복이 심한 여성들이 또래 친구들에게 위로를 받는 것은 필자의 입장에서 바람직하다고 판단되나, 부풀려지는 소문만 믿고 자신의 투자 방향을 설정하거나 다른 사람과 비교하여 입찰에 응하지는 말자. 물론 현명한 여성들이라 알아서 잘하리라 생각하나 행여나 하는 마음에 염려되어 전하는 말이다. 자신의 주관을 갖고 투자 방향을 설정하여 나가다보면 반드시 당신도 그녀들이 부러워할 만한 대상이 될 수 있다. 그리고 부동산 경매 시장에서 실패든 성공이든 그 주인공은 바로 자신이 된다는 점을 명심하자. 타인에게 기대어 위로는 받되 거기에 소유되지는 말자.

| 따지고 들 시간적 여유가 많다 |

아니 우리 여자들이 얼마나 바쁜데 시간이 많다니, 라고 흥분하기 시작하려는 독자들에게 잠시 흥분을 멈추고 필자의 이야기를 들어달라고 말하고 싶다. 부동산은 다른 분야보다도 시간이 많이 드는 분야이다. 남자들은 회사에서 살아남느라 장기적인 시간이 소요되는 경매에 직접 나서기가 쉽지 않다. 그러나 여자는 다르다. 전업주부인 경우에는 남편이 직장에 나간 사이에 가까운 문화센터 및 서점에서 정보를 얻을 수 있으며, 꼼꼼히 따져보고 계획을 잡는 데도 시간적인 여유가 많은 셈이다. 그럼 어떤 정보를 어떻게 준비하고 진행해가야 하는지 하나씩 짚어보도록 하자.

가장 먼저 투자 수익성이 높은 부동산을 찾기 위해 정보를 취득하는 데 공을 들여야 한다. 자신이 투자할 부동산이 정해졌으면, 그 물건 분석을 하기 위한 현장 답사를 해야 한다.

입찰대상 부동산을 찾는 방법에는 여러 가지가 있다. 경매 정보지를 통하여 찾을 수도 있으며 또는 인터넷의 경매 관련 사이트를 이용하여 정보를 얻을 수도 있다.

또한 직접 법원을 방문하여 정보를 얻는 방법도 있다. 하지만 이러한 모든 방법에는 시간이 필요하다. 아울러 부동산 경매에 있어서 현장 답사는 매우 중요한 절차 중의 하나이다.

현장을 답사하려면 당연히 많은 시간이 필요하며 직장에 다니는 남자들의 경우 이러한 시간을 내기는 그리 쉽지가 않다. 또한 휴일에만 답사를 할 경우 부동산 중개업소의 휴무로 인하여 정확한 시세 확인이 어려울 수도 있다. 이와 같이 현장 답사를 위해서도 시간이 필요하다. 물론 시간이 그렇게 중요하나? 라고 반문하는 사람들도 있을 거라고 생각한다. 그런 사람에게 들려주고 싶은 말이 있다.

'신은 인간에게 재물을 똑같이 나누어주는 데는 실패했지만 시간을 똑

같이 나누어주는 데는 성공했다.'

필자가 참으로 좋아하는 문구이다. 이 책을 읽는 독자들도 자신의 투자 격언 및 명언을 하나씩 정해 마음속에 간직하는 것도 좋은 방법이 될 것이다. 물론 이 명언을 이 책에 맞게 고치면 '신은 특히 여자에게만 시간을 더 허락했다'고 추가할 수도 있겠다.

남자들에게는 없는 여자만의 예리한 감각과 섬세함이 있다

여자들은 하나의 사건 혹은 상품을 두고 평가하는 것을 좋아한다. 물론 이러한 여자의 수다를 듣고 있노라면 남자의 입장에서는 이해가 되지 않을 뿐더러 곤혹스럽기까지 하다. 처음에는 '사과를 샀다'라는 명제가 '사과가 상해서 곰팡이가 났다'는 식으로 변하기 때문이다. 이런 이야기를 들으며 '그렇게 시간들이 많나? 없는 이야기를 만들어내는 데 재주들이 타고났어'라고 생각한 남자들도 많을 것이다. 하지만 이제는 아니다. 적어도 꼼꼼히 따져보고, 보이지 않는 틈새까지 봐야 하는 경매 시장에서 여자들의 눈썰미는 단연 돋보인다.

하나의 부동산을 보여주고 남자와 여자에게 그 소감을 물어보면 항상 차이점이 있다. 남자들은 부동산의 외관에 치중하여 보고, 여자들은 편의성의 관점에서 보는 경향이 있다.

부동산의 외관은 누구라도 조금만 주의를 기울이면 볼 수 있는 것이므로 그것이 남자만의 큰 장점이 되지는 않으나, 여자들이 관심을 갖고 보는 입지, 접근성 등 편의성을 보는 눈은 여자들만이 갖는 큰 장점이 된다.

절대적으로 부동산은 수익성이 전제되어야 하며, 단순히 말하자면 그 수익성은 부동산의 외관에서 나오는 것이 아니고 편의성에서 나오는 것이다.

편의성에 함축되어 있는 부동산의 입지 및 역세권 또는 대중교통 수단에 의한 접근성은 해당 부동산의 가치를 결정하는 매우 중요한 요소이다. 따라서 여자들이 갖고 있는 예리한 눈과 섬세함은 부동산 경매 시장이 여자에게 꼭 맞는 이유가 된다.

함정에 쉽게 빠지지 않는다

남자들에 비하여 여자들은 꼼꼼하며, 특히 가격에 민감하다. 장사 하는 사람들이 가장 큰 적이라고 생각할 정도로 한국 아줌마의 꼼꼼함은 세계 최고라고 할 수 있다. 그 꼼꼼함과 가격에 대한 민감함은 여자들이 하나의 물건을 고를 때를 생각해보면 누구나 납득할 수 있을 것이다.

이러한 꼼꼼함과 가격 민감성은 부동산 경매에 있어서 매우 중요한 의미가 있다. 부동산 경매는 내가 힘들게 모은 돈을 투자해야 하는 시장이므로 투자한 돈을 불려서 많은 수익을 얻어야지, 손해볼 수는 없는 일 아닌가?

부동산 경매에 참여하다 보면 많은 함정을 만나게 된다. 그것이 함정인지를 모르거나 주의를 기울이지 않는 사람들은 여지없이 그 함정에 빠지게 되는 경우를 많이 보아왔다.

함정에 빠진다는 것은 큰 손실을 입는 것을 의미하며, 이러한 손실을 입은 투자자는 경매를 멀리하게 되고 주변에 경매의 위험성을 강조하게 되므로 이것을 듣고 보는 사람은 부동산 경매를 매우 위험한 투자라고 알리고 다닌다.

하지만 부동산 경매에 있어서 조금만 주의를 기울이면 함정을 피해갈 수 있으며, 여자들이 가지고 있는 이러한 꼼꼼함과 가격에 대한 민감성은 부동산 경매 시장이 여자들에게 꼭 맞는 또 다른 이유가 된다.

| 자존심에 강하고, 정에 약한 여자의 마음 |

'여자의 마음은 갈대.'

필자는 이 문장만큼 여자를 잘 나타내주는 표현은 없다고 생각한다. 실제로 상담을 의뢰받아 같이 현장을 방문하거나 투자처를 정할 때 필자가 두려워하는 것 중에 하나가 여성들의 갈대심리다.

미리 짜놓은 대략의 시나리오를 갖고 필자는 예상 물건을 관찰하는 반면, 의뢰자인 여성의 마음에는 금방 새로운 각본이 써지듯 필자를 다른 곳으로 유인해 아무래도 자신이 없다는 말을 털어놓는다. 그때마다 필자는 "아뿔싸"를 외치게 된다.

처음 상담을 받을 때 역시 마찬가지다.

어떤 투자처를 공략하고 싶냐고 물어보면,

"글쎄요. 처음에는 건물을 하나 보러왔는데 막상 여기서 보니까 다른 물건들이 자꾸 눈에 들어오네요"라는 말이 첫번째로 내놓는 대답이다.

"그럼 현재 가지고 있는 자본과 원하는 입지가 있으면 말씀해주세요"라

고 물으면,

"돈이 많으면 여기에 왜 오겠어요? 그냥 선생님이 알아서 다 해주세요"
가 그녀가 내놓는 최종 답안이다.

그래서 결국 필자가 알아서 정하고 나면,

"근데요 선생님 제가 이 물건은 조금 무리인 것 같은데 차라리 이건 어떠
세요?"라며 그제서야 자신의 생각을 꺼내놓는다. 필자의 말에 공감을 하는
독자들이 많이 있을 거라고 판단된다. 이처럼 여성들이 자신의 생각을 당
당히 말하지 못 하는 것을, 다수의 경험을 통해 파악한 바가 있다.

여성들뿐만이 아니라 처음 경매 시장에 문을 두드리는 초보자는 전문 컨
설턴트를 의지하게 마련이다. 다만, 그 정도의 차이가 어느 정도냐에 따라
경매에 적응하는 속도가 빠르기도 하고 또 느리기도 하다.

실제로 어느 정도의 경험이 있는 사람들은 자신이 할 수 있는 범위는 스
스로 해결하고, 권리분석이나 다소 까다로운 문제점만 의뢰하는 경우도 있
다. 물론 초보자들에게 많은 점을 기대하는 것은 아니다. 다만 자신의 생각
에 자신감을 가지라는 말이다. 여성들은 필자에게 있어 고객이다. 나에게
돈을 벌어다주는 대상이 되는 것이다. 그러니 상담을 받으러 오거나 현장
을 갈 때 처음 자신이 생각한 투자 방향 및 목적을 분명히 말하자. 처음부
터 아무 생각 없이 자신의 돈을 냉큼 꺼내놓는 사람은 이 세상에 아무도 없
다. 독자들도 분명 그럴 것이다.

괜히 자신이 가지고 있는 자금에 비해 큰 욕심을 부리는 것은 아닌지, 혹
은 처음 생각했던 자신의 생각이 현장에서는 터무니없다는 식의 비하를 들

을까 염려하는 여자들에게 경매 시장은 개개인의 자존심은 아무짝에도 필요가 없다는 말을 해주고 싶다.

낙찰받는 사람이 성공한 사람이고, 존중받는 주인공이 된다. 부동산 경매 시장에서 가장 중요한 것은 자신의 생각이고, 그 생각을 이루는 것이 최종 목표이다. 아무도 당신의 생각에 관심을 두지 않는다는 점을 거듭 강조하고 싶다.

| 생각보다 표정으로 말하는 여자 |

돈이 오고 가는 곳에서는 자기 관리를 철저히 해야 한다. 재테크를 하다 보면 단순히 돈만 생각했던 기존의 사고방식에서 벗어나 자신 전체를 점검하고 관리하게 된다.

자신이 왜 재테크를 하는지의 자기 점검, 그럼 언제까지 돈을 모아 집을 마련할 것인지의 미래 계획, 그럼 지금은 어떻게 자산 관리를 해야 하고 그러기 위해서 소비 습관은 어떻게 바뀌어야 하는지 등의 종합적인 자기 관리가 되어야 하는 것이다. 물론 여자들은 자신뿐만 아니라 가정 전체를 관리하고 생각해야 하기에 더욱 신경쓸 일이 많을 것이다.

필자가 위의 말을 언급한 것은 이 책을 읽는 독자들에게 자신은 어떠한지를 생각해보라는 뜻에서이다. 다시 한번 점검해보라는 말이다.

여자들은 위의 사항을 철저하게 지키고 동전 한 닢에도 강한 승부 근성을 보여준다.

그러나 필자가 여자들과 동행을 해본 결과 문제점 하나가 있었다. 그것은 자기 심리전에 약하다는 점이다. 현장에서의 기싸움은 아주 중요하다. 물론 여느 경매처럼 여러 사람 앞에서 손을 들어가며 금액 싸움을 벌이는 호가제 경매 방법은 아니지만 현장에서의 심리전은 선거 유세장의 열기를 방불케 한다.

특히 처음 입찰에 임하는 여자들은 긴장을 하게 되는데 그도 그럴 것이 사람은 누구나 자신에게 익숙하지 않은 환경에서는 자연스레 몸을 낮추고, 적을 경계하기 마련이다. 특히 자신이 써넣은 입찰가격과 낙찰가격의 차이가 크지 않았을 경우 잠시 멍해지는 기분이 든다. 그리고서 곧바로 후회와 투자했던 과거 시간이 원망으로 돌아온다.

물론 여자들뿐만 아니라 사람이라면 누구나 '조금만 높게 썼다면 낙찰받을 수 있었을 텐데'라는 생각이 들게 마련이다. 다만 여자들에게 1%만 냉정해지라는 말을 전하고 싶을 뿐이다.

남성의 경우는 대개 차 한잔 마시면서 금세 다음 입찰을 생각하기 시작할 정도로 빠른 시간내 감정이 돌아온다. 그러나 여자들은 감정에 빠져 다음을 생각하기까지 오랜 시간이 걸린다. 그런 감정 기복이 스스로를 지치게 한다. 냉정한 경매 시장에서 감정이 생각을 지배하는 것만큼 위험한 적은 없다.

자기 심리전에서 이겨야 진정한 주인이 된다. 그러기 위해서는 자신감을 갖고 낙찰 실패에 대한 두려움이나 후회에 집착하기보다는 다음을 준비하는 자세가 필요하다. 이 부분은 실제로 경매를 하는 데 있어 주요한 성공

요인으로 작용된다. 또한 남이 대신 해줄 수 있는 부분이 아니기 때문에 더욱 자기 관리에 신경을 써야 할 것이다.

생각보다 표정으로 말하는 여자들의 행동은 적에게 자신을 노출시키는 일밖에 되지 않는다. 자신에게만 신경쓰기에도 바쁜데 다른 사람들에게까지 자신을 노출시킨다는 것은 일을 더욱 어렵게 만들 뿐이다. 또한 한번의 낙찰로 자신의 목표를 이루었다면 자신이 왜 낙찰에 성공할 수 있었는지 그 이유를 파악하고, 다음에는 어떻게 진행해 가야 할지를 진지하게 생각하면서 경매 투자 일지를 써보는 것도 필요하다. 투자 일지 안에 그 당시의 상황과 자신의 기분을 솔직히 담아도 좋다. 투자하려면 감정에 기대지 말고 이성에 기대라는 말이 있다. 여자 투자자들이 이러한 점에 조금만 더 신경을 쓴다면 경매 고수가 되고도 남는다는 말을 꼭 전하고 싶다.

무조건 복잡한 건 싫어, '서류증후군'

자신감을 얻으려면 자신의 먹이감을 잡을 수 있는 적극성이 필요하다. 마음속에 확신이 찼다면, 남들이 어렵다고 생각할지라도 그 일은 반드시 성사되기 마련이다. 이게 필자의 생각이다.

"저는 초보자니까 아무것도 못해요. 특히 서류는 너무 복잡해서 보기도 싫어요."

대부분의 경매 초보자들, 특히 여자들의 반응이다.

"선생님 저는 서류증후군이 있어요. 다른 일에도 신경쓸 일이 많아서 이런 것과 씨름할 시간이 없어요. 제가 다 일임할 테니 알아서 해주세요."

이런 의뢰자가 많은 관계로 현장에서 서류를 챙기고 살피면 당사자가 답답해한다.

"선생님 책을 보다 보면 갑구, 을구라는 게 있는데 그런 사항을 알아야 경매를 할 수 있나요?"

이러한 질문이라도 해오는 의뢰자는 그나마 자신이 어떤 것을 해야 하는지를 아는 사람이다.

물론 전문가에게 맡긴다는 것은 모든 것을 일임한다는 뜻이다. 하지만 결정은 당사자만이 할 수 있다. 결정을 하려면 경매에 대한 지식 기반이 어느 정도 따라줘야 한다.

"A라는 물건은 임차인과 건물주가 친인척관계라 다소 복잡할 것 같은데 서류상에는 기입되어 있지 않네요? 한번 살펴봐야겠어요"라고 했을 때 "그럼 조금 더 쉬운 걸로 하면 안 되나요?"라고 대답하면 필자의 마음속엔 답답한 구름이 몰려온다.

경매에 대해 모르는 사람일수록 질문도 많고 의심도 많기 마련이다. 자신이 알지 못하니 상대방의 결정을 100% 믿을 수 없는 것은 당연한 일이다. 이래서 당사자의 적극성이 필요하다는 것이다. 직접 자신이 하지 않는다고 해도 참가자로서 기본적으로 알아야 할 사항은 반드시 알아둬야 한다.

최소한의 경매 용어를 알아야 경매 공고문을 읽거나 다른 사람들의 대화 속에서 자신의 몫을 찾을 수 있다. 실제로 필자는 서류를 읽거나 작성할 때

의뢰자와 함께 한다. 한두 번의 입찰 경험이 있는 사람이라면 직접 하게 하고, 필자는 옆에서 조언을 해준다.

요즘은 경매 서적 및 인터넷 사이트를 통해 다양한 정보를 접할 수 있으나 그것을 자기 것으로 만들기 위해서는 실제 경험이 무엇보다 중요하다. 특히 경매 정보지의 기재 내용을 해석하거나 등기부등본 등을 살피는 일은 경매 절차 중에서 가장 먼저 해야 할 절차이다.

경매사건을 분석할 때도 마찬가지다. 경매 정보지 및 매각물건명세서는 언뜻 보기에는 어렵고 복잡한 것처럼 보이나 실제로 내용을 살펴보면 쉽게 내용 파악이 이루어진다. 권리분석을 할 때도 몇 번 경험을 하고 나면 자신도 모르게 가장 먼저 말소기준권리를 찾게 되고, 인수권리가 있는지를 살피게 될 것이다. 그렇게 한두 개씩 자신의 것으로 만들어나가는 재미도 쏠쏠하다.

서류나 도표를 보면 마음부터 닫지 말고, 한번 아무 생각 없이 훑어보자. 그리고 나서 처음부터 완벽하게 작성하거나 알려고 들지 말고, 차근차근 하나씩 익혀나가자. 이왕 부동산 경매 시장에 발을 들여놓았으면 다른 사람이 물어오거나 낯선 용어로 말을 걸어올 때 자신있게 대답을 해주는 편이 훨씬 보기에도 좋고 자신의 입지도 세울 수 있지 않을까? 어떤 분야든 전문가가 된다는 것은 그만한 노력과 실패 경험은 필수인 법이다.

오늘 밤 남편 혹은 연인에게 자신이 알고 있는 경매에 대한 이야기를 건네보라. 분명 당신을 다른 시각으로 볼 것이다. 사람은 누구나 자신이 알지 못하는 분야에 대한 동경과 그것을 알고 있는 사람들과의 동행을 원한다.

오늘은 바로 당신이 주인공이다.

이번 장에서 우리는 나약하게만 느껴졌던 여성이 부동산 경매 시장에서는 남성에 비해 더 많은 장점을 가지고 있다는 것을 알게 되었다. 이 장을 통하여 여성들은 미처 몰랐던 스스로의 장점에 대하여 다시 한번 생각해보았을 것이며 더욱 자신감을 갖게 되었을 것이다.

제4장
이것만 알면
부동산 경매 속살이 보인다!

01 | 말소기준권리

말소기준권리를 이해하는 것은 부동산 경매에 참가함에 있어서 가장 핵심적인 요소이며 가장 먼저 거쳐야 할 관문이다. 따라서 말소기준권리를 모르고서는 권리분석을 할 수 없는 것이다. 말소기준권리를 이해하는 것은 그리 어렵지 않다. 따라서 이번 장에서 언급할 내용을 정확히 이해하여 말소기준권리에 대한 이해를 마치도록 하자.

●말소기준권리

일반적으로 등기부상 가장 빨리 설정된 권리가 말소기준권리이며 가장 대표적인 것은 (근)저당권이다. 경매에 참가하려고 할 때 가장 먼저 보는 서류 중의 하나가 등기부등본이다.

경매에 나온 부동산의 등기부등본을 보면 매우 많은 권리들이 등기되어 있는 것이 대부분이다. 갑구를 보면 무슨 압류와 가압류가 그렇게 많은지, 그리고 또 을구를 보면 무슨 저당권이 그리 많은지, 아이고 가등기는 또 뭐야?

처음 경매를 접하는 초보자는 그 많은 권리에 주눅이 들고 만다.

그리고 등기부등본에 표시되지 않은 권리가 있다. 가장 대표적인 것이 임차인의 권리이다. 주택이건 상가건 사람이 거주하거나 장사할 수 있는 곳이면 어디에나 임차인이 있고 그들은 주인에게 일정 금액의 보증금을 주고 그곳에서 살고 있거나 장사하고 있는 것이다. 물론 주인이 살고 있거나 직접 장사하고 있다면 예외가 되겠지만.

그리고 또 다른 권리도 있다. 앞에서도 언급되었지만 유치권, 법정지상권, 분묘기지권 등등 우리가 알아야 할 많은 권리가 있다.

이쯤 되면 많은 초보자들은 한숨을 쉬게 마련이다.

"뭐가 이렇게 복잡해!"

그러나 너무 걱정 하지 말자! 처음에는 다 그런 것이다.

이렇게 복잡하게 얽혀 있는 모든 권리를 싹 정리해주는 것이 있으니 그 이름하여 말소기준권리 또는 기준권리가 그것이다.

말소기준권리 또는 기준권리란 부동산 경매사건에 있어서 경매 목적 부동산의 등기부상 모든 권리는 물론 임차인을 포함한 등기되지 않은 기타의 권리에 대하여 낙찰자가 인수하여야 하는지의 여부를 결정하는 권리를 말한다.

말소기준권리를 더 쉽게 설명하자면, 경매 목적 부동산에 등기되어 있거나 아니면 등기되어 있지 않은 많은 권리들이 내가 경매에 참가하여 낙찰을 받았을 경우에 그 권리가 낙찰과 함께 말소가 되는 권리인지 아니면 내가 인수해야 하는 권리인지를 구분해주는 기준권리를 말하는 것이다.

즉, 말소기준권리를 기준으로 하여 이보다 앞서는(우선하는) 권리는 낙찰자가 인수하여야 하고, 말소기준권리를 포함하여 이보다 뒤에 오는 권리는 낙찰과 함께 소멸하는 것이다.

가장 대표적인 말소기준권리로 '근저당권과 저당권' 이 있으며, 실제 사례에서도 대부분의 경우 근저당권과 저당권이 말소기준권리의 역할을 하고 있다.

그렇다면 근저당권과 저당권 이외에 어떤 권리가 말소기준권리가 되는지를 알아보면 이제 말소기준권리에 대하여 완전하게 이해할 수 있을 것이다. 앞에서도 언급했지만 돈과 관련 있는 권리가 말소기준권리가 된다는 것을 상기하도록 하자.

그럼 이제 말소기준권리가 무엇인지를 알았으니 그 말소기준권리를 찾아내는 방법을 알아보도록 하자. 말소기준권리를 찾아내는 방법은 생각보다 매우 간단하다.

등기부등본을 쫙 펴놓고 그곳의 갑구와 을구에 써 있는 권리들을 날짜 순서대로 쭉 적어보자. 일자, 권리 종류, 금액 등등.

주의할 점은 여기서 날짜는 등기원인에 있는 날짜가 아닌 접수에 기재되어 있는 날짜를 의미한다는 점이다. 따라서 등기원인날짜는 중요하지 않고 접수날짜가 중요한 것이다.

그리고 또 경매 정보지 등에서 입수한 임차인의 정보도 날짜 순서대로 위에 적은 권리 사이에 함께 적어보자. 전입일자, 성명, 금액, 확정일자, 배당요구일자 등 이렇게. 여기서 기준이 되는 날짜는 전입일자이다.

이렇게 하고 나면 우리가 알고 있는 모든 권리가 날짜 순서대로 한 장의 종이에 기록되어 있을 것이다. 그러고 나서 가장 빠른 날짜에 등기된 권리부터 하나씩 분석해서 그것이 말소기준권리인지 아닌지 판단하면 되는 것이다. 이렇게 해서 말소기준권리를 정했다면, 앞에서 언급한 바와 같이 말소기준권리를 포함해서 그 뒤에 오는 모든 권리(단, 예고등기, 법정지상권, 유치권은 제외)는 말소된다고 생각하면 되고, 그 앞에 있는 권리는 낙찰받은 사람이 인수한다고 생각하면 된다.

언제나 말소기준권리가 되는 권리▶

① 근저당권과 저당권 : (근)저당권은 언제나 말소기준권리가 된다.

② 경매개시결정기입등기 : 강제경매사건에 있어서 다른 말소기준권리가 없는 경우 경매개시결정기입등기가 말소기준권리가 된다.

③ 가압류와 압류 : (가)압류는 말소기준권리의 역할을 한다. 실제 사례에서는 드문 경우이지만 현재의 소유자를 채무자로 하여 진행하는 부동산 경매에 있어서 전 소유자에 대한 (가)압류 또한 말소기준권리가 되며, 배당을 받고 말소된다. 말소되지 않고 낙찰자에게 인수된다는 견해도 있으나, 법원행정처 발행 법원실무제요에 의하여 말소되는 것으로 변경되었다.

경우에 따라서 말소기준권리가 되는 권리▶

① 가등기 : 가등기의 종류는 소유권이전청구권가등기와 담보가등기가 있다. 가등기가 담보가등기이면 말소기준권리가 되나 소유권이전청구권가등기일 경우

에는 말소기준권리가 되지 않고 말소기준권리보다 앞서는 경우에는 낙찰자에게 인수된다. 실제 사례에서의 가등기는 대부분 담보가등기로서 말소기준권리가 된다.

② 전세권 : 건물 전부에 대한 전세권이라면 말소기준권리가 되나 일부에 대하여 설정된 전세권이라면 말소기준권리가 되지 않는다.

●인수주의

낙찰이 되더라도 소멸되지 않는 권리를 말하며 가장 대표적인 것은 유치권, 법정지상권, 예고등기 등이 있다.

우리는 앞에서 말소기준권리에 대해서 알아보았다. 그러면서 낙찰자가 인수해야 하는 권리에 대해서도 공부를 하였다. 이렇게 경매를 통해서 낙찰을 받았더라도 어떠한 권리는 말소되지 않고 낙찰자가 인수해야 하는데 이것을 말소(소제)주의와 대응하여 인수주의라고 한다. 따라서 말소기준권리를 이해하였다면 인수주의는 따로 공부할 필요없이 자동으로 이해할 수 있을 것이다. 그러므로 말소되지 않고 낙찰자가 물어주어야 하는 권리를 인수주의라고 이해하면 될 것이다.

또한 실무에 있어서는 등기된 권리가 인수되는 경우는 거의 없고, 저당권이 설정되기 전에 임차한 임차인의 권리(보증금)가 인수되는 권리의 대부분을 차지한다.

인수주의의 기본 원칙은 다음과 같다.

① 모든 (근)저당권은 낙찰과 함께 소멸한다.

② 예고등기는 말소되지 않고 존속한다. 예고등기란 등기원인의 무효나 취소로 인한 등기의 말소 또는 회복의 소(訴)가 제기된 경우에 이를 제3자에게 경고하기 위하여 수소법원(소송을 접수한 법원)이 직권으로 촉탁하여 행하는 등기를 말한다. 예고등기 소송의 대상이 되는 권리는 대부분 소유권에 관한 것이며 그 다음으로 (근)저당권에 관한 것이 많다.

③ 법정지상권과 유치권은 낙찰자에게 인수된다. 법정지상권이란 동일하였던 건물과 토지의 소유자가 매매 또는 경매로 인하여 다르게 될 경우 건물의 소유자가 토지를 사용할 수 있는 권리를 말하며, 유치권이란 건축업자가 경매 부동산에 대한 공사 대금을 받지 못함에 따라 경매 부동산으로부터 공사 대금을 받을 권리를 말한다.

④ 가처분과 소유권이전청구권 가등기는 말소기준권리보다 빠른 때에는 말소되지 않는다.

02 | 주택임대차보호법

부동산 경매사건을 관장하는 법률은 민사집행법이다.

그러나 민사집행법 못지않게 중요한 법률이 주택임대차보호법이며, 이 법률의 이해 또한 경매를 이해하는 데 있어서 아주 핵심적인 요소이다.

주택임대차보호법은 법률이 13조로 구성되어 있고 시행령도 4조밖에 되지 않아 간단해 보이지만 매우 많은 판례로 인하여 그 이해가 쉽지 않은 것도 사실이다. 그렇지만 이곳에서는 경매에 처음 입문하는 초보자에 맞도록 가장 핵심적인 요소만 알아보도록 하자.

●대항력

살고 있는 집이 경매로 인하여 소유자가 바뀌더라도 낙찰자에게 임차보증금을 받을 수 있는 권리가 있는 것을 '대항력이 있다'고 한다.

부동산 경매를 함에 있어서 이곳 저곳에서 가장 많이 접하는 단어 중의 하나가 '대항력 있는 임차인'이라는 단어이다. 이 말을 처음 접하는 초보자의 경우에는 말은 쉬운데 이해하기가 힘이 든 것도 사실이다. 도대체 누가 무엇을 가지고 누구에게 대항한다는 말인가?

보다 쉽게 설명하자면 대항력이란 말 그대로 누군가에게 대항할 수 있는 힘을 말하며, 여기에서 말하는 누구는 바로 주택의 소유자를 말한다. 따라서 경매사건에 있어서는 낙찰자를 말하며, 대항력이란 임차인이 전 소유자에게서 받지 못한 임차보증금을 새로운 소유자, 즉 낙찰자에게 청구하여 받을 권리를 말하며 그 보증금을 받을 때까지는 집을 비워주지 않고 살 수 있는 권리를 말하는 것이다.

이러한 대항력은 힘이 세다고 생기는 권리가 아니고 주택임대차보호법에 의하여 일정한 요건을 갖추어야 생기는 것이다. 그 요건이란 해당 주택에 입주하고 주민등록을 마치면 되는 것이고 그러면 그 다음날 0시부터 대항력이 생긴다.

그러나 부동산 경매사건에 있어서 진정한 대항력이 있는 임차인이란 말소기준권리보다 빨리 전입신고와 주민등록을 마친 임차인만 해당되고 말소기준권리에 뒤지는 임차인은 실질적인 대항력은 없고 다만 뒤에서 언급할 우선변제권만이 있을 뿐이다.

따라서 앞에서 공부한 말소기준권리보다 빨리 전입신고하고 해당 주택에 이사 온 임차인은 소유자가 경매로 인하여 바뀌는 경우가 생기더라도 새로운 소유자에게 임차보증금을 받을 수 있는 권리가 있으며, 이러한 임차인을 대항력 있는 임차인이라고 하는 것이다.

●우선변제권

　대항력을 보유한 임차인이 임대차계약서에 확정일자를 받으면 그 확정일자의 순위에 따라 경매에서 우선 배당받을 수 있는 권리를 우선변제권이라고 한다.

　즉, 대항력 + 확정일자 = 우선변제권

　1981년 주택임대차보호법이 생기면서 임차인도 부동산 경매사건에 있어서 임차인의 권리를 인정받게 되어 일정 부분 보호를 받지만 이렇게 됨으로써 경매에 참여하여 낙찰을 받은 사람도 부동산을 인도받는 데 많은 도움이 되었다.

　우선변제권이란 앞에서 설명한 대로 주민등록과 입주를 마쳐 대항력을 갖춘 임차인이 임대차계약서에 확정일자를 받은 경우 대항력과 확정일자의 순위에 따라 부동산 경매에서 우선 배당받을 수 있는 권리를 말한다.

　조금 더 쉽게 설명해보자. 다른 사람보다 우선하여 돈을 받을 수 있는 권리를 우선변제권이라고 한다. 이러한 우선변제권 역시 힘이 세다고 해서 키가 크다고 해서 아니면 이쁘다고 해서 인정해주는 것은 아니다. 법률에 의하여 일정한 요건을 갖추어야 인정해주는 것이다.

　그럼 어떠한 요건을 갖추어야 할까? 먼저 대항력을 갖추어야 한다. '대항력' 하니까 앞에서 공부한 것이 생각날 것이다. 그렇다! 전입신고하고 이사만 하면 대항력을 갖추는 것이다. 그런 다음에 임대차계약서에 확정일자를 받으면 그 순간부터 대항력과 우선변제권을 함께 갖게 되는 것이다. 그렇다면 확정일자는 어디서 받을까? 법원에서 받아야 하나? 우리집에서 법원까지는 먼데. 걱정하지 말고 너무 먼 곳에서도 찾지 마라. 동사무소에서 전입신고하면서 담당 직원에게 임대차계약서를 제시하고 확정일자를 찍어 달라고 하면 즉석에서 확정일자라고 써 있는 글자와 날짜가 인쇄된 도장을 꽝 하고 찍어줄 것이다. 그것이 확정일자를 받는 가장 쉬운 방법이다. 참고 로 그 외에는 법원, 공증사무소 등에서도 받을 수 있으니 그곳이 집보다 가 까우면 그곳에서 받아도 된다.

이렇게 우선변제권을 갖게 되면 누구보다도 우선하여 임차보증금을 받 을 수 있을까?

답은 '아니다' 이다.

내가 우선변제권을 확보한 날짜, 즉 나의 확정일자보다 빨리 등기한 사 람(선순위 권리자), 나보다 빠르게 우선변제권을 확보한 다른 임차인에게 는 우선할 수 없다.

우선변제권이란 말 그대로 순서대로 돈을 주는 것이다. 그렇다면 어떤 순서대로 줄까? 상식적으로 생각하면 된다. 선착순이다. 다른 사람보다 빨 라야 먼저 주는 것이 원칙이다.

그리고 우선변제권이 있다고 해서 무조건 배당받을 수 있는 것은 아니고 반드시 배당요구를 해야만 배당을 받을 수 있다. 따라서 실질적인 대항력 (말소기준권리보다 빠르게 전입한 임차인)이 있는 임차인이 아니라면 반드 시 법원에 배당요구를 해서 낙찰 대금에서 자신의 순서에 따라 배당을 받 아야 한다.

그러나 실질적인 대항력과 우선변제권을 함께 보유하고 있는 임차인은 선택하여 그 권리를 행사할 수 있다. 즉, 낙찰 대금에서 보증금을 받아서 나갈 수도 있고 더 살다가 나중에 낙찰자에게 보증금을 받아서 나갈 수도 있는 것이다.

예를 들어, 말소기준권리가 2003년 6월 20일에 설정된 근저당권이고, 임차인의 전입일자는 2003년 5월 10일, 확정일자도 같은 날짜인 2003년 5월 10일에 받았으며 전세보증금 5,000만 원이고 임대차 기간이 2003년 5월 10일 ~ 2005년 5월 10일(2년)이라면,

이 경우 임차인의 대항력 및 우선변제권 효력 발생일자는 전입일자의 다음날인 2003년 5월 11일이 되고 이 날짜는 말소기준권리의 효력 발생일자인 2003년 6월 30일보다 앞서므로 이 임차인은 실질적인 대항력과 우선변제권을 동시에 갖고 있는 임차인이 된다. 따라서 경매법원에 배당요구를 하여 본인의 전세보증금 5,000만 원을 낙찰 대금에서 우선 배당받을 수도 있고, 아니면 배당요구를 하지 않고 본인의 임대차 기간인 2005년 5월 10일까지 전세를 살고 기간이 만료될 때 소유자에게 전세보증금 전액인 5,000만 원을 받고 집을 비워줄 수도 있는 것이다.

● 최우선변제권(소액임차인)

보증금이 소액인 임차인은 일정 금액을 최우선으로 배당받을 권리가 있다. 현재 서울의 경우 4,000만 원 이하의 임차인에 대하여 1,600만 원까지 최우선변제권이 인정된다.

이번에 공부할 내용은 최우선변제권이다.

앞에서 배운 우선변제권이라는 단어 앞에 '최(最)' 자가 하나 더 붙어 있는 것으로 보아 이것은 다른 어떤 것보다 우선하는 권리라는 것을 짐작할 수 있을 것이다.

그렇다. 말 그대로 다른 어떤 권리보다 우선하여 변제받을 수 있는 권리가 최우선변제권이며, 그 권리가 막강한 만큼 영세한 임차인에 한하여 그 보증금 중에서도 전액이 아닌 일부 금액에 대해서만 인정해주는 권리이다. 이 권리 역시 주택임대차보호법에 의하여 그 대상과 금액이 정해져 있으며, 이렇게 보증금 중 일정액의 보호를 받은 임차인을 소액임차인이라고 하고 그 자격도 주택임대차보호법이 제정된 이래 계속 변경되어 왔다.

소액임차인이란 말 그대로 임차보증금이 아주 소액인 영세한 임차인으로서 그 임차보증금을 날리면 살길이 막막한 임차인을 말하며 소액보증금의 액수 또한 당시의 경제 상황에 맞추어서 변경되어 온 것이다. 그러나 소액임차인이라고 하더라도 보증금 전액을 보호받는 것이 아니라 보증금 중에서 일정 금액만 보호받을 수 있는 것이다.

임차보증금은 채권에 해당하므로, 물권우선주의를 채택하고 있는 우리 민법에 비하여 특권을 인정해주는 것이기 때문에 너무 많은 권리를 인정해 주는 것은 물권자에게 또 다른 피해를 줄 수 있기 때문이다.

소액임차인의 지위를 결정하는 기준일자는 임차인의 전입일자가 아니라 담보물권자의 설정일자가 그 기준이 된다는 점에 유의하여야 한다.

그리고 여러 명의 소액임차인이 있어 소액보증금의 합계액이 클 경우에는 낙찰 대금의 1/2 범위 내에서만 배당받을 수 있다는 점도 함께 알아 두어야 할 것이다.

〈 표 : 기준일자별 소액보증금 〉

시기 \ 구분	서울·광역시(군지역 제외)	기타 지역
1984. 1. 1 ~ 1987. 11. 30	300만 원 이하	200만 원 이하
1987. 12. 1 ~ 1990. 2. 18	500만 원 이하	400만 원 이하
1990. 2. 19 ~ 1995. 10. 18	2,000만 원 이하 임차인 중 700만 원 한도	1,500만 원 이하 임차인 중 500만 원 한도
1995. 10. 19 ~ 2001. 9. 14	3,000만 원 이하 임차인 중 1,200만 원 한도	2,000만 원 이하 임차인 중 800만 원 한도
2001. 9. 15 ~ 현재	수도권정비계획법에 의한 수도권 중 과밀억제권역 4,000만 원 이하 임차인 중 1,600만 원 한도	3,000만 원 이하 임차인 중 1,200만 원 한도
	광역시(군지역과 인천광역시지역을 제외한다) 3,500만 원 이하 임차인 중 1,400만 원 한도	

주) 그러나 위 일자 이전에 담보물권을 취득한 자에 대하여는 종전 규정이 적용된다. 따라서 현재는 소액임차인에 해당하더라도 구법 하에서는 소액임차인에 해당하지 않는 경우 구법 하에서 설정된 저당권자에 대하여는 소액임차인의 우선변제권을 주장할 수 없다.

예컨대, 1999년 10월 1일 저당권이 설정된 서울 소재 주택을 2003년 1월 3일 보증금 4,000만 원에 임차한 경우 임차인은 현행법에 의하면 소액임차인이더라도 구법 하에서는 소액임차인이 아니고 저당권은 구법 하에서 설정된 것이므로 소액임차인에서 제외된다.

만일 이 사례에서 임차보증금이 3,000만 원이었다면 구법 하에서도 소액임차인에 해당하므로 구법에 따라 1,200만 원까지는 저당권자보다도 우선하여 변제받을 수 있다.

03 | 상가건물임대차보호법

우리나라에서는 1981년부터 주택임대차보호법으로 주택임차인을 보호해 왔다.

그러나 부동산 경매로 인하여 불의의 피해를 보는 상가임차인이 속출하자 이러한 상가임차인을 보호해야 한다는 여론이 형성되었고 그 결과 상가건물임대차보호법이 제정되어 2002년 11월 1일부터 시행되었다.

법률의 조항은 주택임대차보호법을 많이 참작하여 제정하였으므로 주택임대차보호법을 정확히 이해하면 이 법률 또한 이해하는 데 큰 어려움이 없을 것이다.

상가건물임대차보호법은 법률이 18조, 시행령은 7조로 구성되어 있으며 아직 시행된 지 얼마 되지 않아 확정된 판례가 거의 없는 실정이므로 주택임대차보호법의 판례를 참고하여 판단하면 될 것이다. 이 장에서는 주택임대차보호법과 상이한 내용을 중심으로 상가건물임대차보호법을 이해하도록 해보자.

주택임대차보호법에 대하여 이해를 하였다면 상가건물임대차보호법을 이해하기는 쉬울 것이다. 두 법률은 매우 유사하므로 그 차이점만 알면 되기 때문이다.

상가건물임대차보호법이 주택임대차보호법과 가장 큰 차이점은 보호 대상에 있다. 주택임차인은 임차보증금의 액수에 관계없이 주택임대차보호법에 의하여 보호를 받지만 상가임차인은 일정액의 임차보증금으로 임차한 경우에만 보호를 받는다. 이것은 항상 명심해야 할 매우 중요한 차이점이다.

즉, 서울의 경우에는 보증금액이 2억 4,000만 원 이하인 임차인에 한하여 상가건물임대차보호법에 의하여 보호를 받을 수 있다. 여기서 말하는 보증금액은 임차보증금만을 의미하는 것이 아니라 월세가 포함된다는 것에 주의하여야 한다.

대부분의 상가는 전세가 아닌 월세로 임대차하는 것이 보통이므로 월세를 얼마의 보증금으로 보아야 하느냐(환산하느냐)가 또 다른 문제가 된다. 월세를 보증금으로 환산하는 비율 또한 법률에 정해져 있으며, 현행법에 의하면 그 비율은 100분의 1이다. 따라서 월세가 100만 원이라면 이를 보증금으로 환산하면 1억 원이 되는 것이다. 이에 따라 서울의 경우 보증금액과 월세를 보증금으로 환산한 금액을 합쳐서 2억 4,000만 원이 초과하면 이 법률에 의하여 보호를 받지 못하는 것이다.

그렇다면 무엇을 보호받는다는 말인가? 그것은 주택임대차보호법에서 배운 대항력, 우선변제권 및 최우선변제권을 말하는 것이다. 여기에 더하여 상가건물임대차보호법에는 계약갱신요구권이 있다. 이에 따라 5년 동안은 임대인이 보증금을 줄 테니 나가라고 해도 그 요구에 불응하고 계속 장사할 수 있게 되었다. 이는 임차인의 권리금 때문에 생긴 조항으로서 이로써 임차인은 권리금의 일정 부분을 보호받을 수 있게 되었다.

이 점은 상가를 낙찰받게 되면 상가를 명도받는 것과 밀접한 관계가 있으므로 상가에 입찰하려는 사람에게는 매우 중요한 내용이므로 잘 알아두어야 한다.

지금부터 하나씩 알아보도록 하자.

〈 표 : 상가건물임대차보호법의 적용 범위 〉

구　분	보증금액
서울특별시	2억 4천만 원
수도권정비계획법에 의한 수도권 중 과밀억제권역 (서울특별시를 제외한다)	1억 9천만 원
광역시(군지역과 인천광역시 지역을 제외한다)	1억 5천만 원
그 밖의 지역	1억 4천만 원
차임을 보증금액으로 환산하는 비율은 1분의 100으로 한다.	

●대항력

주택임대차보호법에서의 대항력과 같은 의미이며 요건만 조금 다를 뿐이다.

주택임차인의 대항력과 같은 말이며 그 권리 또한 같다. 주택임차인의 대항력을 상기해보면 이해하기가 보다 수월할 것이다.

즉, 일정한 요건을 갖춘 상가임차인은 경매로 인하여 소유자가 바뀌더라도 그 소유자에게 임차보증금을 반환받을 때까지 상가의 명도를 거부할 수

있는 권리가 대항력이다. 이러한 대항력을 갖추려면 사업자등록을 하고 상
가에 입주하기만 하면 그 다음날부터 제3자에 대하여 효력이 생기게 된다.

임차인으로서 진정한 대항력을 행사하려면 말소기준권리보다 앞서서 대
항 요건을 갖추어야 하는 것은 주택임차인과 마찬가지이며, 이렇게 진정한
대항력이 없는 상가임차인은 배당에 참가하여 낙찰 대금에서 배당을 받아
야 하는 것도 주택임차인과 같다.

●우선변제권

주택임차인의 우선변제권과 같으나 우선변제권을 위한 임대차계약서상
의 확정일자를 세무서장에게 받아야 하는 점이 다르다.

우선변제권이란 앞에서 설명한 대로 사업자등록과 입주를 마쳐 대항력
을 갖춘 상가임차인이 세무서에서 임대차계약서에 확정일자를 받을 경우
대항력과 확정일자의 순위에 따라 부동산 경매에서 우선 배당받을 수 있는
권리를 말한다.

주택임차인과 마찬가지로 우선변제권이 있다 하여 무조건 배당받을 수
있는 것이 아니라 반드시 배당요구를 하여야 배당을 받을 수 있으며, 대항
력과 우선변제권을 함께 보유하고 있는 임차인은 선택하여 그 권리를 행사
할 수 있다.

예를 들어, 말소기준권리가 2003년 12월 20일 근저당권이고, 임차인의
사업자등록일자가 2003년 12월 10일이며 확정일자를 같은 날인 2003년
12월 10일에 받았고 임대차기간이 2003년 12월 10일 ~ 2004년 12월 10

일(1년)이고 보증금 5,000만 원, 월차임 80만 원이라면,

이 경우 임차인의 대항력과 우선변제권 효력발생일자는 사업자등록을 마친 다음날인 2003년 12월 11일이므로 말소기준권리의 기준일자인 2003년 12월 20일보다 빠르다. 따라서 임차인은 경매법원에 배당요구를 하여 본인의 보증금 5,000만 원을 낙찰 대금에서 우선 배당받거나, 아니면 배당요구를 하지 않고 본인의 임대차기간인 2004년 12월 10일까지 상가를 사용하고 기간이 만료될 때 소유자에게 보증금 전액인 5,000만 원을 받고 상가를 비워주면 되는 것이다.

●최우선변제권(소액임차인)

상가임차인도 소액임차인인 경우에는 일정 금액을 최우선으로 배당받을 권리가 있다.

현재 서울의 경우 4,500만 원 이하의 임차인에 대하여 1,350만 원까지 최우선변제권이 인정된다. 소액임차인이란 주택임차인의 경우와 마찬가지로, 말 그대로 임차보증금이 소액인 영세한 임차인으로서 그 보증금을 날리면 살길이 막막한 임차인을 말한다. 그러나 소액임차인이라고 하더라도 보증금 전액을 보호받을 수 있는 것이 아니라 보증금 중에서 일정 금액만 보호받을 수 있는 것도 주택임차인과 같다.

다만 주택임대차와는 달리 법률이 제정된 지 얼마되지 않은 관계로 아직 시기별로 구분된 보증금액은 없고 시행 당시에 처음 제정된 것이 전부이다. 또한 주택임대차와 마찬가지로 소액임차인의 지위를 결정하는 기준은

임차인의 사업자등록일자가 아니라 담보물권자의 설정일자가 그 기준이 된다. 여러 명의 소액임차인이 있어 소액보증금의 합계액이 클 경우에는 낙찰 대금의 1/3 범위 내에서만 배당받을 수 있는 점은 1/2 범위 내에서 배당받을 수 있는 주택임대차보호법과는 다른 점이다.

〈 표 : 소액보증금 〉

구　분	우선변제를 받을 임차인의 범위	우선변제를 받을 보증금의 범위
서울특별시	4,500만 원	1,350만 원
수도권정비계획법에 의한 수도권중 과밀억제권역 (서울특별시를 제외한다)	3,900만 원	1,170만 원
광역시(군지역과 인천광역시 지역을 제외한다)	3,000만 원	900만 원
그 밖의 지역	2,500만 원	750만 원

04 | 부동산 경매, 수익보다 함정을 먼저 파악하자!

2002년 7월 1일부터 신법인 민사집행법에 의하여 부동산 경매가 진행됨으로 해서 과거 구법인 민사소송법에 의하면 함정이 될 만한 사안들은 많이 없어졌다.

가장 대표적인 것으로 임차인의 항고 남발과 배당요구의 신청·철회를 반복함으로써 경매 절차를 지연시키거나 낙찰을 취소시키는 행위들이 있었다. 그러나 신법에서는 모든 항고인은 항고보증금을 납입하여야 하고 그 항고가 기각되면 항고보증금을 몰수당할 수 있으며, 배당요구의 신청과 철회는 배당요구종기까지만 가능하도록 하여 입찰자에 대한 부동산 경매의 안전성이 보다 확대되었다.

따라서 현재 대부분의 경매사건은 신법인 민사집행법에 의하여 진행되고 있으므로 이 장에서 언급할 사안들은 함정이라기보다는 주의사항으로 이해하면 될 것이다.

● 대위변제

부동산 경매사건의 이해관계인은 등기부상의 권리를 대위변제하여 권리관계를 변동시킬 수 있다.

대위변제란 간단히 설명하면 남의 빚을 대신하여(대위) 갚아주는 것(변제)을 말한다. 즉, 채무자를 대신하여 이해관계가 있는 제3자가 채무자의 부채를 대신 갚는 것을 말하며, 대위변제를 하는 가장 큰 이유는 그렇게 함으로써 자신에게 유리해지기 때문이다. 따라서 유리한 상황이 발생되지 않으면 대위변제는 일어나지 않을 것이다.

대위변제의 가장 일반적인 형태는 말소기준권리에 뒤지는 후순위 임차인, 즉 실질적인 대항력이 없는 임차인이 행사하는 경우가 대부분이며, 말소기준권리를 포함하여 자기보다 선순위 권리자의 채권액이 그리 많지 않을 경우에 주로 발생한다.

임차인이 채무자를 대신하여 선순위 권리자의 채무를 갚고 등기부상에서 변제된 권리를 말소함과 아울러 권리의 말소 사실을 경매법원에 신고하게 되면 후순위 임차인은 선순위 권리가 소멸되고 없어짐으로 해서 결과적으로 순위 상승에 의하여 낙찰자에게 대항할 수 있는 권리를 취득하게 되는 경우이다. 이렇게 실질적인 대항력을 확보하면 앞에서 배운 것처럼 보증금 전액을 받을 수 있게 된다.

대위변제는 낙찰자가 대금을 납부하기 전까지 가능하다.

따라서 경매에 참가하고자 할 때에는 그 부동산이 대위변제의 가능성이 있는지도 면밀히 살펴야 하며 만약 대위변제가 발생할 경우 낙찰불허가신청, 낙찰허가결정 취소신청 또는 대금감액신청 등으로 대처해야 한다. 가만히 있다가는 임차인이 이익을 보는 만큼 손해를 볼 수 있기 때문이다.

●농지취득자격증명

농지취득자격증명이란 말 그대로 농지를 취득할 수 있는 자격이 있는지 증명하는 서류를 말하며, 농지가 있는 지역의 관공서에서 받아야 한다. 농지란 지목이 전(田), 답(畓), 과수원을 말하며, 임야는 농지가 아니다. 의외로 임야를 농지로 착각하는 사람이 많다.

농지가 경매에 부쳐지면 법원에서는 특별매각조건으로 농지취득자격증명의 제출을 의무화하는 경우가 있다. 이러한 경우에 낙찰을 받더라도 농지취득자격증명을 받을 수 있는지를 사전에 확인한 후 입찰에 참여해야 한다. 매각결정기일까지 농지취득자격증명을 제출하지 못하면 입찰보증금을 몰수당할 수도 있기 때문이다.

농지취득자격증명은 입찰 전에 미리 받을 수 있는 서류가 아니고, 입찰기일에 최고가 매수신고인으로 선정되어야 비로소 받을 수 있으며 매각결정기일인 7일 이내에 제출하여야 하므로 시간이 촉박한 것이 현실이다. 따라서 사전에 철저한 준비가 필요하다.

지목이 농지이더라도 현황이 농지가 아닌 경우에는 농지취득자격증명을 받지 않아도 되는 경우가 있으니 이 점도 참고하면 도움이 된다.

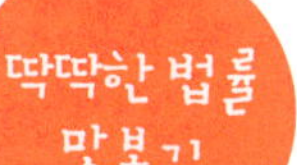

농지법

제8조 (농지취득자격증명의 발급)

① 농지를 취득하고자 하는 자는 농지의 소재지를 관할하는 시장(구를 두지 아니한 시의 시장을 말하며, 도농복합형태의 시에 있어서는 농지의 소재지가 동지역인 경우에 한한다)·구청장(도농복합형태의 시의 구에 있어서는 농지의 소재지가 동지역인 경우에 한한다)·읍장 또는 면장(이하 '시·구·읍·면장' 이라 한다)으로부터 농지취득자격증명을 발급받아야 한다. 다만, 다음 각호의 1에 해당하는 경우에는 농지취득자격증명을 발급받지 아니하고 농지를 취득할 수 있다.
〈개정 1999. 3. 31〉

〈 중 략 〉

② 제1항의 규정에 의한 농지취득자격증명을 발급받고자 하는 자는 다음 각호의 사항이 포함된 농업경영계획서를 작성하여 농지의 소재지를 관할하는 시·구·읍·면장에게 그 발급을 신청하여야 한다. 다만, 제6조제2항제2호·제2호의2·제6호 또는 제8호의 규정에 의하여 농지를 취득하는 자는 농업경영계획서를 작성하지 아니하고 그 발급을 신청할 수 있다. 〈개정 2002. 1. 14, 2002. 12. 18〉
  1. 취득대상농지의 면적
  2. 취득대상농지의 농업경영에 적합한 노동력 및 농업기계·장비의 확보방안
  3. 소유농지의 이용실태(농지를 소유하고 있는 자의 경우에 한한다)

농지법 시행령

제10조 (농지취득자격증명의 발급)

① 법 제8조제2항의 규정에 의하여 농지취득자격증명을 발급받고자 하는 자는 농지취득자격증명신청서류를 농지의 소재지를 관할하는 시장(구를 두지 아니한 시의 시장을 말하며, 도농복합형태의 시에 있어서는 농지의 소재지가 동지역인 경우에 한한다)·구청장(도농복합형태의 시의 구에 있어서는 농지의 소재지가 동지역인 경우에 한한다)·읍장 또는 면장(이하 '시·구·읍·면장' 이라 한다)에게 제출하여야 한다.

② 시·구·읍·면장은 제1항의 규정에 의한 농지취득자격증명의 발급신청을 받은 때에는 그 신청을 받은 날부터 4일 이내에 다음 각호의 요건에 적합한지의 여부를 확인하여 이

에 적합한 경우에는 신청인에게 농지취득자격증명을 발급하여야 한다.

〈 중 략 〉

5. 신청당시 농업경영을 하지 아니하는 자가 자기의 농업경영에 이용하고자 하여 농지를 취득하는 경우에는 당해 농지의 취득 후 농업경영에 이용하고자 하는 농지의 총면적이 다음 각목의 1에 해당할 것.

가. 고정식온실·버섯재배사·비닐하우스 그 밖의 농업생산에 필요한 시설로서 농림부령이 정하는 시설이 설치되어 있거나 설치하고자 하는 농지의 경우 : 330제곱미터 이상

나. 가목 외의 농지의 경우 : 1천제곱미터 이상 [전문개정 2002. 12. 31]

●공유자 우선매수권

공유물의 지분 경매에 있어서 채무자가 아닌 다른 지분의 소유자, 즉 공유자는 채무자의 지분을 우선 매수 신청할 자격이 있다.

공유란 하나의 부동산을 두 사람 이상이 나누어 가지고 있는 것을 말하며, 그 사람들을 공유자라고 한다. 그리고 우선매수권이란 말 그대로 다른 사람보다 우선하여 매수할 수 있는 권리를 말한다.

그렇다면 공유자 우선매수권이란 공유자에게는 다른 사람보다 우선하여 매수할 수 있는 권리가 있는 것을 말한다. 공유자에게 우선매수권을 인정해주는 것은 현재의 분할 소유에서 또 다른 분할 소유로 되는 것을 가급적 막아보자는 취지이다. 이는 한 개의 부동산을 여러 명이 소유하게 되면 재산권을 행사하는 데 어려움도 많이 따르게 되고, 공유자 간에 합의가 이루어지지 않으면 공유물을 분할하기 위한 사회적인 비용도 들기 때문이다.

공유자의 우선매수권 행사는 입찰기일까지 신청할 수 있으며 입찰기일에 최고가 매수신고인과 동일한 가격으로 우선매수권을 신청하면 공유자

가 최고가 매수신고인이 되고 전 최고가 매수신고인은 차순위 매수신고인으로 자격이 바뀌게 된다.

따라서 입찰하고자 하는 부동산의 소유가 공유로 되어 있다면 이 점도 참고하여 입찰에 참여해야 할 것이다. 공유자 우선매수권은 입찰자에게 직접적으로 금전적인 손실은 끼치지 않겠지만 입찰에 참여하기 위한 그 동안의 모든 노력을 허사로 만들 수 있기 때문에 신경쓰지 않을 수 없다.

민사집행법

제140조 (공유자의 우선매수권)

① 공유자는 매각기일까지 제113조에 따른 보증을 제공하고 최고매수신고가격과 같은 가격으로 채무자의 지분을 우선매수하겠다는 신고를 할 수 있다.

② 제1항의 경우에 법원은 최고가매수신고가 있더라도 그 공유자에게 매각을 허가하여야 한다.

③ 여러 사람의 공유자가 우선매수하겠다는 신고를 하고 제2항의 절차를 마친 때에는 특별한 협의가 없으면 공유지분의 비율에 따라 채무자의 지분을 매수하게 한다.

④ 제1항의 규정에 따라 공유자가 우선매수신고를 한 경우에는 최고가매수신고인을 제114조의 차순위매수신고인으로 본다.

● 법정지상권

법정지상권이 성립하면 토지 소유자는 토지를 사용할 수 없다. 다만 지료만 받을 수 있을 뿐이다.

앞장에서도 간단하게 언급한 바와 같이 법정지상권이란 동일인의 소유였던 토지와 건물이 경매로 인하여 소유자가 달라질 경우에 건물 소유자가 토지를 사용할 수 있는 권리를 말한다.

법정지상권의 성립 요건과 판례는 매우 많으나 복잡한 관계로 이 책이 초보자용임을 감안하여 더 이상의 설명은 하지 않도록 하겠다. 초보자의 입장에서 말하자면 법정지상권이 성립할 여지가 있는 물건에는 응찰하지 않는 것이 좋다. 초보자일 때는 어려운 물건에 매달리지 않아도 입찰할 물건은 많이 있기 때문이다.

법정지상권과 관련된 법률과 성립 요건을 알아보면 다음과 같다.

민법

제366조 (법정지상권)

저당물의 경매로 인하여 토지와 그 지상건물이 다른 소유자에 속한 경우에는 토지소유자는 건물소유자에 대하여 지상권을 설정한 것으로 본다. 그러나 지료는 당사자의 청구에 의하여 법원이 이를 정한다.

법정지상권의 성립 요건

① 토지, 건물 또는 둘 위에 (근)저당권이 설정되었을 것

② (근)저당권 설정 당시에 건물이 존재할 것

③ (근)저당권 설정 당시에 토지와 건물의 소유자가 동일할 것

④ 경매로 인하여 소유자가 달라질 것

●유치권

유치권이 청구된 부동산에 입찰하려면 그 금액을 변제할 각오를 하고 입찰에 참여해야 한다. 그래야 최소한 손해는 보지 않을 것이기 때문이다.

유치권을 쉽게 설명하자면 받을 돈이 있는 사람, 즉 채권자가 그 돈을 받을

때까지 자기가 가지고 있는 채무자의 물건을 돌려주지 않을 권리를 말한다.

부동산 경매사건에 있어서 유치권은 통상 경매에 나온 부동산의 공사 대금을 받지 못한 시공업자가 공사 대금을 받기 위하여 경매 목적 부동산을 점유하면서 청구하는 일명 건설유치권이 대부분이다. 이렇게 유치권이 청구되어 있는 부동산을 입찰하려면 그 금액을 변제할 것으로 계산하고 입찰에 참여해야 한다. 그렇게 계산하지 않고 낙찰받았다가 어쩔 수 없이 변제해야 하는 경우가 생기면 그만큼 이익이 줄거나 손해가 발생할 수 있기 때문이다. 그러다 나중에 변제하지 않아도 인수하는 데 문제가 없게 되면 이익이 늘어나 또 다른 기쁨이 될 것이다.

이러한 유치권은 법원에서 알아서 배당해주는 경우는 거의 없고 나중에 낙찰자가 명도소송을 통해서 다투어야 하는 경우가 대부분이다.

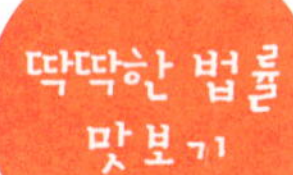

민법

제320조 (유치권의 내용)

① 타인의 물건 또는 유가증권을 점유한 자는 그 물건이나 유가증권에 관하여 생긴 채권이 변제기에 있는 경우에는 변제를 받을 때까지 그 물건 또는 유가증권을 유치할 권리가 있다.
② 전항의 규정은 그 점유가 불법행위로 인한 경우에 적용하지 아니한다.

제321조(유치권의 불가분성) ~ 제329조(점유상실과 유치권 소멸) : 생략

유치권의 성립요건

① 타인의 소유이어야 한다.
② 그 물건에 대하여 생긴 채권이어야 한다.
③ 변제기에 도래한 채권이어야 한다. 즉, 받을 날짜가 되어야 한다는 말이다.
④ 목적물을 점유하고 있어야 하며, 점유를 상실하면 유치권도 소멸한다.

●분묘기지권

　분묘기지권은 그 분묘가 존속하는 한 영원히 존속한다고 본다. 따라서 분묘기지권이 있는 부동산을 입찰하는 것은 매우 위험하다. 우리나라의 임야에는 거의 대부분 1~2기라도 분묘가 있는 것이 보통이다.

　분묘기지권은 우리가 흔히 묘지라고 부르는 분묘를 관리할 수 있는 권리를 말하며, 대법원의 판례에 의하여 그 존속 기간이 영원하다고 보아야 한다. 이렇게 분묘기지권이 있는 토지를 낙찰받게 되면 그 토지를 사용하는 데 매우 많은 제약이 따르게 된다. 만약 분묘가 낙찰받은 토지의 한 가운데에 있다면 그 토지는 거의 사용할 수가 없을 것이다. 이러한 분묘기지권은 등기되지도 않고 경매 정보지 등에도 나타나지 않는 경우가 대부분이므로 입찰하고자 하는 토지가 임야일 경우에는 현장 확인을 철저히 하여 분묘가 있는지 확인해보는 방법이 최선이다.

　분묘기지권은 등기를 필요로 하지는 않으나 분묘의 형태가 분명해야 인정받을 수 있다. 즉, 봉분과 시신이 반드시 있어야 분묘기지권으로서 인정받을 수 있는 것이다. 분묘기지권이 미치는 범위는 분묘의 수호와 제사를 지내기 위하여 필요한 주위의 빈 땅까지도 그 효력이 미친다.

Key point

분묘기지권이 성립하는 경우

① 토지 소유자의 승락을 얻어 분묘를 설치한 경우
② 토지 소유자의 승락 없이 분묘를 설치하고 20년간 평온, 공연하게 점유하여 시효취득한 경우
③ 자기 소유의 토지에 분묘를 설치한 후 분묘에 관하여 별도의 특약 없이 토지만을 타인에게 처분한 경우

05 | 배당순위를 알아야 권리분석이 보인다

배당순위를 알아야만 정확한 권리분석을 할 수 있다.

✓ 0순위 : 경매집행비용과 점유자의 비용상환청구채권액

가. 경매집행비용

경매집행비용은 경매신청 채권자가 경매신청시에 예납하고 배당받을 때 최우선으로 배당을 받게 된다. 따라서 결과적으로는 채무자가 부담하게 되는 것이다.

경매집행비용은 다음과 같이 구성된다.

① 경매수수료 : 최종적으로 낙찰금액을 기준으로 집행관이 청구하여 수령한다.

② 감정료 : 감정평가 금액을 기준으로 정산한다.

③ 부동산 현황조사료

④ 신문공고료

⑤ 송달료

⑥ 인지대

⑦ 등록세

 **Key point**

경매수수료 산출방식 |

- ⊙ 10만 원 미만 : 5,000원
- ⊙ 1,000만 원까지 : (경매 금액-10만 원)/100,000×2,000원+5,000원
- ⊙ 5,000만 원까지 : (경매 금액-1,000만 원)/100,000×1,500원+203,000원
- ⊙ 1억 원까지 : (경매 금액-5,000만 원)/100,000×1,000원+803,000원
- ⊙ 3억 원까지 : (경매 금액-1억 원)/100,000×500원+1,303,000원
- ⊙ 5억 원까지 : (경매 금액-3억 원)/100,000×300원+2,303,000원
- ⊙ 10억 원까지 : (경매 금액-5억 원)/100,000×200원+2,903,000원
- ⊙ 10억 원 초과 : 3,903,000원 한도

나. 비용상환청구권

경매 목적 부동산의 임차인을 포함한 점유자가 부동산의 관리와 보존을 위하여 지출한 일상적인 비용과 부동산이 훼손되었거나 훼손이 예상되어 그 회복이나 방지를 위하여 지출한 비용을 필요비라고 하며, 부동산의 가치를 객관적으로 증가시킨 비용을 유익비라고 한다. 이러한 비용을 지출한 임차인은 해당 부동산이 경매의 목적이 된 경우에는 경매법원에 배당을 요구할 수 있는데 이것을 비용상환청구권이라고 한다. 그러나 실제 사례에서는 그 입증이 쉽지 않아 배당되는 경우는 거의 없다.

✓ 1순위 : 임금채권과 소액보증금

가. 임금채권

경매 목적 부동산이 회사 사용자의 재산일 경우에는 해당 근로자는 임금채권 중 일정액을 우선변제받을 수 있으며, 최종 3개월분의 급여와 최종 3

년분의 퇴직금 및 재해보상금이 그 대상이 된다.

나. 소액보증금

앞장에서 알아본 주택 또는 상가 건물의 소액보증금을 말하며, 임금채권과 함께 발생할 경우에는 동 순위로서 안분배당받게 된다.

✔ 2순위 : 당해세

경매 목적 부동산에 대하여 부과된 조세를 말하며, 국세로는 상속세, 증여세, 재평가세가 있고 지방세로는 취득세, 등록세, 재산세, 자동차세, 종합토지세, 도시계획세 및 공동시설세가 있다.

✔ 3순위 : 담보물권, 임차보증금 채권

(근)저당권, 전세권, 담보가등기와 소액보증금을 제외한 확정일자를 받은 임차인의 임차보증금 채권을 말하여, 설정일자 등 효력발생일자의 선후를 따져 배당한다.

✔ 4순위 : 우선변제되는 임금채권을 제외한 일반 임금채권

우선변제를 받은 임금채권을 제외한 나머지의 임금채권은 제4순위로서 배당을 받는다.

✔ 5순위 : 당해세를 제외한 국세 및 지방세

조세 우선의 원칙에 따라 국세 및 지방세는 공과금 및 일반채권에 우선하여 배당을 받는다. 5순위의 세금은 법정기일이 담보물권의 설정일자보다 늦은 경우를 말하며, 법정기일이 담보물권의 설정일자보다 빠를 경우에는 담보물권에 우선하여 배당을 받는다.

✔ 6순위 : 보험료 및 공과금

의료보험법, 산업재해보상보험법, 국민연금법에 의한 의료보험료, 산재보험료, 국민연금은 일반채권에 우선하여 배당을 받는다.

✔ 7순위 : 일반채권

일반채권은 채권평등의 원칙에 따라 효력발생일을 불문하고 동 순위로서 채권액의 비율에 따라 안분배당을 한다.

06 | 인도명령 / 명도소송

경매의 모든 절차를 마무리하고 최종적으로 낙찰받은 부동산을 나의 소유로 하는 절차이며, 이 내용 또한 민사집행법이 시행되면서 크게 바뀐 경우에 해당된다.

● 인도명령

낙찰자에게 대항할 수 없는 모든 점유자는 인도명령의 대상이 된다.

인도란 부동산의 점유권리를 낙찰자에게 옮기는 것으로, 명도소송에 비하여 그 절차가 비교적 간단하여 명도소송만큼 많은 시간과 노력을 소비하지 않고 부동산을 인도받을 수 있는 절차이다.

구법인 민사소송법에서는 경매개시일을 기준으로 이보다 앞서 전입한 모든 임차인이 명도소송 대상이었으나 신법인 민사집행법에서는 낙찰자에게 대항할 수 없는 경우에는 모두 인도명령 대상자로 분류된다. 따라서 대부분의 점유자가 인도명령의 대상이 되므로 부동산을 인수받기가 훨씬 수월해졌다.

인도명령은 낙찰 대금을 완납하면 신청할 수 있으며, 대금 납부 후 6개월 이내에 신청하여야 하고 6개월이 지나면 인도명령 대상자라 할지라도 명도소송으로 퇴거시켜야 한다.

Key point

인도명령 절차 |

인도명령 신청 → 심문기일 지정 → 인도명령 결정 → 송달 → 집행신청 → 집행일자 지정 → 집행관 및 낙찰자 현장 참여 → 집행

●명도소송

점유자가 건물을 명도하지 않으면 별도의 건물명도청구의 소를 제기하여야 한다. 그러나 실무에서는 점유자와 합의하여 부동산을 인수받는 경우가 대부분이다. 명도란 인도와 같은 의미로 낙찰자가 실질적으로 그 부동산을 인수받는 것을 말한다. 이러한 경우는 일반적인 매매에 있어서는 발생하지 않고 경매에서만 생길 수 있는 경우이다.

결과적으로 보면 내가 돈을 주고 산 부동산에 권리도 없이 살고 있는 점유자가 나에게 부동산을 명도해주지 않아 소송으로 부동산을 찾는 절차이다.

명도소송은 낙찰 대금을 완납한 날로부터 제기할 수 있으며 종기에는 제한이 없다. 또한 인도명령 신청과 명도소송을 제기할 때에는 반드시 부동산 점유이전금지가처분을 필수적으로 신청해야 한다.

점유이전금지가처분을 신청하는 이유는 현재의 점유자가 인도명령신청 또는 명도소송 중에 점유를 다른 사람에게 이전하는 것을 방지하기 위함이다. 만약에 다른 사람에게 점유가 이전되어버리면 인도명령 결정을 받거나 명도소송에서 승소하더라도 새로운 점유자에게는 집행할 수가 없기 때문이다. 그러나 부동산 점유이전금지가처분을 받은 경우에는 새로운 점유자라 할지라도 강제집행으로 퇴거시킬 수 있다.

부동산 경매에 참가하는 모든 사람들이 처음부터 낙찰받은 부동산을 소송을 통해서 인수해야 한다고 생각하고 또한 그 방법 외에는 부동산을 인수받을 방법이 없다면 경매에 참여하는 것이 꺼려질 것이다.

다행스럽게도 실무에서는 상대방이 인도명령 또는 명도소송 대상자라 할지라도 점유자와 합의하여 명도를 받는 경우가 대부분이므로 너무 걱정하지 않아도 된다.

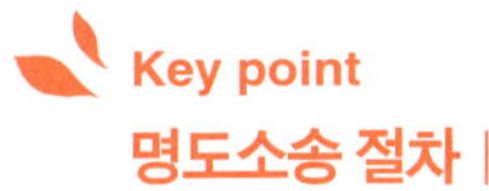

Key point

명도소송 절차 |

명도소송 소장 접수 → 심리 및 결심 → 승소 → 송달 → 집행신청 → 집행일자 지정 → 집행관 및 낙찰자 현장 참여 → 집행

제5장
사례로 떠나는
부동산 경매 투자 여행

01. 아파트 경매, 성공 사례로 따라잡기

02. 쉬울 것 같은 아파트 경매, 그러나 함정도 있다

03. 주택 경매, 자기 돈 없이 주택 경매로 성공하기

04. 정말 돈 한푼 없이 경매로 돈 번 이야기

05. 상가에서 나오는 월세로 가계부를 살찌우자

06. 요즘 한창 뜨는 토지, 경매로 낙찰받기

01 | 아파트 경매, 성공 사례로 따라잡기

본 사례는 2001년 11월부터 2002년 5월까지의 실제 사례이며, 경매에 성공한 사례이다.

◎ 주인공 소개

- 성명 : 강민정
- 나이 : 39세 (기혼)
- 가족관계 : 남편 - 직장인(39세, 연봉 4,000만 원) / 자녀 - 2남(초등학교 3, 5학년)
- 재산 정도 : 서울 가양동 H아파트 32평형 소유(시가 2억 7,000만 원)
- 투자금액 : 보유 현금 1억 원 + 소유 아파트 2억 7,000만 원 + α(대출)
- 투자 목적 : 투자 수익에도 관심이 많으나 그보다는 자녀들의 교육 문제를 더욱 중요하게 생각하여 교육 환경이 좋은 곳에 소재하는 아파트를 경매로 구입하기 희망함. (희망 면적 : 30평형대)

강민정씨는 결혼 15년차 주부이며 경매는 초보자이다. 서울 강서구 가양동에 아파트 한 채를 가지고 있으며 초등학교에 다니는 자녀 2명이 있고 그 자녀의 교육에 관심이 많으며 특히 5학년인 첫째의 중학교 진학에 신경을 많이 쓰고 있다. 보유하고 있는 재산 정도는 은행에 예금해둔 현금 1억 원과 현재 살고 있는 아파트가 전부이며 아파트의 시세는 2억 7,000만 원 정도 된다.

이와 같은 환경은 일반 초보자들과 별반 차이 없이 유사하며, 이것이 사례로 선정한 이유이기도 하다.

●물건 선정 (D-10)

강민정씨는 평소 경매에 관심이 많아 서점에서 경매 서적을 2권 정도 읽었으며, 집 근처 문화센터에서 경매 강좌를 1회 수강한 적이 있다. 그렇지만 혼자서 경매에 참여하기에는 어딘가 불안한 마음이 있어 평소 친분이 있는 서미숙씨에게 경매 전반에 대해 도움을 요청했다. 서미숙씨와는 문화센터에서 함께 강좌를 수강했으며 나이도 같아서 경매 강좌가 끝나고 나서도 계속 친구처럼 지내고 있었다.

서미숙씨는 강민정씨와는 달리 경매 강좌를 수강한 후에 적극적으로 경매에 참여해서 아파트 3건, 상가 1건을 낙찰받아 쏠쏠히 재미를 보고 있는 이른바 경매 고수가 되어 있었다.

"미숙씨! 나도 경매로 아파트 낙찰받고 싶은데 나 좀 도와줘! 아무래도 혼자 하려니까 불안해서 할 수가 있어야지. 그런데 자기는 어떻게 그런 용기를 냈어?"

"알았어! 민정씨 부탁인데 당연히 도와줘야지! 그런데 처음 경매에 참가하고자 할 때는 자신의 목적을 구체적으로 가지고 있어야 돼! 희망 지역과 희망 면적 그리고 투자 가능 금액에 대해서도 구체적으로 계획을 세우고 경매에 참가해야만 자신에게 가장 알맞은 부동산을 구할 수 있는 거야.”

이렇게 하여 강민정씨는 자신이 낙찰받고자 희망하는 아파트와 투자금액 등에 대하여 서미숙씨와 상의한 후에 함께 경매 정보지 및 인터넷 경매 사이트를 이용하여 적당한 아파트를 찾아보았다.

“민정씨는 이번 경매가 처음이니 수익성보다는 안전성 위주로 물건을 찾아보도록 하자!”라고 서미숙씨가 말했다.

처음으로 경매에 참여하는 경우에는 수익성보다는 안전성에 초점을 맞추어 물건을 고르는 것이 요령이다. 이러한 절차와 경험을 통하여 노하우가 쌓이면, 그 때 투자 수익성에 관심을 갖는 것이 좋다.

강민정씨가 교육에 관심이 많고 강서구 지역에서 오래 거주한 사실을 상기하여 두 사람은 입찰 대상으로 ‘목동’에 위치한 아파트 중에서 고르기로 결정했다. 그 결과 목동 신시가지 3단지에 위치한 다음의 아파트를 입찰 대상으로 정하였다.

주 소 소재지 특성	면적(단위:㎡)	감정평가액 최저경매가	일자-성명-보증금 주민등록 확인 결과	등기부상의 권리관계
서울 양천구 목동 목동 신시가지 3XX동 15XX호 〈감정평가내역〉 *일반주거지역 *지구단위계획 구역 *철근콘크리트조, 슬래브(평) *신목중학교 남동 측 인근 *대단위아파트 단지 *마을버스 정류장 도보5분 *열병합발전식 개별난방 *방향 : 남향 〈감정평가액〉 토지 105,000,000원 건물 245,000,000원	대지 92. 22/146538. 1 (27. 9평) 건물 95. 16 (28. 79평) (39평형-방3) 총15층중 15층	감정가 350,000,000원 ○○감정 (2001. 5. 26) 최저가 350,000,000원 (100. 0%) - - - - - - -	없 음	저당 1996/07/26 성업공사 2억 6,000만 저당 1997/02/21 ○○건설 4,000만 가등기 김○○ 1997/10/16 가압 1997/10/25 한빛은행 1,123만 가압 1997/10/27 신용보증기금 12억 8,775만 임의 2001/05/21 DBSSL99-2유동화 *청구액 : 260,000,000원

(필자는 개인적으로 경매 정보지보다는 인터넷 경매 사이트를 이용하여 경매 정보를 열람하고 분석하나 여기에서는 일반인들에게 익숙한 경매 정보지의 양식을 바탕으로 기술하고자 한다.)

초보자의 물건 선정 요령 |

초보자 시절에는 권리관계가 복잡한 물건은 피하는 것이 좋다. 특히 전문가의 도움없이 혼자서 경매에 참여하는 경우에는 더욱더 그러하다. 자신있는 권리분석이 선행되지 못하면 경매 자체에 두려움이 생기기 때문이다. 따라서 초보자 시절에는 권리관계가 간단한 물건을 고르는 것이 요령이다.

또한 초보자 시절에는 명도가 용이한 물건을 택해야 한다. 즉, 소유자가 거주하고 있는 물건이나 또는 임차인이 있더라도 상당액의 배당금을 받는 임차인이 거주하는 물건에 입찰하는 것이 좋다. 이러한 물건은 그렇지 않은 경우에 비하여 명도가 용이하기 때문이다.

● 권리분석 (D-7)

입찰대상 아파트를 선정하고 나니 입찰일까지 일주일이 남았다.

먼저 등기부등본을 발급받아 경매 정보지에 기재된 내용에 오류가 없는지 확인해보니 틀린 내용이 없다. 이에 따라 정보지를 토대로 권리분석을 해본 결과 말소기준권리에 우선하는 권리가 없어 등기부상 권리관계는 낙찰과 동시에 전부 말소되며, 임대차내역은 기재되어 있지 않아 별도의 확인이 필요한 것으로 판단되었다.

경매 정보지를 쭉 훑어보고 난 후에 서미숙씨가 강민정씨에게 설명하였다.

"여기 정보지에 기재된 것처럼 임대차내역란에 '없음' 으로 기재된 경우에는 소유자가 살고 있는 경우가 대부분이야. 물론 동사무소를 방문하여 별도의 확인을 해봐야 확실히 확인이 되겠지만. 만약 내 판단이 맞다면 권리분석 결과 아무런 문제가 없는 아파트일 거야. 내일 시간을 내서 함께 현장을 답사해보도록 하자!"

다음날로 현장 답사 일정을 잡고 두 사람은 헤어졌다.

●물건분석 (D-6)

"경매에 있어서 현장 답사는 무엇보다도 중요해. 현장에 가서 확인할 것이 많으니까 확인 요령은 현장에 도착하면 상황에 따라 설명해줄게."

물건분석을 위하여 두 사람은 해당 아파트를 방문하였다.

먼저 동사무소를 방문하여 가지고 간 경매 정보지 사본과 신분증을 제시하고 해당 아파트에 대한 세대 열람을 요청하였다. 담당 직원은 서류들을 확인하고 컴퓨터로 조회하여 바로 그 결과를 알려주었다.

"이 집에는 오○○씨 한 세대가 전입되어 있습니다. 전입일자는 1995년 5월 2일이구요."

경매 정보지를 보니 오○○는 소유자이다. 생각했던 대로 소유자가 거주하고 있는 아파트이다. 열람 비용 100원을 지불하고 동사무소를 나서며 서미숙씨는 강민정씨에게 다음과 같이 설명해주었다.

"우리가 생각했던 대로 소유자 외에는 다른 세입자가 살고 있지 않으며 소유자는 대항력이 없으니 나중에 명도에 응하지 않을 경우 인도명령이라는 간편한 절차를 통해서 내보낼 수 있어. 이런 물건들은 명도가 매우 용이하기 때문에 초보자들이 선호하는 물건이야."

다음으로 방문해야 할 곳이 바로 해당 아파트이다. 이때가 경매의 모든 과정 중에서 가장 힘든 과정이다. 좋지 못한 일을 당한 소유자나 세입자를 만난다는 것은 그리 유쾌한 일이 못될 뿐더러 경우에 따라서는 곤욕을 치르는

144

경우도 있다. 하지만 입찰에 참가하여 낙찰을 받은 경우라면 이 과정을 생략할 수 없는 일이나, 실무상 점유자와 얼굴을 붉히는 경우는 거의 없다.

아파트에 도착하여 먼저 아파트 1층에 있는 우편함을 확인해본다. 우편함을 보는 목적은 이를 통해서 거주자의 상태를 조금이나마 파악하기 위해서다.

우편함에 우편물이 오랫동안 쌓여서 방치되고 있다면 현재 그 아파트에는 아무도 거주하고 있지 않다고 추정할 수 있으며 또한 쌓여 있는 우편물을 보고 거주자가 지금 어떤 상태인지 대강 짐작할 수도 있다.

우편함을 보니 깨끗하다. 즉, 집이 비어 있지 않고 누군가 거주하고 있다는 얘기다. 떨리는 마음으로 초인종을 누르니 아무런 대답이 없다. 가장 떨리는 일이라 거주자를 만나지 못했으나 오히려 안도감이 밀려온다. 다음으로 관리사무소 방문을 위하여 경비실을 찾았다.

"아저씨, 수고하십니다. 관리사무소가 어디에 있습니까?"

두 사람이 관리사무소에 방문하니 여직원이 맞아준다.

"300동 000호가 경매에 나와서 입찰에 참여하려고 하는데 혹시 체납 관리비가 있는지 확인해주시겠습니까?"

관리사무소에서는 경매에 나온 아파트의 경우 체납 관리비를 낙찰자가 납부하게 되는 경우가 많으므로 비교적 친절하게 그 내역을 확인해준다.

"현재까지 3개월 체납되었으며 체납액은 735,000원입니다."

"3개월 연체가 되었는데도 가스 등은 차단하지 않나요?"

"이제 3개월이 되었으니 조만간 한전 등 각 기관에서 차단하겠지요."

아파트 관리비에 대한 판례에 의하면 체납된 관리비 중에서 공용 부분에 해당되는 관리비만 낙찰자가 부담하면 된다. 이로써 입찰하고자 하는 아파트에 대한 분석을 마쳤으며 이 아파트에 입찰하여 낙찰을 받을 경우 발생할 추가 비용에 대해서도 확인을 하였다.

● 시세분석 (D-6)

나오는 길에 단지 내 상가에 있는 부동산 중개업소에 들러 시세를 확인해보았다. 이 시점은 IMF 이후 큰 폭으로 하락했던 아파트 등 부동산 가격이 빠르게 상승하는 시점이었다.

현재 시세는 4억 2,000만 원 정도이며, 아파트 가격이 상승 추세여서 이 가격도 최근 한 달 사이에 2,000만 원이나 오른 가격이고 앞으로도 가격은 더 상승할 가능성이 있으며 매물도 그리 많지 않다고 한다. 매물이 적기 때문에 물건이 나오면 바로 매매가 가능하다고도 하며, 전세가격은 2억 5,000만 원 정도라고 한다.

이제 시세도 파악했으니 입찰 타당성을 분석해봐야 한다.

Key point

아파트 단지에서의 시세 확인 요령 |

전에 언급한 시세 확인 요령에서 두 곳 이상의 부동산 중개업소를 방문하여 시세를 확인하는 것이 요령이라고 설명하였다. 그러나 대단위 아파트 단지의 경우에는 부동산 거래망이 설치되어 있으므로 굳이 여러 곳의 부동산 중개업소를 방문할 필요가 없다. 한 곳을 방문하여도 충분히 시세를 파악할 수 있기 때문이다. 시세 확인 요령도 상황에 따라 달라져야 한다는 말이다.

●경매 타당성 분석 (D-5)

서미숙씨는 지금까지 공부한 책과 자료 등을 참고하여 입찰가격 및 투자 수익을 추정해볼 수 있는 나름대로의 경매 타당성 분석표를 컴퓨터의 엑셀 프로그램을 이용하여 만들어 놓았다.

강민정씨와 함께 서미숙씨는 지금까지 답사하고 분석한 입찰 대상 아파트의 입찰예정가격을 현재 시세인 4억 2,000만 원의 85% 정도인 3억 5,700만 원으로 정하고 경매 타당성 분석표에 대입하여 보았다.

〈경매 타당성 분석표〉

항 목	내	용	금 액
부동산 가격	시 장 가 격	매 매 가 격 ①	420,000,000
		전 세 가 격 ⓐ	250,000,000
	감 정 가 격		350,000,000
구 입 가 격	입찰예정가격 ②		357,000,000
낙찰 부대 비용	인도명령 신청 비용		0
	명도소송 비용		0
	강제집행 비용 예납액		0
	인수 제 공과금	미납 관리비 등	2,000,000
	이사 보조 비용		3,000,000
	소 계 ③		5,000,000
경 매 순 익	④ = ① - ② - ③	실수요자의 순이익	58,000,000
제세 공과금	취득세(농특세)	2.20%	7,854,000
	등록세(교육세)	3.60%	12,852,000
	주택채권매입액	과세표준액별	2,294,000
	소 계 ⑤		23,000,000
수수료 등	법무사 등기 비용	낙찰가의 약 0.1~0.3% 내외	750,000
	컨설팅 수수료	감정가의 2%	0
	소 계 ⑥		750,000
순 이 익	⑦ = ④ - ⑤ - ⑥	투자 목적의 경우 시세 차익	34,250,000
경락자금대출	ⓑ	낙찰금액의 70%	249,900,000
소요자금	총 소요자금 - 대출금	(②+③+⑤+⑥) - ⓑ	135,850,000

"와~ 뭐가 이렇게 복잡해?"

표를 처음 본 강민정씨의 반응이다. 사람들은 표나 도안을 보면, 미적분을 대하듯 경기를 일으킨다. 하지만 표에 대한 선입견만 없다면 표는 가장 간단한 글상자다.

강민정씨도 서미숙씨의 설명을 듣고 나서 충분히 이해를 하였다. 투자 타당성을 분석하기 위해서는 철저한 비용 분석이 중요하다. 두 사람은 나름대로 추가 비용을 계산해보았다. 아무래도 경매에 나온 부동산이니 수리비가 들어갈 것을 예상하여 도배 비용 등으로 200만 원을 책정하였고, 소유자가 살고 있지만 인도명령을 거치지 않고 원만한 명도를 위하여 이사 보조 비용으로 300만 원을 책정하였다. 강민정씨와 같이 실수요자인 경우에는 이 정도 비용까지만 감안하면 투자 수익성 분석이 완료된다.

따라서 강민정씨의 투자 타당성을 분석해보니 현 시세의 85% 수준인 3억 5,700만 원에 낙찰을 받을 경우 실수요자임을 감안하여 '경매순익' 항목에 표기된 약 5,800만 원 정도의 시세 차익을 볼 수 있을 것으로 분석되었다.

그 외에 단순한 시세 차익을 위한 투자자라면 다음 단계의 분석까지 감안하여 투자 타당성을 분석해봐야 한다. 즉, '순이익' 항목에 표기된 3,425만 원이 투자 수익이 된다.

이 물건의 경우 낙찰만 잘 받으면 투자 수익이 확실한 물건이며, 그 수익률 또한 적지 않은 물건이다. 이 물건은 입찰 당일 현장 사정 등을 감안하여 3억 5,000만 원에서 3억 7,000만 원 범위 내에서 입찰하기로 결정하였다.

●입찰 당일 (D-Day)

입찰 당일 서미숙씨가 서울 양천구 소재 남부지방법원(당시에는 서울지방법원 남부지원)에 도착하니 '여기가 경매법정이오' 하듯이 경매법정 부근이 사람들로 빼곡하다. 법원 정문에서 경매 정보지를 판매하는 사람에게 당일분의 경매 정보지를 한 권 받아 들고 법정으로 향했다.

경매법정 앞에서 오전 10시에 만나기로 한 강민정씨는 아직 도착 전이다. 먼저 경매법정 앞의 게시판에 붙어 있는 당일 경매 진행 물건에 대한 내역을 훑어본다. 이 절차도 빠트리면 안 된다. 이곳에서 당일에 경매를 정상적으로 진행하는지 아니면 취하되거나 연기되었는지를 확인할 수 있기 때문이다.

다행히도 강민정씨가 입찰할 물건에는 아무런 표시가 없다. 경매가 정상적으로 진행된다는 의미이다. 법정 안을 흘끗 쳐다보았더니 들어갈 자리가 없을 정도로 사람들로 붐비고 있다. 부동산 경기가 회복되는 조짐을 경매법정에서 피부로 느낄 수 있었다.

법정 안에서는 경매를 진행할 집행관이 입찰이 취소되거나 연기된 물건과 특별매각조건이 붙은 물건에 대해서 설명하고 경매 주의사항을 말하고 있다.

"지금부터 오늘의 경매를 개시하겠습니다. 입찰은 11시 10분에 마감하겠습니다."

주의사항의 고지가 끝나자 경매의 시작을 알리는 선언을 하고 이어서 바로 버저가 울린다.

지금 시간은 10시 10분이다. 그런데 아직까지도 강민정씨는 도착하지 않았다. 마감시간까지 아직 여유가 있으니 그리 급할 것은 없다. 잠시 법정 밖으로 나온 서미숙씨가 자판기의 커피를 한잔 뽑아 마시고 있을 때 강민정씨가 도착한다.

"어휴, 미안해! 법원에는 10시에 왔는데 주차하기가 힘들어서 이제야 도착했네."

경매법정에 처음 가는 여자들은 이 점도 주의하자! 가급적이면 대중교통수단을 이용해서 가는 것이 좋으나 차를 가지고 가야 한다면 반드시 9시 30분까지는 법원에 들어가야 한다. 그래야 주차하는 데 시간을 허비하지 않는다.

"처음부터 바로 낙찰될 거라는 기대는 하지 말고 혹시라도 입찰에서 떨어지더라도 실망하지 마! 다 소중한 경험이 될 거야!" 라고 서미숙씨는 강민정씨에게 말하고 경매법정 안으로 들어섰다.

의자에 앉기는커녕 서 있기에도 힘들 정도로 사람이 많다.

순간 '오늘 낙찰을 받기가 만만치 않겠는데' 하는 생각이 서미숙씨의 머리를 스친다.

이제 법원에 비치된 경매사건 기록을 열람해야 한다. 이 사건 기록에는 매우 중요한 자료가 들어 있기 때문에 반드시 열람을 해봐야 한다. (현재의 신법인 민사집행법에서는 그리 큰 의미가 없다.)

강민정씨가 입찰할 물건처럼 소유자만 거주하고 있는 경우에는 특별히 알지 못했던 이해관계인이 갑자기 나타나는 경우는 드물지만 그래도 마지막까지 확인을 해봐야 하며, 임차인이 있는 경우에는 배당요구신청서 및 관련 서류가 있으니 배당요구여부 및 배당요구 후 철회를 하였는지를 주의해서 살펴봐야 한다. 그렇게 해서 지금까지 파악했던 권리관계와 다름이 없는지를 다시 한번 확인하고 입찰에 참여해야 하는 것이다.

서미숙씨가 경매법정 단상에 앉아 있는 집행관에게 신분증을 제시하고 사건번호를 호명하니 법원경매기록을 내어준다.

지정된 장소에 앉아 법원경매기록을 빠른 속도로 넘기면서 필요한 서류만 체크한다. 즉, 소유자 외에 다른 사람이 '채권 있음'을 주장하며 또는 임차인이라고 주장하며 권리신고를 하였는지를 '권리신고 및 배당요구서'를 통해서 확인하는 것이다.

경매 기록을 보는 것을 보면 전문가인지 초보자인지를 알 수 있다. 사전에 준비가 안 되고 권리분석에 대한 지식이 없는 초보자의 경우에는 서류의 중요도를 알지 못하기 때문에 모든 서류를 꼼꼼히 살펴본다. 이렇게 한 사람이 오래 서류를 가지고 있으면 주변 사람들이 항의를 하고 급기야 집행관이 달려와서 서류를 빨리 보라고 독촉을 한다.

경매 기록을 열람하는 이 시점이 매우 중요하다. 내가 입찰하려는 물건에 대한 경쟁률을 어느 정도 예측할 수 있기 때문이다. 위에서 언급한 바와 같이 경매에 입찰할 사람은 경매 기록을 열람하게 된다. 따라서 열람하는 사람의 숫자를 잘 세어보면 입찰하고자 하는 부동산의 경쟁률을 어느 정도는 예상할 수가 있으며, 입찰 참여 예상자 중에서 초보자의 숫자와 전문가의 숫자도 예측할 수 있는 것이다. 따라서 전문가는 자기가 볼 때는 빠른 속도로 기록을 열람하고 이후 차분히 서서 다른 사람의 기록 열람을 주시한다.

강민정씨가 입찰할 물건에 대한 경매 기록은 그들 외에 12명이 추가로 열람하였다. 따라서 경쟁률이 10 대 1에서 15 대 1 정도로 추정된다.

자, 이제 모든 검토가 끝났고 우리가 처음부터 분석한 내용과 다르지 않으니 입찰표를 작성해보자!

"입찰표를 작성하는 장소가 정해져 있어?"

"아니야. 통상적으로 경매법정에 비치되어 있는 투표소와 같은 형태의 입찰표 기재대에서 작성하는 것이 보통이지만 굳이 그곳에서 작성하지 않고 본인이 편한 아무 장소에서나 작성해도 돼. 나는 주로 식당이나 차에서 작성하는 것을 좋아해."

식당이나 차량을 이용하는 이유는 입찰표 기재대에는 차단막이 없어서

만약의 경우 다른 사람이 내가 기재하는 입찰가격을 볼 수도 있기 때문이다. 입찰가격은 개찰시까지 그 보안이 생명인데 경쟁자에게 그 금액이 노출된다면 입찰에서 떨어지는 것은 불을 보듯 뻔한 일이다.

두 사람은 경매법정의 단상 앞쪽으로 나가서 입찰표와 입찰보증금 봉투 및 입찰 봉투를 받아와서 지하에 위치한 식당으로 향했다. 입구에 위치한 매점에서 커피 2개를 구입한 후 구석에 위치한 자리에 앉아 서미숙씨와 강민정씨는 입찰표 작성에 들어갔다. 우선 사건번호, 입찰자 성명 등 인적 사항 등을 기재하고 입찰가격을 상의하였다.

"경쟁률도 만만치 않고 부동산 가격도 상승 추세에 있으니 우리가 처음 정한 입찰가격 범위 중에서 최고가로 입찰하는 것이 좋을 듯한데."

서미숙씨는 경매법정에서 본 경쟁률과 현장 답사시 파악했던 시세를 바탕으로 3억 7,000만 원에 입찰할 것을 권유하였다.

"책에서 보니까 시세의 85% 이상으로 입찰하면 별로 수익이 나지 않는다고 하던데. 우리가 정한 금액 중에서 최저가인 3억 5,000만 원으로 입찰하면 어떨까?"

막상 입찰표 작성에 들어가자 강민정씨는 약간 욕심이 생기는 듯하다.

이 점은 누구라도 마찬가지이다. 입찰표에 인쇄되어 있는 입찰가격란에 기재하는 숫자 하나에 몇백 만 원에서 몇천 만 원의 수익이 왔다갔다 하기 때문에 욕심이 생기는 것은 너무나도 당연한 일이다. 이런 경우 모든 결정은 직접 투자할 본인이 하는 것이 가장 좋다. 특히 강민정씨의 경우에는 오늘이 처음 입찰이기 때문에 서미숙씨는 아쉬운 마음은 있지만 강민정씨의 의사에 따라 3억 5,070만 원으로 입찰가격을 기재하고 입찰보증금 봉투에 10%에 해당하는 수표를 넣고 봉하였다.

입찰가격을 3억 5,000만 원으로 하지 않고 70만 원을 추가한 것은 동일한 금액으로 응찰하는 사태를 방지하기 위함과 아울러 본인이 좋아하는 행운의 숫자를 기재하여 낙찰을 받고자 하는 기대감을 표시한 것이다. 입찰자에 따라서는 만 원 이하의 금액까지 기재하는 사람도 있으나 굳이 그 정도까지는 하지 않아도 될 듯하다.

이제 입찰표의 작성이 끝났으니 황색으로 되어 있는 큰 입찰 봉투에 입찰표와 입찰보증금 봉투를 넣고 반으로 접어 봉한 후 두 사람은 다시 경매법정으로 향했다. 입찰함에 투찰하는 것은 입찰자 본인 또는 대리인만이 할 수 있으므로 경매법정에 도착하여 서미숙씨는 강민정씨에게 입찰 봉투를 건네주면서 다음과 같이 안내해주었다.

"신분증과 함께 입찰 봉투를 집행관에게 제시해. 그러면 입찰 봉투 상단에 간인을 하고 그 부분을 절단해줄 거야. 그 쪽지는 나중에 낙찰에 실패하면 입찰보증금을 반환받을 수 있는 영수증과 같으니 잘 보관해두고."

강민정씨는 서미숙씨의 설명대로 정확히 입찰 봉투를 입찰함에 투입하고 다시 제자리로 돌아왔다. 이제 모든 결정을 내렸으니 그 결과만을 지켜볼 따름이다.

잠시 후 11시 10분이 되자 집행관이 입찰 마감을 선언하고 바로 개찰에 들어갔다. 개찰은 집행관에 의하여 사건번호순으로 분류한 후에 최고가 입찰자를 호창하여 입찰을 마감하는 방식으로 진행되었다.

우리가 입찰한 물건은 신건인 관계로 후반에 발표될 예정이다. 덕분에 다른 물건에 대한 입찰 결과를 재미 삼아 들을 수 있었다. 그러나 이 때에도 무조건 재미 삼아 듣지 말고 본인이 미리 예상 입찰가격을 정하고 그 가격을 생각하면서 결과를 들으면 입찰가격에 대한 감각을 높일 수 있을 것이다.

드디어 강민정씨가 입찰한 물건 차례다.

먼저 집행관이 사건번호를 호창한 후에 입찰한 모든 사람에게 법정 앞으로 나오라고 고지한다. 서미숙씨는 강민정씨에게 법정 앞으로 나가라는 사인을 보냈다. 서미숙씨는 자리에 앉아 우르르 몰려 나가는 사람의 숫자를 세어보니 무려 17명! 예상했던 최고 경쟁률보다도 2명이나 많다. 갑자기 서미숙씨는 불안감을 느낀다. 집행관은 입찰가격순으로 미리 준비해놓은 입찰표를 집어들고 그 중에서 가장 위에 있는 입찰표를 들고 읽는다.

"사건번호 2001타경11XXX, 채권자 DBSSL99-2유동화, 채무자 주식회사 ○○, 서울시 양천구 목동 신시가지 아파트 3XX동 15XX호 아파트에 대한 입찰 결과 서울 양천구 신정동에 거주하시는 홍○○씨가 3억 6,810만 원에 입찰하여 최고가 입찰자로 선정되었습니다."

최고가 입찰가격이 발표되는 순간 두 사람은 머리가 멍해지는 걸 느꼈다. 불과 1,740만 원 차이로 낙찰에 실패한 것이다. 이렇게 적은 금액으로 떨어지면 아쉬움이 더욱 많이 남는다. 특히 낙찰금액이 두 사람이 예상한 금액 범위 내이기에 아쉬움은 더욱더 진하게 남는다.

입찰보증금을 반환받은 강민정씨가 미안하다는 미소를 서미숙씨에게 지어 보이며 법정을 빠져나온다.

"미안해. 미숙씨가 시키는 대로 했으면 낙찰받았을 텐데."

"아니야. 처음부터 낙찰받으면 너무 운이 좋은 거지. 좋은 경험 한 거야! 아쉽더라도 어쩔 수 없으니 다음을 기약해보자. 조만간 다른 물건을 찾아서 전화할 테니 다시 한번 입찰에 도전해보자. 알았지!"

시계를 보니 오후 1시가 조금 넘었다. 보통의 경우 12시가 조금 넘으면 모든 입찰 절차가 끝나는데 오늘은 입찰자가 많아서 조금 더 시간이 소요됐다. 이번 물건은 매우 아쉽게도 낙찰에 실패했지만 강민정씨와 서미숙씨는 다른 물건을 찾아 다시 도전하기로 하고 이번 입찰을 마감하였다.

기 일 입 찰 표

서울남부지방법원 집행관 귀하 입찰기일 : 년 월 일

사건 번호	타 경 호	물건 번호	※물건번호가 여러개 있는 경우에는 꼭 기재

입찰자	본인	성 명	(인)	전화번호	
		주민(사업자) 등록번호		법인등록 번 호	
		주 소			
	대리인	성 명	(인)	본인과의 관 계	
		주민등록 번 호		전화번호	—
		주 소			

입찰 가격	천억	백억	십억	억	천만	백만	십만	만	천	백	십	일	원	보증 금액	백억	십억	억	천만	백만	십만	만	천	백	십	일	원

보증의 제공방법	□ 현금·자기앞수표 □ 보증서	보증을 반환 받았습니다. 입찰자 (인)

주의사항.
 1. 입찰표는 물건마다 별도의 용지를 사용하십시오. 다만, 일괄입찰시에는 1매의 용지를 사용하십시오.
 2. 한 사건에서 입찰물건이 여러개 있고 그 물건들이 개별적으로 입찰에 부쳐진 경우에는 사건번호외에 물건번호를 기재하십시오.
 3. 입찰자가 법인인 경우에는 본인의 성명란에 법인의 명칭과 대표자의 지위 및 성명을, 주민등록란에는 입찰자가 개인인 경우에는 주민등록번호를, 법인인 경우에는 사업자등록번호를 기재하고, 대표자의 자격을 증명하는 서면(법인의 등기부 등·초본)을 제출하여야 합니다.
 4. 주소는 주민등록상의 주소를, 법인은 등기부상의 본점소재지를 기재하시고, 신분확인상 필요하오니 주민등록증을 꼭 지참하십시오.
 5. **입찰가격은 수정할 수 없으므로, 수정을 요하는 때에는 새 용지를 사용하십시오.**
 6. 대리인이 입찰하는 때에는 입찰자란에 본인과 대리인의 인적사항 및 본인과의 관계 등을 모두 기재하는 외에 본인의 위임장(입찰표 뒷면을 사용)과 인감증명을 제출하십시오.
 7. 위임장, 인감증명 및 자격증명서는 이 입찰표에 첨부하십시오.
 8. 일단 제출된 입찰표는 취소, 변경이나 교환이 불가능합니다.
 9. 공동으로 입찰하는 경우에는 공동입찰신고서를 입찰표와 함께 제출하되, 입찰표의 본인란에는 "별첨 공동입찰자목록 기재와 같음"이라고 기재한 다음, 입찰표와 공동입찰신고서 사이에는 공동입찰자 전원이 간인 하십시오.
10. 입찰자 본인 또는 대리인 누구나 입찰보증금을 반환받을 수 있습니다.
11. 보증의 제공방법(현금·자기앞수표 또는 보증서)중 하나를 선택하여 ☑표를 기재하십시오.

● **강민정씨 드디어 낙찰받다!**

"미숙씨! 계속 실패만 하고…… 나도 이제 한 건 낙찰받아야지? 아무 물건이나 빨리 골라서 하나 낙찰 좀 받게 해줘!"

수 차례 발품만 팔고 낙찰에는 실패하자 강민정씨가 조급해한다.

"아무리 그래도 '아무거나' 라니. 조급함이 경매에 실패하는 가장 대표적인 복병이야. 경매 정보지를 한번 훑어봐! 얼마나 많은 아파트들이 경매에 나와 있니? 누구 말대로 경매 시장은 넓고 낙찰받을 수 있는 아파트는 많아. 민정씨가 찾는 물건이 어디에선가 민정씨를 기다리고 있을 테니 조금만 더 차분하게 물건을 찾아보자."

몇 차례의 실패를 경험했지만 투자의 관점에서 보면 손해를 본 것은 아니었다. 다만 좋은 물건을 좋은 가격에 낙찰받지 못하여 이익을 실현하지 못하였을 뿐이다. 따라서 물건을 선정하고 답사하고 많은 준비를 하여 입찰에 참여하였으나 낙찰을 받지 못했다 하여 조급해할 필요는 없는 것이다. 이러한 조급함이 커다란 투자 손실로 나타날 수가 있으므로 경매는 차분한 마음으로 '안되면 말고' 라는 생각을 가지고 임해야 한다. 이 점은 항상 서미숙씨가 강민정씨에게 상기시켜주었던 내용이다.

다시 한번 상기하자!

안되면 말고 다음 기회에!

● **물건 선정 (D-5)**

당시에는 IMF 이후 많은 부동산들이 경매로 나오고 있는 상황이라 물건도 많고 경매법정에 사람도 많은 형국이었으며 매스컴에서는 경매의 호황을 알리는 기사가 자주 나오던 시기였다.

이번에도 지역은 목동으로 한정하고 아파트를 찾아보았다. 인터넷으로 물건을 검색하던 중 하나의 물건이 서미숙씨의 눈에 띄었다.

'그래 이번에는 이 물건에 입찰해보는 거야. 대신 이번 입찰에서는 시장가격의 추이를 충분히 반영하여 반드시 낙찰받을 수 있도록 해보자'

이렇게 하여 목동 신시가지 2단지 소재의 아파트를 입찰 대상 아파트로 결정하였다. 실제로는 2건의 아파트에 입찰하여 2건 모두 다 낙찰을 받았으나 동일한 사례를 기록하는 것은 큰 의미가 없으므로 본 건만 사례로 기록하고자 한다.

주 소 소재지 특성	면적(단위:㎡)	감정평가액 최저경매가	일자-성명-보증금 주민등록 확인 결과	등기부상의 권리관계
서울 양천구 목동 목동 신시가지 2XX동 3XX호 〈감정평가내역〉 *일반주거지역 *지구단위계획구역 *철근콘크리트조, 슬래브(평) *신목중학교 북동 측 인근 *대단위아파트단지 *마을버스및노선 버스 수시운행 *15~25M도로접함 *지역난방 〈감정평가액〉 토지 105,000,000원 건물 245,000,000원	대지 89. 71/155041. 1 (27. 14평) 건물 97. 92(29. 62평) (35평형-방3) 총15층 중 3층	감정가 350,000,000원 ○○감정 (2001. 11. 23) 최저가 350,000,000원 (100. 0%) ----------	없 음	저당 1986/11/27 주택은행 1,300만 저당 1994/03/30 자산관리공사 7억 저당 1994/03/30 자산관리공사 2억 8,000만 저당 1994/12/29 자산관리공사 3억 5,000만 가압 2000/10/25 신용보증기금 4억 4,549만 가압 2000/11/01 강원신용보증 5,000만 가압 2000/11/01 농수산물유통 6억 7,260만 가압 2000/11/02 수출보험공사 1억 가압 2000/11/03 서울보증보험 1억 6,060만 압류 2000/11/10 양천구청 가압 2000/11/17 서울보증보험 1억 810만 임의 2001/11/20 자산관리공사 *청구액 : 200,000,000원

이 아파트는 목동 신시가지 2단지에 있는 아파트이다. 목동 아파트는 단지의 위치에 따라 가격 차이가 비교적 많이 나는 것이 특징이다.

이곳 1, 2, 3 단지의 경우에도 다음 표와 같이 가격 차이가 크다.

[표 : 목동 신시가지 아파트 35평형 가격 비교] (단위:만 원)

가격 비교 시점	1단지		2단지		3단지	
	하한가	상한가	하한가	상한가	하한가	상한가
2002. 2월	35,000	40,000	38,000	42,000	38,000	44,000
2005. 3월	60,000	68,000	64,000	71,000	64,000	74,000

표에서 보면 입찰 당시 1단지 아파트 가격보다 2단지 가격이 2,500만 원, 3단지가 3,500만 원 높다는 것을 알 수 있다. 현재는 가격 차이가 더 벌어져서 1단지보다 2단지가 3,500만 원, 3단지가 5,000만 원 비싼 것을 알 수 있다.

이 가격 차이의 가장 큰 요인은 세계 최고를 자랑하는 우리나라 부모들의 교육열 때문으로 단지 내에 위치한 모 중학교에 입학할 가능성이 높은 단지의 경우 그렇지 않은 단지에 비하여 더 높은 가격에 거래가 되고 있는 것이다.

또한 이와는 별도로 1단지 옆에 위치한 열병합발전소가 1단지의 가격에 마이너스 요소로 자리잡고 있기도 하다. 이 시점에서는 지하철 9호선 계획이 발표되었고 1단지 부근에 지하철역이 생기는 것이 확정되었음에도 이 정도의 가격 차이가 나는 것이다.

이러한 내용을 길게 설명하는 이유는 단지 목동 신시가지 아파트를 비교하고자 함이 아니라 물건을 선정할 때 교육 시설 및 주변 환경이 차지하는 비중이 얼마나 중요한지를 말하기 위함이다.

서미숙씨는 모처럼 마음에 드는 물건을 발견하자마자 강민정씨에게 전화했다.

"좋은 물건을 발견했어. 입찰일은 2월 22일이구. 이번에는 꼭 낙찰받을 수 있도록 최선을 다해보자."

●권리분석 (D-5)

입찰 대상 아파트를 결정하고 나니 입찰일까지 5일밖에 남지 않았다. 아파트는 일반 주택과는 달리 물건 및 권리분석에 많은 시간이 필요하지 않으며 이 경우와 같이 대단지의 아파트인 경우에는 더욱더 그러하다.

권리분석을 위하여 등기부등본을 발급받았다. 경매 정보지의 기재 내용과 대조해보니 다른 점이 없다. 그렇다면 이 물건의 권리분석 결과는 다음과 같다.

먼저 말소기준권리인 주택은행의 근저당권에 앞서는 권리가 없으니 인수해야 할 권리는 없다. 다음으로 주택은행의 채권이 1300만 원 소액이므로 이해관계인이 대위변제를 하여 권리 내용을 변동시킬 수도 있으나 이번 물건의 경우에는 그러한 이해관계인이 없다. 따라서 대위변제 가능성은 없는 물건이다.

이제 임대차 관계를 보자.

아무런 내용이 없다. 대부분 처음 입찰에 나온 물건의 경우에는 경매 정보를 제공하는 회사에서 미처 임대차 내역을 등록하지 못하고 경매 정보지를 배포하는 경우가 많다. 그러므로 1차 경매 물건인 경우에는 임대차 내역에 대한 보다 세밀한 조사가 필요하다.

이 물건은 아마도 소유자가 거주하고 있거나 임대차내역을 경매 정보 회사에서 미처 기록하지 못한 것으로 추정된다. 이는 현장 답사 때 동사무소에서 전입자의 주민등록 사항을 열람하여 추가로 정확한 권리분석을 하여야 할 것이다.

●물건분석 (D-3)

서미숙씨는 강민정씨와 함께 해당 아파트를 관할하는 동사무소를 방문하여 주민등록을 열람하였고, 그 결과 다른 전입자는 없고 오직 소유자만이 전입자로 등재되어 있음을 알 수 있었다. 소유자만 거주하고 있으므로 명도에는 커다란 문제가 되지 않을 것이다.

그러나 등기부등본에 기재된 권리 내용을 보니 소유자가 배당받을 수 있는 금액은 전혀 없으며 이럴 경우 아무리 소유자라도 쉽게 명도에 응하지 않는 것이 일반적이다.

"그럼 법대로 처리하면 되잖아?"

서미숙씨가 소유자의 처리를 염려하고 있자 강민정씨가 한마디 거든다.

"물론 법대로 처리하자면 공부한 대로 인도명령이라는 절차를 통하여 빠른 시일 내에 소유자를 내보낼 수 있어. 그러면 당연히 시간도 절약되고 돈도 절약되겠지. 하지만 인도명령이라는 절차는 공부한 그대로 집행관을 통하여 소유자를 강제로 퇴거시키는 것을 말하는 거야. 그렇게 되면 퇴거당하는 소유자의 입장에서 볼 때 오랫동안 살아왔던 곳에서 강제로 쫓겨나는 망신을 당하는 것이고 그렇게 되면 불미스러운 상황이 발생할 수도 있고 또한 예기치 못한 손실로 이어질 수도 있어. 따라서 가능하다면 법에 의하여 처리하는 것보다 최대한 합의에 의하여 처리하는 것이 소유자에게도 도움이 될 것이고 민정씨의 마음도 편할 거야.”

이렇게 말한다고 해서 무조건 합의에 의하여 해결하라는 뜻은 아니다.

경우에 따라서는 법에 의하여 해결해야만 하는 경우도 많으며, 또한 법이 아니고서는 해결되지 않는 경우도 있다. 그러한 경우에는 당연히 법대로 처리해야 한다. 법대로 처리하면 돈도 절약되고 시간도 절약된다. 하지만 모든 일을 좋게 처리하여 ‘상생’ 할 수 있는 방법이 있다면 그 방법이 최선이 아닐까? 따라서 가급적이면 거주자와 원만한 합의에 의한 명도를 통하여 입주하는 것이 결과적으로 시간도 절약되고 돈도 절약되는 방법이 될 것이다. 또한 경매로 취득한 주택에 대한 부정적인 생각을 해소할 수도 있을 것이다.

소유자이므로 인도명령이라는 간편한 절차를 통하여 명도할 수 있으나 어느 정도의 이사 비용을 보조해주고 마음 편하게 명도하는 방법을 택하도록 하자.

“그럼 어느 정도의 금액을 이사 보조 비용으로 주는 것이 좋을까?”

“이러한 금액은 추가 비용이니 보수적으로 판단하는 것이 좋아. 그 정도의 금액까지 들지 않겠지만 일단 500만 원을 이사 보조 비용으로 책정하고 경매 타당성을 분석하여 입찰금액을 결정하도록 하자.”

추가 비용을 계산할 때는 보수적으로 계산하는 것이 좋다. 예상한 금액보다 과다하게 지출되는 것보다 적게 지출되면 그만큼 처음 예상했던 것보다 이익이 늘어나고 또한 공돈이 생긴 것처럼 기분도 유쾌해진다.

두 사람은 동사무소를 나와 아파트를 찾아갔다. 순서대로 먼저 아파트 우편함을 확인해보았더니 우편함이 깨끗하다. 예상대로 소유자가 거주하고 있으며 계속 집에 있다는 얘기다. 초인종을 눌러보니 아무런 대답이 없다. 이어서 관리사무소를 방문하여 관리비가 체납되었는지 여부를 확인하여 보았더니 다행히도 연체된 관리비는 없다고 한다. 이제 비용에 대한 확인이 끝났으니 시세를 확인하고 경매 타당성을 분석해볼 차례이다.

●시세분석 (D-3)

아파트를 나오면서 두 사람은 단지 내 상가에 있는 부동산 중개업소에 들러 시세를 알아보았다.

확인된 시세는 하한가 3억 8,000만 원에서 상한가 4억 2,000만 원! 하지만 당시에는 IMF 이후 큰 폭으로 하락했던 아파트 등 부동산 가격이 빠르게 상승하는 시기였고 특히 아파트 가격의 상승폭이 매우 높았으며 이 아파트의 경우에도 상한가가 4억 2,000만 원이지만 그저 호가에 의한 시세일 뿐 실제로 거래할 수 있는 매물은 없었으며 반드시 사기 위해서는 현재는 4억 3,000만 원 이상은 주어야 하며 이것도 계속 오르고 있으니 거래를 장담할 수 없다는 것이 부동산 중개업소의 설명이었다.

이렇게 하루가 다르게 아파트 가격이 상승하고 있었으며 이를 반영하듯 경매법정에 나오는 대부분의 아파트가 1차 입찰에서 감정가를 훨씬 상회하는 금액으로 낙찰되고 있었다. 이러한 때에 나 홀로 너무 안전하게 응찰해봐야 낙찰받을 가능성은 전혀 없는 것이다.

조금 더 적극적으로 입찰에 나서기로 했다.

"시세를 4억 3,000만 원으로 보고 또한 시세가 급격한 상승세이니 시세의 90% 수준에서 입찰가격을 정하는 것이 어떨까? 그러면 시세의 90%에 해당하는 금액이 3억 8,700만 원이며 경매법정의 상황에 따라 최대 4억 원까지도 생각하고 이번 입찰에 참여하는 게 어때?"

서미숙씨가 강민정씨에게 이렇게 설명을 하자 강민정씨는 그 동안의 경험을 생각한 후 입찰예정가격이 조금은 높은 듯하지만 흔쾌히 서미숙씨의 생각에 동의하였다.

그럼 이제 경매 타당성을 분석해보자.

〈경매 타당성 분석표〉

항 목	내 용		금 액
부동산 가격	시장 가격	매매 가격 (①)	430,000,000
		전세 가격 (ⓐ)	250,000,000
	감정 가격		350,000,000
구 입 가 격	입찰예정가격 (②)		387,000,000
낙찰 부대 비용	인도명령 신청 비용		0
	명도소송 비용		0
	강제집행 비용 예납액		0
	인수 제 공과금	미납 관리비 등	2,000,000
	이사 보조 비용		5,000,000
	소 계 (③)		7,000,000
경 매 순 익	④ = ① - ② - ③	실수요자의 순이익	36,000,000
제세 공과금	취득세(농특세)	2. 20%	8,514,000
	등록세(교육세)	3. 60%	13,932,000
	주택채권매입액	과세표준액별	2,554,000
	소 계 (⑤)		25,000,000
수수료 등	법무사 등기 비용	낙찰가의 약 0.1~0.3% 내외	750,000
	컨설팅 수수료	감정가의 2%	0
	소 계(⑥)		750,000
순 이 익	⑦ = ④ - ⑤ - ⑥	투자 목적의 경우 시세 차익	10,250,000
경락자금대출	ⓑ	낙찰금액의 70%	270,900,000
소요자금	총 소요자금 - 대출금	(②+③+⑤+⑥) - ⓑ	148,850,000

추가 비용으로 소유자의 이사 보조 비용 500만 원과 도배 및 장판 교체 등 간단한 수리비 200만 원을 계산하였다. 그렇게 하여 분석을 해보니 실수요자인 강민정씨의 경우 3,600만 원의 투자 수익이 보장되는 것으로 분석되었다.

분석을 마치고 나니 예상보다 수익성이 양호하고 그러한 결과를 보여주는 경매 타당성 분석표를 받아든 강민정씨의 표정에서 전과 다른 의지를 읽을 수 있었다.

이러한 의지와 눈빛은 매우 중요한 의미가 있다.

누구보다도 자신있고 정확한 권리분석과 경매 타당성 검토를 마쳤다면 이미 수익은 확보한 것이나 다름이 없는 것이다. 단, 낙찰을 받아 내 물건으로 만들어야 한다는 전제만 충족된다면.

상황이 이러할진대 어찌할 것인가?

자기 자신의 분석을 믿고 자신있게 입찰하여야 한다. 경우에 따라서는 수익을 약간 포기하더라도 손해만 보지 않는다면 무슨 일이 있어도 내가 발견한 먹이를 놓치지 않겠다는 의지로 낙찰을 받아야 한다. 이 물건은 입찰 당일 경매 현장의 분위기 등을 감안하여 3억 8,000만 원에서 4억 원 범위 내에서 입찰하기로 결정하였다.

●입찰 당일 (D-Day)

입찰 당일 평소보다 일찍 법원에 도착하였음에도 불구하고 어김없이 경매법정 앞은 많은 사람들로 혼잡하다.

서미숙씨는 강민정씨를 만나 법원 게시판 쪽으로 향했다. 강민정씨가 입찰할 아파트는 예정대로 진행된다는 의미로 아무런 표시가 없다. 법정 안은 이미 많은 사람들로 붐비고 있었으며 앉을 만한 의자도 찾아볼 수 없는 지경이다.

집행관의 경매개시 선언과 함께 경매사건 기록의 열람을 신청하였다. 열람

결과 지금까지 조사한 내용과 다른 내용은 없다. 이제 입찰만 남은 것이다.

두 사람은 강민정씨가 입찰할 물건의 경매사건 기록을 열람하는 사람들을 주시하기 시작하였다. 두 사람이 입찰표를 작성하러 자리를 떠나기까지 10명의 사람이 열람을 하였고 떠나는 그 순간에도 한 명이 열람중에 있었다. 높은 경쟁률이 예상되었다.

입찰표와 입찰 봉투 등을 수령하여 보통 때와 마찬가지로 입찰표 작성을 위하여 두 사람은 지하 식당으로 향했다. 매점에서 구석에 위치한 자리에 앉아 두 사람은 입찰표 작성에 들어갔다. 인적 사항 등을 기재하고 가장 핵심인 입찰가격을 상의하였다.

"모든 상황이 예상한 대로야. 부동산 가격의 상승세를 반영하듯 경매법정은 많은 사람들로 혼잡하고 민정씨가 입찰할 아파트도 이미 11명이 기록을 열람하였으며 멀리서 우리처럼 경쟁자의 행동을 주시하면서 굳이 경매기록을 열람하지 않는 전문가를 포함하면 최종 경쟁률은 더욱더 높을 것 같아. 아마도 최저가로 예정한 3억 8,700만 원보다는 조금 더 써야 할 것 같은데 민정씨 생각은 어때?"

이번 아파트처럼 세입자 없이 소유자만 거주하는 아파트의 경우에는 권리분석에 큰 어려움이 없으므로 굳이 입찰 당일에 경매사건 기록을 열람하지 않는 사람들도 있는 것이다. 서미숙씨는 이 점까지 감안하여 경쟁률을 예상했고, 그것으로 강민정씨에게 입찰예정가격을 제시하였다.

"좋아, 그렇게 하지!"

이번에는 강민정씨도 욕심 부리지 않고 적극적으로 임하였다.

이리하여 입찰표의 마지막 항목인 입찰가액란에 아라비아 숫자로 3억 9,200만 원이라고 적어 넣었고, 입찰보증금 봉투에 입찰가액의 10%인 3,920만 원을 넣고 봉하였다. (신법인 민사집행법에서는 입찰가액에 관계 없이 입찰가액의 10%가 아닌 최저매각가격의 10%를 입찰보증금으로 제공하면 된다. 즉, 이번 사례의 경우에는 최저경매가격 3억 5,000만 원의 10%인 3500만 원을 입찰보증금으로 제공하면 되는 것이다.)

다음으로 입찰표와 입찰보증금 봉투를 입찰 봉투에 넣고 반으로 접은 후 입찰표 제출을 위하여 식당을 나섰다. 강민정씨는 경매법정에 도착하여 집행관의 확인을 받은 후에 입찰함에 투입하고 돌아왔다.

"진인사 대천명이야. 최선을 다했으니 좋은 결과를 기대해보자."

서미숙씨는 강민정씨에게 한마디 건네고 입찰마감을 기다리며 자판기 커피를 한잔 뽑았다. 기다리던 11시 10분이 되자 집행관이 입찰마감을 선언하고 바로 개찰에 들어갔다. 사건번호순으로 분류되는 입찰 봉투를 살펴 보니 강민정씨가 입찰한 물건에 무려 17명이 입찰한 것을 알 수 있었다.

드디어 강민정씨의 차례가 왔다.

먼저 집행관이 사건번호를 호창한 후에 입찰한 모든 사람에게 법정 앞으로 나오라고 고지한다. 경매의 공정성을 위하여 모든 입찰자가 보는 앞에서 개찰 을 확인하기 위함이다. 이번에는 강민정씨도 기대하는 마음으로 법정 앞으로 나갔다. 법정 앞에 모여 있는 사람의 숫자를 세어보니 17명! 예상대로였다.

집행관이 입찰가격순으로 놓여 있는 입찰표를 집어들고 그 중에서 가장 위에 있는 입찰표를 들고 읽는다.

"사건번호 2001타경26XXX, 채권자 한국자산관리공사, 채무자 S식품, 서울시 양천구 목동 신시가지 아파트 2XX동 3XX호 아파트에 대한 입찰 결과 서울 강서구 가양동에 거주하시는 강민정씨가 3억 9,200만 원에 입찰하여 최고가 입찰자로 선정되었습니다."

순간 가슴이 벅차고 입에서는 저절로 "그렇지" 하는 기합이 나온다.

드디어 수차례의 실패를 경험한 후에 낙찰에 성공한 것이다.

강민정씨는 현장에서 너무 흥분한 나머지 다른 사람들의 입찰가격은 확인하지 못했지만 아쉬워하는 주변 사람들의 모습에서 가격 차이가 그리 크지 않았음을 알 수 있었다.

강민정씨는 최고가 입찰자의 특권처럼 당당하게 현장에서 입찰조서에 인적사항 등을 추가로 기재하고 날인한 후에 입찰보증금 대신 영수증을 받아들고 서미숙씨를 향해 밝게 웃었다.

마치고 나오니 점심시간인 12시 20분! 식당으로 향해 아주 맛있게 식사를 하면서 서미숙씨는 강민정씨에게 이후의 절차에 대해서 설명해주었다.

"오늘은 낙찰자가 된 것이 아니야. 다만 '최고가 입찰자'로 선정된 상태인 거야. 일주일 후에 낙찰허가결정이 나야만 낙찰자로 지위가 바뀌는 것이고 또 즉시항고 기간인 일주일이 지나야 낙찰허가결정이 확정되는 거야. 그런 다음 대개 4주 후의 날짜로 대금납부기일이 정해질 것이고. 이때 오늘 보증금으로 낸 금액을 공제한 나머지 잔금 90%를 납부해야 해."

"그래! 알았어. 그런데 소유자는 언제 만나보지?"

"그리 서둘 것은 없으나 이 아파트는 채권액이 많아 소유자의 대위변제

가능성이 없으므로 빠른 시일 내에 만나봐도 무방하겠는데.”

경매의 나머지 절차는 항고 등 별다른 문제만 없으면 예정대로 진행될 것이며 단지 시간만 필요할 뿐이다. 이제 남은 것은 소유자를 명도시키는 일이다. 여유있게 이사 보조 비용을 계산해 두었으니 소유자를 만나서 원만하게 합의하는 일만 남은 것이다. 또한 이렇게 좋은 거주 지역에서 비싼 아파트에 사는 사람은 자존심도 강하기 때문에 명도도 쉽게 이루어지는 것이 보통이다.

소유자를 만나보니 예상한 대로 회사를 경영하다 부도가 나서 어쩔 수 없이 살던 집이 경매에 나온 것이며 경매에 대하여 잘 알고 있고 앞으로 본인이 어떻게 해야 하는지도 잘 알고 있는 상태였다. 다만 이사할 시간으로 3개월과 얼마간의 이사 보조 비용을 요구하였다.

명도기간이 조금 긴 것이 아쉬웠으나 서미숙씨는 강민정씨와 합의하여 그 요구를 들어주기로 하고 이사 보조 비용으로 300만 원을 지급하기로 약속하고 차질 없는 약속 이행을 위하여 이행각서를 받아 두었다.

●경매 수익성 분석 (D + 35)

모든 절차가 예정대로 진행되어 강민정씨는 3월 29일 대금을 납부하고 소유권을 이전받았다. 이제 법적으로 완전하게 소유권을 취득한 것이다.

그리고 나서 부동산 중개업소에서 다시 시세를 확인해보았더니, 그 동안 시세가 상승하여 당시 시세는 4억 5,000만 원을 호가하고 있었다.

소유권 이전에 필요한 비용을 지급하고 경매 수익성 분석표를 작성해보았다. 이것은 경매로 얼마를 벌었는지를 확인해보는 절차이다.

〈경매 수익성 분석표〉

구 입 원 가	낙찰금액	392,000,000
	취득세 등록세 등	25,000,000
	소유권 이전 비용	1,000,000
	이사 보조 비용	3,000,000
	수리 비용 등	2,000,000
	합 계	423,000,000
판매금액 (예상)	현재 시세	450,000,000
투자 이익 (예상)		27,000,000

분석 결과 2,700만 원의 투자 이익이 발생하였다. 투자금액에 비하여 그리 수익률이 높지 않다고 말하는 사람도 있을 것이다. 하지만 명도기간까지 걸린 4개월 동안에 올린 수익이므로 굳이 연 수익률로 환산해보면 약 20%의 수익률이나, 위험부담 없이 확실한 게임으로 올린 수익으로는 그리 적지 않은 것이다.

이번 사례의 경우, 이후 강민정씨는 너무 높은 아파트 가격에 부담을 느껴 양도소득세를 감안하여 1년이 지난 시점인 2003년 9월에 6억 3,000만 원에 매각하여 무려 2억 700만 원(세전)의 투자 이익을 올렸으며 지금도 흙 속의 진주를 찾아 인터넷 경매 사이트를 검색하고 있다.

다시 한번 강조하거니와 경매는 사전에 철저한 권리분석과 시세 확인으로 이미 투자 수익을 예상하고 시작하는 투자이므로 누구라도 강민정씨와 같은 성공을 보장받을 수 있다.

그러므로 강민정씨의 성공 사례처럼 확실한 물건의 경우에는 욕심을 버리고 과감한 배팅이 필요하며 이러한 용기는 이 글을 읽고 있는 여자 독자들에게 커다란 이익을 가져다 줄 것이다.

02 | 쉬울 것 같은 아파트 경매, 그러나 함정도 있다

본 사례의 주인공인 오영순씨는 당시 58세로 경매에 처음 참여하는 초보자이다. 주인공은 입주 예정 아파트에서 도배 등의 일을 하면서 어렵게 모은 돈으로 투자할 곳을 모색하다가 경매에 투자하기로 결심하고 경매에 참여하기 시작하였다. 처음에는 경매 전문가의 도움을 받아 경매에 참여하였으나, 입찰 당일에 경매 전문가가 나오지 않아 혼자 입찰에 참여하면서 권리분석에 실패한 대표적인 사례이다.

본 사례는 2001년 9월부터 2002년 2월까지의 실제 사례이며, 이 사례를 거울 삼아 권리분석에 더욱더 신중해야 할 것이다.

● 물건 선정 및 입찰 (D-Day)

어렵게 모은 돈을 경매를 통하여 조금 더 불려보려고 오영순씨는 경매에 참여하기로 하였다. 하지만 경매에 대한 지식이 거의 없는지라 경매법정 인근에서 만난 경매 전문가의 도움을 받아 몇 차례 입찰에 참여하였으나 낙찰에는 번번이 실패하고 말았다.

그날도 경매 전문가의 도움으로 입찰에 참여하기로 하였으나 무슨 일이 있었는지 그 전문가가 경매법정에 나오지 않은 것이다. 이에 혼자서 경매 정보지를 보던 오영순씨는 눈에 확 띄는 아래의 물건을 발견하였다.

주 소 소재지 특성	면적(단위:㎡)	감정평가액 최저경매가	일자-성명-보증금 주민등록 확인 결과	등기부상의 권리관계
서울 양천구 신정동 337-1 목동2차 우성 2XX동 1XX호 〈감정평가내역〉 *신평시장동측 인근 *버스 정류장 인근 양천구청역도보 10-15분소요 *열병합발전지역 난방 *도시가스공급 *일반주거지역 *공항고도지구 (진입표면) *방향:남동향 〈감정평가액〉 토지 90,000,000원 건물 210,000,000원	대지 45/45199.2 (13.6평) 건물 113.91(34.4평) (42평형-방4) 총18층중 1층 2000.5.26 보존	감정가 300,000,000원 ○○감정 (2001.4.14) 최저가 192,000,000원 (64.0%) ───── 2001.07.13유찰 2001.08.10유찰	1998/08/05김○○ 12,000만 -------------- ♣주민등록열람 확인필 김○○ 1998.08.05 전입 열람일자 : 2001.7.4	저당 2000/08/12 국민은행 6,000만 저당 2000/10/10 국민은행 2,400만 임의 2001/04/10 국민은행 *청구액 : 70,000,000원 *토지별도등기 있음

그 인근의 시세를 어느 정도 알고 있던 오영순씨는 본인이 알고 있는 시세인 3억 원과 감정금액인 3억 원보다 엄청나게 싸게 나온 이 물건에 눈이 번쩍 뜨였다.

2억 원에 낙찰을 받아도 1억 원 정도의 이익이 남을 것이라는 확신이 든 오영순씨는 경매 전문가가 오지 않자 몇 차례 입찰에 참여했던 경험을 바탕으로 혼자 힘으로 입찰에 참여했다. 그 동안의 지식을 총동원하여 2억 원에 입찰하면서 입찰보증금으로 2,000만 원을 납입하였다.

개찰을 해보니 오영순씨만 단독으로 입찰에 참여하였고 당연히 낙찰을 받을 수 있었다. 이렇게 좋은 물건에 왜 다른 사람들이 응찰하지 않았는지 의아했지만 그래도 낙찰받은 기쁨에 속으로 쾌재를 부르고 경매법정 앞으로 나가서 낙찰에 대한 절차를 밟고 돌아오는데 주변 사람들이 수근거리기 시작했다.

"저 아주머니 뭘 믿고 저렇게 높은 금액으로 낙찰받은 거야?"

'아니! 저렇게 높은 금액이라니' 오영순씨는 자신의 귀를 의심했다.

매우 싼 금액으로 낙찰받아 많은 수익을 기대하고 있는데 주변 사람들은 자신을 걱정하는 것이다. 서둘러 경매 전문가를 찾아 그 이유를 알아보았다.

"오영순씨 왜 혼자서 입찰하셨어요? 권리분석의 기초인 세입자분석을 하지 않았잖아요."

경매 전문가는 오영순씨의 단독 입찰을 나무라면서 걱정을 하였다.

"아니 경매에 있어서 세입자는 낙찰 대금에서 전세보증금을 받아 가던가 아니면 그냥 나가야 되는 것 아니에요?"

"오영순씨! 대항력에 대해서 들어보셨지요? 지금 이 세입자는 대항력이 있는 세입자이며 그 보증금 전액을 낙찰자가 인수해야 하는 거예요. 그래서 총 낙찰금액은 2억 원이 아닌 세입자의 전세보증금 1억 2,000만 원을 더한 3억 2,000만 원이나 마찬가지인 상황이에요.”

‘아 그래서 사람들이 높은 금액이라고 했구나.’

오영순씨는 주변 사람들이 수근거린 ‘저렇게 높은 금액’의 정체를 이제야 알았지만 이미 때는 늦었다. 설상가상으로 현장을 방문해 부동산 중개업소에서 시세를 확인해보니 1층이므로 현재 시세는 2억 8,000만 원이라고 한다. 시세보다도 무려 4,000만 원이나 높은 금액에 낙찰받은 것이다.

오영순씨가 범한 잘못을 열거해보자면 다음과 같다.

첫째, 입찰대상물건 선정을 너무 성급하게 한 것이다.

입찰 당일 현장에서 대상 물건을 선정하여 입찰에 참여하는 것은 경매 전문가라고 할지라도 함부로 하지 않는 방법이다. 하물며 경매 초보자인 오영순씨의 경우에는 두말할 나위가 없는 것이다. 경매는 많은 재산을 걸고 투자하는 시장이다. 투자대상 부동산에 대한 신중한 선택은 몇 번을 강조해도 지나침이 없는 경매에 있어서 매우 중요한 절차인 것이다. 오영순씨는 너무나도 즉흥적으로 탐나는 아파트 물건이 눈에 띈다고 아무런 준비와 검토도 없이 입찰대상 아파트를 선정한 것이 큰 잘못이었던 것이다.

둘째, 시세 확인에 소홀한 점이다.

이 책에서 수시로 강조하듯이 시세 확인은 선택이 아닌 필수적인 절차이다. 본인이 아무리 잘 아는 지역이라 하더라도 반드시 부동산 중개업소를 방문하여 시세를 확인하고 감정가격과 입찰예정가격의 적정성을 검토하여야 한다.

오영순씨는 자신이 짐작하고 있는 시세인 3억 원과 감정가격이 일치하자 그 시세가 정확한 것으로 믿고 입찰에 참여하였으나 나중에 확인된 시세는 2억 8,000만 원으로 2,000만 원이나 차이가 발생하고 말았다. 손실 금액이 더 늘어난 것이다.

마지막으로 권리분석의 기초도 배우지 못한 상태에서 입찰에 참여한 것이다. 세입자에 대한 권리분석은 경매의 기초에 해당한다. 이 점도 제대로 알지 못하면서 경매에 참여한다는 것은 너무나도 무모한 행동이었다.

그럼 경매 정보지의 내용으로 세입자에 대한 권리분석을 한번 해보자.

세입자 김모씨는 1998년 8월 5일 전입신고를 하고 거주하고 있으며 확정일자를 받았는지는 불분명하나 배당요구를 하지 않은 상태이다.

김모씨의 전입일자는 최선순위 근저당권자인 국민은행의 근저당권 설정 일자인 2000년 8월 12일보다 빠르다. 따라서 세입자 김모씨는 대항력을 가지고 있는 세입자이다.

만약 김모씨가 확정일자도 전입일자와 동시에 받았고 또한 배당요구를 하였다면 당연히 1순위로 배당을 받을 수 있는 것이다. 그러나 확정일자를 받았는지 여부는 불분명한 상태이고 또한 확정일자를 받았다고 할지라도 배당요구를 하지 않았으므로 법원에서는 세입자에게 배당을 하지 않게 되고 세입자 김모씨는 본인의 전세보증금 1억 2,000만 원을 낙찰자에게 받을 수 있는 권리가 있는 것이다. 따라서 세입자 김모씨의 전세보증금 1억 2,000만 원은 낙찰자가 인수하여 나중에 세입자가 나갈 경우에 돌려줘야 한다.

●또 다른 함정

이러한 내용을 파악한 오영순씨는 경매 전문가를 불러 해결책을 의논하였다.

"어떻게 입찰보증금을 돌려받을 수 있는 방법은 없겠어요?"

"그렇다면 제가 변호사와 상담을 통하여 입찰보증금을 돌려받을 수 있도록 해보겠습니다."

경매 전문가는 변호사를 통한 해결을 강조하며 그 비용으로 우선 300만 원을 요구하였다. 이제 믿을 것은 경매 전문가뿐이라고 생각한 오영순씨는 입찰보증금 회수를 생각하며 300만 원을 경매 전문가에게 지불하였다. 그러나 그 이후로 경매 전문가와는 연락이 두절되었고 지불한 300만 원도 받지 못한 것은 물론이다.

흔히 말하는 '경매 브로커'에게 걸려든 것이다. 이에 따라 오영순씨의 손실 예상 금액은 입찰보증금 2,000만 원에 300만 원을 더한 2,300만 원으로 늘어났다.

 **Key point**
합법적으로 경매 컨설팅을 할 수 있는 사람들 |

1. 변호사

- 법령 근거 : 변호사법 제3조 (변호사의 직무)

변호사는 당사자 기타 관계인의 위임 또는 국가·지방자치단체 기타 공공기관(이하 '공공기관'이라 한다)의 위촉 등에 의하여 소송에 관한 행위 및 행정처분의 청구에 관한 대리행위와 일반 법률사무를 행함을 그 직무로 한다.

- **장점** : 경매의 모든 과정에 대하여 다른 사람의 보조없이 신청자를 대리하여 업무를 처리할 수 있다. 즉, One-Stop서비스가 가능하다.

- 단점 :

① 다른 경매 컨설턴트에 비하여 수임료(수수료)가 비싸다.

② 전문성이 부족한 경우가 있다.

최근 들어 경매를 전문으로 하는 변호사가 늘고는 있으나 경매는 변호사가 담당했던 영역이 아니었던 관계로 아무리 법률전문가인 변호사라 할지라도 많은 판례로 이루어진 경매의 모든 과정에서 전문성을 발휘하기에는 부족한 경우가 있다. 이러한 문제점은 법원경매를 전문으로 하는 변호사에게 의뢰함으로써 해소할 수 있다.

2. 법무사

- 법령 근거 : 법무사법 제2조 제1항 제5호 (의무)

법무사는 다른 사람이 위임한 다음 각호의 사무를 행하는 것을 업무로 한다. 민사집행법에 의한 경매사건과 국세징수법 그 밖의 법령에 의한 공매사건에서의 재산취득에 관한 상담, 매수신청 또는 입찰신청의 대리

- 2003. 3. 12 법무사법이 개정되면서 경매와 관련한 상담 및 대리 업무가 추가되었으며, 이에 따라 경매 과정 전반에 걸쳐 대리행위가 가능하다.

- 그러나 경매와 관련하여 명도소송 등이 발생할 경우 소송행위까지는 대리할 수 없으며, 법무사 본인만이 대리행위를 할 수 있다.

- 법무사의 경우에는 변호사에 비하여 수수료가 저렴하나 역시 전문성이 부족할 수 있으니 법원경매를 전문으로 하는 법무사를 잘 찾아 의뢰해야 확실한 컨설팅을 받을 수 있다.

3. 부동산중개법인

- 법령 근거 : 부동산중개업법 제9조의2 제6호 (중개법인의 업무)

법인인 중개업자는 다음 각호의 업무를 할 수 있다.

경매 또는 공매대상 부동산에 대한 권리분석 및 취득의 알선

- 변호사와 법무사가 경매업무를 대리하기 전까지 실질적으로 대부분의 경매컨설팅 업무를 수행하였다.

- 그러나 대리행위는 할 수 없으므로 물건선정과 권리분석까지만 합법적으로 업무를 수행할 수 있어 컨설팅업무가 조금 제한적일 수 있다. 이러한 문제점은 대부분의 중개법인의 경우 변호사 또는 법무사와의 업무제휴를 통하여 서로의 전문분야에 대하여 업무를 분담하는 것으로 해결하고 있다.

- 다른 업종에 비하여 수수료가 가장 저렴하며, 일반적으로 감정가격의 1.5~3%를 수수료로 받고 있다.

- 현재 유명 경매 전문가 대부분이 변호사와 법무사가 아닌 중개법인을 통하여 업무를 수행하고 있는 상태이므로 다른 직종에 비하여 다양한 경험을 보유하고 있고 이에 따라 실질적으로 일반인이 가장 많이 이용하고 있는 직종이다.

〈종합〉 현행 법률에 의하면 이상 3가지 직종만이 경매컨설팅을 할 수 있으므로 법원 주변에서 경매 전문가임을 자처하면서 컨설팅을 의뢰 받으려고 명함 등을 나누어 주는 사람은 그 자체가 불법이며 속칭 '경매브로커' 로서 합법적인 자격이 없어 피해를 볼 수 있으니 주의해야 한다.

● 입찰보증금 회수를 위한 노력

오영순씨가 필자를 방문한 시기는 낙찰 대금을 납부하지 않아 그 부동산이 다시 재경매에 나온 2001년 12월이었다.

필자를 방문한 오영순씨는 그간의 사정을 설명하면서 두 가지 내용의 컨설팅을 의뢰하였다. 즉, 최선의 방법으로 입찰보증금을 찾을 수 있도록 해주거나 아니면 전문적인 물건분석과 권리분석을 통하여 지금이라도 미납 금액을 납부하고 소유권을 취득하는 것이 좋은지를 판단해달라고 한 것이다. 오영순씨의 딱한 사정을 접한 필자는 어떻게 해서든지 입찰보증금을 찾아주고 싶어 그 의뢰를 받아들였다.

소송과 관련한 업무가 포함되어 있는 관계로 업무를 제휴한 법률사무소와 협의하여 회수 절차에 착수하였다.

이번 경매는 재경매로서 2001년 9월에 시행한 입찰 조건과 동일한 조건으로 입찰을 진행하게 된다. 다만, 낙찰 대금 미납에 따른 재경매이므로 입찰보증금은 10%가 아닌 20%로 바뀌어서 진행되는 것이 보통의 경매와 다를 뿐이다. 따라서 권리내용 및 시세에 큰 차이가 없는 상황이어서 유찰될 것으로 예상되었다. 그리고 예상대로 유찰이 되어 다음 경매기일까지 약 한 달 간의 시간을 벌 수 있었다.

먼저 경매 과정 및 입찰물건명세서 등의 서류를 면밀히 검토해 보았으며, 서류를 검토하던 중 '잡을 만한 지푸라기'를 발견하게 되었다.

즉, 1억 2,000만 원으로 되어 있는 세입자의 전세보증금이 실제로는 1억 2,500만 원이었던 것이다. 따라서 낙찰자가 인수해야 할 금액이 500만 원 추가된 것이다. 이에 따라 경매법원에 '입찰물건명세서의 작성에 중대한 하자가 있는 때'를 원인으로 경매 취소 및 경매 취소가 안 될 경우 대금 감액을 신청하였다. 그러나 금액이 경미하다는 이유로 경매 취소 신청은 받아들여지지 않았으며, 대금 감액 신청 또한 받아들여지지 않았다.

결과적으로 입찰보증금을 회수할 수 있는 방법은 없어졌으며, 이 과정에서 알게된 임차인의 추가 부담액 500만 원을 감안해볼 때 총 낙찰 대금은 3억 2,500만 원으로 늘어났다. 이제까지의 모든 과정을 설명하자 입찰보증금 2,000만 원이 너무나도 아까운 오영순씨는 고민에 빠졌다.

"잔금을 내고 재경매를 취소시킨 후 그냥 낙찰받으면 어떨까요? 제가 그 아파트를 꼭 사고 싶어서 그래요."

"제가 시세를 조사해본 결과 해당 아파트는 2억 8,000만 원이면 일반 매매로 충분히 살 수 있습니다. 또한 가장 좋은 로열층의 아파트도 3억 원이면 충분히 매입이 가능하구요. 그러면 입찰보증금을 포함해서 샀다고 생각해도 결과적으로는 1층의 아파트를 3억 원에 사는 것이 되고 로열층의 아파트도 3억 2,000만 원에 구입하게 되는 것입니다. 그러면 생각해보세요! 낙찰 대금을 납부해서 1층을 3억 2,500만 원에 구입하시겠어요 아니면 로열층을 3억 2,000만 원에 구입하시겠어요? 그리고 낙찰 대금 미납에 따른 연체금액도 약 1,000만 원 정도 됩니다. 이것은 생각해 보나마나입니다. 그러니 이 아파트를 꼭 사고 싶으시면 입찰보증금을 너무 아까워하지 마시고 현장에 가서 로열층의 아파트를 구입하세요. 아니면 1층을 2억 8,000만 원에 구입하시던가요. 이것이 저의 판단이고 제가 내려드릴 수 있는 결론입니다. 결과적으로 도움이 되지 못해서 죄송합니다."

많은 노력을 기울였지만 결국 오영순씨는 입찰보증금 2,000만 원을 포기하고 말았다. 이 사례에서 보듯 준비가 되지 않은 경매 참여는 매우 위험한 행동이며, 또한 세입자가 있는 경우 그 권리분석을 간과하기 쉬우니 이 점 또한 상당한 주의를 기울여야 할 것이다. 방심과 무모함이 피같이 모은 돈 2,000만 원을 허공으로 날려보낸 것이다.

03 | 주택 경매, 자기 돈 없이 주택 경매로 성공하기

김희정씨는 올해 33세이며 광고기획사 과장으로 있다. 똑 부러진 성격에 다른 동료들보다 승진도 빨리 하고 업무 파악 능력도 탁월한 만능 아가씨이다. 특히 그녀는 재테크에 관심이 아주 많은데, 돈은 실천하는 만큼 번다는 철학을 가지고 있다. 이번에 부동산 경매와 관련된 강의를 들은 후 다세대 주택을 싸게 낙찰받고자 한다. 다세대 주택은 사 놓으면 집값이 내려가는 단점은 있지만 전세를 통하여 투자금액을 줄여 시세 차익을 노릴 수 있고 또한 월세를 주면 임대료 수익을 꼬박꼬박 챙길 수 있는 장점이 있다. 김희정씨 역시 안정적인 임대료 수익이 생기면 또 다른 투자를 계획하고 있다.

김희정씨의 직장에는 그녀만큼이나 당찬 아가씨가 또 있다. 그 사람은 바로 일찍이 경매의 투자 메리트를 간파하고 경매 강좌와 경매 관련 서적을 두루 섭렵한 후에 최근에는 경매에 직접 참가하여 실제로 아파트와 주택을 낙찰받아 짭짤한 수익을 올린 입사 2년 선배 송영미 과장이다.

경매 초보자인 김희정씨는 송영미씨에게 도움을 요청하고 경매에 참가하기로 했다. 김희정씨가 처음 경매에 투자하고자 준비한 자금은 경매를 하기에는 부족해 보이는 1,000만 원이다. 이렇게 적은 돈으로 경매에 참가하고자 하는 그녀의 열의가 놀랍기만 하다. 하지만 부동산 경매 시장에는 모든 가능성이 열려 있다.

같은 주택이라 할지라도 일반 주택 특히 다세대 주택은 아파트와는 그 성격이 조금 다르다. 가장 큰 차이점은 아파트에 비하여 환금성이 떨어진다는 것이고 이러한 단점은 가격에 그대로 반영되어 낙찰가율이 아파트에 비하여 10% 이상 낮은 가격에 형성이 된다. 따라서 아파트보다 싸게 낙찰받을 수 있으며 경우에 따라서는 자기 돈을 거의 들이지 않고 낙찰받을 수도 있다.

자! 이제 자기 돈 들이지 않고 주택 경매로 성공한 김희정씨의 경매여행을 따라가보자.

●물건 선정 (D-9)

김희정씨는 경매에 처음으로 입찰하는 것이어서 일단 경험 삼아 적은 돈으로 입찰할 수 있는 물건을 찾아보기로 했다. 인터넷 경매 정보 제공 사이트의 검색기능을 이용하여 감정가격이 5,000만 원 이하인 물건만 집중적으로 검색하여 대상 물건을 압축해보았다. 서울에서는 5,000만 원 이하의 소액 물건이 그리 많지 않아 인천 지역으로 한정하여 물건을 찾아보았다.

'가격도 가격이지만 투자금액을 최소화할 수 있는 물건이 있었으면 좋겠는데……'

이렇게 생각하며 물건을 찾던 김희정씨의 눈에 다음의 물건이 띄었다.

주소 소재지 특성	면적(단위: m²)	감정평가액 최저경매가	일자-성명-보증금 주민등록 확인 결과	등기부상의 권리관계
인천 남구 용현동 XXX-XX외 ○○주택 102호 (다세대) 〈감정평가내역〉 *일반주거지역 *최고고도지구 *주거환경개선 지구 *철근콘크리트조, 슬래브(평) *용정초등교 남서 측 인근 *다세대 및 기존 단독 주택혼재 *버스 정류장 도보5분 *도시계획도로접 *가스난방 〈감정평가액〉 토지 20,000,000원 건물 30,000,000원	대지 156(1/9) (5. 24평) 건물 52. 06(15. 75평) (방2) 총4층중 1층	감정가 50,000,000원 한국감정 (2001. 7. 12) 최저가 24,500,000원 (49. 0%) --------------- 유찰2001/12/22 유찰2002/01/24	*용현3동사무소 관할 전입1999/11/29 김○○ 1200만 확정 1999/11/29 배당신청요구 2001/07/16 *주민등록확인 내역 전입 1999/11/29 김○○	저당 1998/03/25 주택은행 650만 저당 1998/03/25 주택은행 1,560만 저당 1998/06/12 옹진축협 2,600만 임의 2001/07/05 옹진축협 임의 2001/07/26 주택은행 *청구액 : 17,896,283원

●권리분석 (D-6)

입찰대상 다세대 주택을 결정하고 보니 공부한 내용 중에서 일반적으로 볼 수 없는 것을 발견할 수가 있었다.

처음 눈에 띈 것은 최저경매가격이다. 서울에서 이루어지는 경매 대부분이 한번 유찰될 때마다 20%씩 저감을 하여 최저경매가격을 결정한다. 즉, 한 번 유찰되면 최초법사가(통상 감정가격)의 80%가 최저경매가격이 되고 두 번 유찰되면 직전 경매가격의 80%, 즉 최초법사가의 64%가 최저경매가격이 되는 것이다.

그런데 이 다세대 주택은 두 번밖에 유찰되지 않았음에도 최초법사가의 49%인 2450만 원이 최저경매가격으로 고시되어 있는 것이었다. 궁금해진 김희정씨가 송영미씨에게 물어보았다.

"어떻게 이런 경우가 생기나요?"

"한 번씩 유찰될 때마다 감액하는 저감율은 법원마다 자율적으로 결정하도록 되어 있어. 여기 인천지방법원의 경우에는 경매 물건이 너무 많아 법원 중에서도 가장 많은 경매계를 보유하고 있고, 그래서 다른 법원에서처럼 한 번 유찰될 때마다 20%씩 저감하게 되면 경매 종료시까지 너무 많은 시간이 걸리므로 저감율을 다른 법원과는 다르게 30%씩 결정하고 있기 때문에 이런 현상이 생기는 거야. 또한 지금과 같이 부동산 경기가 침체되어 있는 상태에서는 낙찰가율이 현저히 하락하는 것이 일반적이므로 쓸데없는 경매 횟수를 줄이기 위하여 저감율을 통상의 기준인 20%보다 높여 30%씩 적용하기도 하지. 이렇게 되면 경매가 신속하게 진행되는 효과가 있어. 참고로 압류재산 공매시에는 10%씩 저감을 해."

즉, 한 번 유찰되면 최초법사가의 70%가 다음번의 최저경매가격이 되며, 두 번 유찰되면 직전경매가격의 70%, 즉 최초법사가의 49%가 최저경매가격이 되는 것이다.

눈에 띤 다른 하나는 등기부등본에 임의경매가 2개 붙어 있는 것이다.

"이렇게 임의경매가 2개씩 기재되어 있으면 어떻게 되는 건가요?"

"모든 저당권자는 경매를 신청할 권한이 있어. 즉, 지금처럼 최선순위 근저당권자가 주택은행이고 차순위 근저당권자가 옹진축협인 상황에서는 채권기관 2곳 모두 임의경매를 신청할 수 있는 거야. 이 경우는 옹진축협에서 2001년 7월 5일에 먼저 경매를 신청하였고 약 20일 후인 7월 26일에 주택은행에서 경매를 신청한 상태지. 이러한 경우에는 먼저 신청한 옹진축협의 근저당권에 기하여 경매를 진행하게 되고 경매가 순조롭게 진행되면 순위에 따라 배당을 하고 경매를 종결하게 돼. 그런데 만일 옹진축협의 경매가 취하 또는 취소되는 경우에는 주택은행에서 신청한 경매가 그 뒤를 이어 받아 계속 경매를 진행하게 되고 이에 따라 배당을 하고 경매를 종결하게 되는 거야. 이런 경우 입찰자의 입장에서는 오히려 유리하지. 경매가 취소될 가능성이 거의 없으므로 경매 취소로 인해 그 동안의 노력이 수포로 돌아가는 일이 거의 없기 때문이야."

이런 경우 가끔 오해하는 사람이 있다. 뻔한 권리분석인데도 불구하고 자신에게 갑자기 이런 문제가 닥치면 착각을 하는 경우도 생기는 것이다. 어떤 착각인가 하면 '경매를 신청한 채권자가 먼저 배당받는 것 아니냐? 하는 것이다.

그러나 조금만 생각해보면 금방 알 수 있겠지만 이렇게 차순위 근저당권자가 경매를 신청하였다 하더라도 배당순위는 바뀌는 것이 아니다. 경매신청 채권자가 누구냐와는 관계없이 배당순위는 변함이 없는 것이다.

이제 이 다세대 주택에 대한 권리분석 결과를 보자.

먼저 말소기준권리를 찾아보자. 공부한 대로 살펴보니 1998년 3월 25일에 가장 먼저 설정된 주택은행의 근저당권이 말소기준권리가 되는 것을 알 수 있다. 말소기준권리를 확인하였으니 이 말소기준권리에 앞서는 권리가 있는지를 확인해 보자.

이 주택의 경우에는 임차인을 포함하여 말소기준권리보다 앞서는 권리가 없으므로 낙찰과 함께 모두 소멸될 것임을 알 수 있다.

그렇다면 임차인을 분석해보자.

임차인은 주민등록과 전입신고를 마쳤으니 적법하게 이 주택에 거주하고 있는 세입자이다. 확정일자도 받았으니 우선변제권도 보유하고 있다. 하지만 전입일자가 말소기준권리인 주택은행의 근저당권뿐만 아니라 옹진축협을 포함한 전체 근저당권 설정일자보다 늦어 배당순위에 있어서도 역시 가장 후순위로 배당받게 된다.

그렇다면 근저당권자의 채권액인 4,810만 원보다 낮은 금액으로 낙찰되면 세입자 김모씨는 한푼도 받지 못하고 쫓겨나야 하는 것일까? 그렇게 권리분석을 마치면 되는 것일까? 권리분석에서 뭔가 빠진 것은 없을까?

그렇다!! 세입자 김모씨가 최우선으로 배당받을 수 있는 소액임차인에 해당되는지에 대한 검토가 빠졌다.

소액보증금을 검토해보자. 소액임차인에게 적용되는 최우선변제권이 적용되는 기준일자는 임차인이 전입한 날짜가 아니라 가장 앞서는 근저당권 등 담보물권의 설정일자이다. 따라서 이 사례에서는 1998년 3월 25일이 기준일자가 되는 것이다.

그렇다면 그 기준일자에 해당하는 소액보증금을 살펴보자. 이 다세대 주택이 소재한 '서울특별시, 광역시'의 경우에는 보증금 3,000만 원 이하의 임차인 중에서 1200만 원까지가 그 한도이다. 따라서 임차인 김모씨의 보증금이 1200만 원이므로 전액을 최우선으로 배당받게 되는 것이다. 단, 여기서 주의해야 할 점은 낙찰기일까지(신법의 경우에는 배당요구종기일까지) 배당요구를 해야만 한다는 것이다.

아무리 자격이 된다고 해도 배당요구를 하지 않으면 법원에서 알아서 배당해주지 않고 소액보증금을 제외하고 배당을 해버리게 된다.

이번 사례의 경우 임차인은 전액을 배당받을 수 있고 그 배당금을 수령하기 위해서는 낙찰자의 명도확인서가 필요하므로 낙찰을 받더라도 명도에 따른 추가 비용이 전혀 필요하지 않을 것이며 명도도 순조롭게 받을 수 있을 것이다.

●물건분석 (D-5)

이제 권리분석까지 마쳤으니 아파트와는 달리 다세대 주택에서는 그 무엇보다도 중요한 물건분석 절차가 남았다.

김희정씨는 권리분석을 마치고 다음날 송영미씨와 함께 현장으로 향했다. 공부한 대로 우편함 등을 살펴보니 예상대로 임차인이 거주하고 있음을 알 수 있었다. 임차인이 전액 배당을 받게 되고 이러한 경우에는 임차인이 나중에 낙찰자에게 협조도 구해야 하므로 굳이 적대적이지 않기 때문에 임차인을 만나보기로 하고 초인종을 눌렀다.

굳이 임차인을 방문하는 이유는 집 상태를 살펴보기 위해서이다. 그래야 수리 비용 등으로 얼마 정도가 소요될 것인지를 미리 알 수 있다. 다행히도 임차인의 배우자가 집에 있어서 만날 수 있었다.

"안녕하세요? 이 주택이 경매에 나와서 몇 가지 알아보려고 왔습니다."

아무리 나중에 낙찰자의 협조를 받아야 할지라도 경매 때문에 찾아오는 사람이 반갑지는 않은지 임차인은 들어오라는 말은 하지 않고 온 이유를 물었다. 그렇다고 죄 지은 것도 아닌데 그냥 물러설 이유는 없는 것이다.

"잠시 들어가서 말씀 드려도 될까요?"

임차인은 찾아온 사람이 여자라서인지 경계를 풀고 집 안으로 안내하며 커피를 준비해왔다. 여기에서도 여자의 장점 한 가지가 또 드러난다.

남자들이 방문하면 십중팔구 집에 있는 임차인은 경계심에 집 안으로 사람을 들이지 않는다. 그렇게 되면 방문 목적인 집 안 상태를 파악할 수 없음은 물론이다. 김희정씨와 송영미씨가 여자인 관계로 손쉽게 집 안으로 들어가는 기회를 잡을 수 있었으며 이로 인하여 방문 목적을 달성할 수 있었다.

임차인의 경우 경매에 대한 지식이 없는 경우가 대부분이므로 먼저 이번 경매에 있어서 임차인의 권리 등에 대한 화제로 말을 이어가는 것이 좋다.

"배당요구를 하신 걸로 보니 배당을 받고 이사 나가실 생각이신가 봐요? 혹시 계속 거주하실 의사는 없으신지요?"

넌지시 계속 거주할 의사가 있는지를 확인하자 임차인은 그 동안 경매로 인하여 마음 고생을 한 얘기를 하며 전혀 그럴 의사가 없다고 한다. 집 안을 살펴보니 도배와 장판은 새로 해야 할 것 같고 나머지는 별다른 보수 없이 사용 가능할 것으로 보인다. 나중에 낙찰되면 서로 협조하기로 약속을 하고 임차인과의 대화를 마치고 시세 확인을 위하여 집을 나섰다.

●시세분석 (D-5)

임차인의 집을 나오면서 인근 상가에 있는 부동산 중개업소에 들러 시세를 확인해보았다.

IMF의 영향으로 매우 많은 수의 다세대 주택이 경매에 나와 있는 상황인지라 시세는 호가만 있을 뿐 거래는 거의 없는 상황이었다. 아무리 그래도 시세는 있는 법, 감정가격 정도를 시세로 보면 적당할 것이라는 부동산 중개업소의 말을 들었다.

"그럼 전세가격은 얼마나 되나요?"

"매매가격이야 매물량도 많고 해서 형편없지만 전세가격은 좋은 편입니다. 현재 시세로 볼 때, 3,500만 원 정도로 보면 될 것 같습니다."

처음 예상했던 대로다.

매매는 당장에 쉽지 않겠지만 전세는 쉽게 나갈 것이고 그 가격 또한 만만치 않을 것이라고 예상했었다. 이곳 지역 특성이 그렇다는 것을 사전에 인터넷으로 파악해 시세도 어느 정도 짐작을 했었다. 매매가격 대비하여 전세가격의 비율이 높다는 것은 전세 선호도가 높은 지역이라는 의미이다. 일단 낙찰을 받으면 전세를 놓은 후 매도할 계획을 세우고 입찰에 참여하기로 했다.

●경매 타당성 분석 (D-5)

지금까지 조사한 내용을 바탕으로 경매 타당성을 분석해보았다. 이러한 경매 타당성 분석의 목적은 예상 입찰가격 산정과 낙찰 후의 수익성에 대하여 예상해보기 위해서이다.

입찰예정가격을 현재 시세인 5,000만 원의 약 65% 수준인 3,300만 원으로 정하고 경매 타당성 분석표를 작성해보았다.

추가 비용으로는 집을 방문했을 때 봐두었던 도배와 장판 비용으로 200만 원을 책정하였으며, 임차인이 보증금 전액을 배당받으므로 명도 비용 및 이사 보조 비용은 없는 것으로 산정하였다.

<그림 타당성 분석표>

<경매 타당성 분석표>

항 목	내	용	금 액
부동산 가격	시 장 가 격	매 매 가 격 ①	50,000,000
		전 세 가 격 ⓐ	35,000,000
		월세 (보증금) ⓑ	0
		월세 (임대료)	0
	감 정 가 격		50,000,000
구 입 가 격	입찰예정가격 ②		33,000,000
낙찰 부대 비용	인수 제 공과금	체납 공과금, 도배, 장판 등	2,000,000
	이사 보조 비용		
	소 계 ③		2,000,000
경 매 순 익	④ = ① - ② - ③	실수요자의 순이익	15,000,000
제세 공과금	취득세(농특세)	2.00%	660,000
	등록세(교육세)	3.60%	1,188,000
	주택채권매입액	과세표준액별	152,000
	소 계 ⑤		2,000,000
기 타 비 용	법무사 등기 비용 ⑥	낙찰가의 약 0.1~0.3% 내외	100,000
순 이 익	⑦ = ④ - ⑤ - ⑥	투자 목적의 경우 시세 차익	12,900,000

경매 타당성 분석표를 작성하고 보니 예정대로 전세로 임대하게 되면 실제 투자금액은 그리 많지 않을 것으로 분석되었다.

총 투자금액으로 입찰가격 3,300만 원 + 수리 비용 200만 원 + 취득 비용 200만 원 + 등기 비용 등 50만 원을 합하여 약 3,750만 원이 들어갈 것으로 예측되었다.

여기에서 전세보증금 3,500만 원을 공제하면 실제 투자금액은 250만 원만 있으면 충분하다는 결론이다. 그런 후에 시간을 두고 시세대로 매매하면 1,290만 원의 투자 수익이 생길 것이고 그렇게 되면 투자금액 250만 원에 비하여 무려 500% 이상의 투자 수익을 올리는 것이다.

이러한 분석표를 보고 나니 김희정씨는 처음하는 경매 투자치고는 물건을 상당히 잘 골랐다고 스스로를 대견스럽게 생각하였다. 이제 충분한 수익성이 파악되었으니 낙찰을 받을 수 있도록 준비하는 일만 남았다.

●낙찰 그리고 매각

입찰 당일 김희정씨는 5명의 경쟁을 뚫고 3,315만 원에 낙찰을 받았다.

계획대로 낙찰을 받자마자 부동산 중개업소에 매매 및 전세를 의뢰하였다. 낙찰 약 1개월 후에 낙찰 잔금을 납부하고 배당이 되자 임차인은 배당금을 받고 집을 비웠다. 다행히도 그 시점에 맞춰서 전세 임차인을 구하였고 전세보증금으로 투자금액을 회수할 수 있었다. 김희정씨는 다시 부동산 중개업소를 방문하여 매매시 수수료로 200만 원을 지불하는 조건으로 빠른 매도를 부탁하였다.

정상적인 중개수수료는 매매가격이 5,000만 원일 때 20만 원이다. 그렇다면 김희정씨가 제시한 200만 원은 정상적인 법정수수료의 10배에 달하는 금액이다. 앞에서도 언급했지만 수수료를 아까워하지 말아야 돈을 벌 수 있다. 이렇게 되면 부동산 중개업소에서는 다른 어떤 물건보다 우선하여 김희정씨의 물건을 가장 빠르게 매매시켜줄 것이고 그렇게 되면 김희정씨는 보다 빠른 시일 내에 투자 수익을 얻을 수 있으며, 통상 1년으로 계산하는 투자 수익률이 훨씬 높아질 것이다. 다시 한번 강조하지만 이익을 독점하려고 하면 그 이익은 나에게 오지 않을 수도 있다. 더 큰 이익을 원하거든 이익을 나누려는 인식이 중요하다.

김희정씨의 경우처럼 수수료를 조금 더 주더라도 빨리 매매를 성사시켜 투자 수익을 얻고 또 다시 투자를 하는 방식으로 돈을 모을 수 있는 것이다. 이후 김희정씨는 부동산 경기가 회복된 시점에 6,000만 원에 본 다세대 주택을 매도하여 세전으로 약 2,200만 원의 수익을 올렸다.

처음 투자에서 큰 성공을 거둔 김희정씨는 이후에도 계속 다세대 주택에 관심을 갖고 투자 수익성이 유망한 물건을 찾고 있으며, 다음 사례에서처럼 투자금액이 보다 큰 다가구 주택에도 투자하여 또 한번의 큰 성공을 거두었다.

04 | 정말 돈 한푼 없이 경매로 돈 번 이야기

이번 사례의 주인공도 앞에서 만나본 김희정씨이다. 비교적 소액으로 다세대 주택 경매에서 톡톡히 재미를 본 주인공은 다세대 주택에서 얻은 투자 수익과 자신의 여유자금을 합쳐서 조금 더 큰 물건에 투자하기로 결심했다. 그렇게 해서 선택한 것이 다가구 주택이며 결과적으로 자기 돈 한푼 투자하지 않고 높은 투자 수익을 남길 수 있었다.

이번에는 공부를 조금 더 하고 그동안의 경험을 바탕으로 다른 사람의 도움 없이 혼자서 경매에 참가하여 이루어낸 성과이기도 했다. 어떻게 그런 결과를 얻을 수 있었는지 그녀의 경매여행을 따라가보자.

●다가구 주택과 다세대 주택의 차이점

아직도 많은 사람들이 다가구 주택과 다세대 주택의 차이점을 모르고 있다. 문구도 비슷하고 외견상으로도 차이가 없기 때문에 전문가라 할지라도 등기부등본을 발급받아 확인해보지 않고서는 알 수가 없는 노릇이다.

가장 큰 차이점은 다가구 주택은 단독 주택이며, 다세대 주택은 집합 건물, 즉 공동 주택이라는 점이다.

따라서 다가구 주택은 등기부등본이 토지와 건물 각각 있으나, 다세대 주택은 아파트와 같이 등기부등본이 하나로 구성되어 있다. 다시 말하면 다가구 주택은 소유자가 1명(공유가 아닐 경우)이며, 다세대 주택은 각 세대마다 소유자가 따로 있는 것이다. 이것이 다가구 주택과 다세대 주택의 차이점이고 이를 모르고서는 권리분석도 할 수 없고 경매에 참여할 수도 없다.

●물건 선정

김희정씨의 물건을 찾는 기본 원칙은 다음과 같았다.

다가구 주택은 임대 목적용 주택이므로 비교적 임대가 잘되는 지역을 택하여야 한다. 그러려면 아무래도 역세권이 유리하다. 아주 간단한 원칙에 입각하여 본인이 잘 아는 지역인 봉천동에 소재한 다가구 주택을 집중적으로 살펴보았다.

공실로 남아 있는 주택보다는 모든 방에 임차인이 있는 주택을 찾으려고 노력하였으며, 임차인 또한 대항력이 있는 임차인이 많은 주택을 찾으려고 노력하였다. 그래야만 투자금액을 줄일 수 있으며 임차인의 명도도 수월하기 때문이었다.

그렇게 생각하며 물건을 찾던 김희정씨의 눈에 본인의 선택기준에 너무나도 어울리는 다음의 물건이 띄었다.

주 소 소재지 특성	면적(단위:㎡)	감정평가액 최저경매가	일자-성명-보증금 주민등록 확인 결과	등기부상의 권리관계
서울 관악구 봉천동 XXX-XX (다가구) 〈감정평가내역〉 *일반주거지역 *철근콘크리트조, 　슬래브(평) *복권아파트 서측 　인근 *신옥 및 기존 　주택혼재 *버스 정류장 인근 *정방형의 남하향 　경사지 *북서측3m,북동측 　2m포장도로접함 *도시가스난방 〈감정평가액〉 토지 196,900,000원 건물 144,332,260원 제시외 749,000	대지 179(54.15평) 건물 1층69.75(21평) (2가구, 방3) 2층74.43(23평) (2가구, 방3) 3층74.43(23평) (1가구, 방3) 지층69.7(21평) (2가구, 방3) 옥탑9(2.7평) (실18.2-방1) 제시외내역 다용도2식6.2 보일러4.5 총3층 보존등기일 1997.11.27	감정가 341,981,260원 ㅇㅇ감정 (2001.12.10) 최저가 273,585,000원 (80.0%) -------------- 유찰2002/04/03	전입1997/09/06 심ㅇㅇ 4100만 (1층방2) 확정 1997/09/05 배당신청요구 2001/11/26 전입1997/09/08 이ㅇㅇ 3200만 (201호) 확정 1997/09/08 전입1997/09/09 류ㅇㅇ 4700만 (202호) 확정 1997/09/09 배당신청요구 2002/03/22 전입1997/09/25 김ㅇㅇ 3,000만 (102호) 확정 1997/10/31 배당신청요구 2001/11/26 전입1997/09/30 이ㅇㅇ 2500만 (B01호) 확정 1997/09/30 배당신청요구 2001/11/26 전입1997/09/06 구ㅇㅇ 3500만 (지층방2) 확정 1997/12/27 배당신청요구 2001/11/26 점유 조ㅇㅇ 1800만 (옥탑)	*발급2002/03/19 저당 1998/03/03 부국상호신용 1억 2,600만 저당 1999/03/12 박ㅇㅇ 990만 가압 1999/04/21 서울보증보험 1,210만 임차권1999/4/29 조ㅇㅇ 1,800만 전입1997.11.19 확정1998.01.14 임차권1999/12/11 이ㅇㅇ 3,200만 전입1997.09.08 확정1997.09.08 압류 2000/03/16 관악구 임의 2001/11/05 DBSSLH2000-1 유동화 *청구액 : 　90,000,000원

●경매사건 분석

이제까지 배운 것을 바탕으로 경매사건을 분석해보자.

직접 물건을 보지 않더라도 어느 정도의 경매 지식으로도 충분히 경매부동산에 대한 내역을 분석해볼 수 있으니, 자신이 생각한 것과 얼마나 차이가 나는지를 생각하면서 분석 내용을 검토해보도록 하자.

먼저 경매신청채권자에 대하여 알아보자.

여태까지 세밀하게 이 책을 읽은 사람들이라면 경매신청채권자에 대하여 이상한 점을 금방 발견하였을 것이다. 이 경매사건은 임의경매이고 임의경매란 담보권 실행을 위한 경매로서 경매신청채권자와 근저당권자가 일치해야 하는 것으로 알고 있을 것이다.

그런데 경매신청채권자는 DBSSLH2000-1유동화라고 되어 있음에도 불구하고 경매신청채권자가 설정한 근저당권이 보이지 않는다. 등기부등본상 근저당권은 2건이나 청구액인 9,000만 원을 감안해볼 때 부국상호신용금고의 근저당권과 관련이 있을 듯싶다. 따라서 이 사건은 이렇게 추정하면 될 것이다.

당시에는 IMF 직후라서 많은 금융기관들은 자신들이 보유한 채권 및 담보를 부실채권을 처리하는 기관에 매각하였다. 이 사건도 부국상호신용금고가 자신의 근저당권을 부실채권 처리기관에 매각하였고 그 기관에서 경매를 신청한 사건이다. 그래서 근저당권자와 경매신청채권자가 다른 것이다.

또 하나 감정평가내역에서 우리가 지금까지 보지 못한 '제시외'란 문구가 있다. 이 말은 무슨 뜻일까?

제시외란 쉽게 말하자면 등기되지 않은 건축물이란 뜻이며, 일반적으로 주택 소유자가 건물 한 켠에 건축허가를 받지 않고 창고 등을 만들어 사용하고 있는 건축물 등 대부분 부합물과 종물에 해당한다.

이 사례와 같이 감정평가서에 제시외 물건에 대한 표시가 있고 또한 감정을 하여 감정가격에 포함을 시켰다면 등기가 되지 않았더라도 낙찰자에게 그 소유권이 이전된다.

●권리분석

지금 단계에서의 권리분석은 부동산의 현황은 감안하지 않고 단순히 경매 정보지, 법원의 매각물건명세서 및 등기부등본에 의한 분석을 의미하며 나중에 서면과 증빙서류의 내용과 틀린 점이 있는지 없는지 확인하여 최종적으로 권리분석을 마무리하면 될 것이다.

먼저 주택의 현황에 대하여 살펴보자.

본 사례의 다가구 주택은 지하1층 지상3층 및 옥탑으로 건축되어 있으며, 옥탑을 포함하여 총 8가구가 생활할 수 있게 되어 있다. 경매 정보지의 임대차관계란을 확인해보니 전입세대수는 6세대이며, 점유자가 1세대 있는 것으로 나타나 있으며, 3층에 대한 임대차 내역이 없는 것으로 보아 집주인이 살고 있는 것으로 보인다. 중복되거나 공실인 세대없이 주택의 현황과 일치하므로 현장에 방문하여 확인하더라도 특별히 달라질 내용은 없을 것으로 보인다.

이제 말소기준권리를 찾아보자.

등기부등본상 최초의 근저당권에 앞서는 다른 권리가 없으니 쉽게 1998년 3월 3일에 설정한 부곡상호신용금고의 근저당권이 말소기준권리가 되는 것을 알 수 있을 것이다.

말소기준권리를 확인하였으니 이 말소기준권리에 앞서는 권리가 있는지를 확인해보자. 등기부상에는 앞서는 권리가 없으므로 낙찰과 함께 모든 권리가 말소될 것이다. 그러나 임차인의 경우에는 임차인 전원이 말소기준권리보다 앞서 전입신고를 마치고 확정일자도 받은 상태이다. 따라서 임차인 전원이 대항력과 우선변제권을 보유하고 있는 상태인 것이다. 이러한 주택은 낙찰자의 입장에서 보면 최상의 물건이다.

명도도 간편할 뿐만 아니라 명도에 한푼의 비용도 필요하지 않기 때문이다. 대항력이 있다는 말은 배당받지 못한 전세보증금을 낙찰자에게 받을 수 있는 권리가 있다는 말이다. 따라서 이러한 사례의 경우에는 배당분석이 무엇보다도 중요하다. 배당분석은 권리분석에 이어서 후술하도록 하겠다.

이제부터 임차인을 분석해보도록 하자.

임차인 6명 중 5명은 배당요구를 하였으나 201호에 거주하는 이모씨만 배당요구를 하지 않았다. 그렇다면 이모씨는 대항력이 있으므로 낙찰자가 인수(부담)해야 하는 것일까?

정답은 '아니다' 이다. 등기부등본을 살펴보면 그 이유를 알 수 있다.

등기부등본에는 1999년 12월 11일 3,200만 원의 금액으로 이모씨가 설정한 임차권등기가 있다. 이렇게 임차권 등기를 하게 되면 배당요구와 동일한 효력이 있는 것으로 간주되므로 별도의 배당요구가 없더라도 법원에서는 배당요구를 한 것으로 간주하여 배당을 하게 되는 것이다.

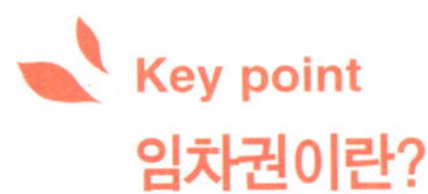

Key point

임차권이란? |

대항력과 우선변제권을 보유하고 있는 임차인이라 할지라도 낙찰기일까지 계속하여 그 대항력과 우선변제권을 유지해야만 배당을 받을 수 있다. 유지해야 한다는 의미는 계속 거주하고 있어야 한다는 의미이며, 임차인이 사정이 급박하여 이사를 하게 되면 대항력과 우선변제권을 상실하게 된다. 따라서 임차인은 아무리 급한 사정이 있더라도 낙찰기일까지(현실적으로는 배당기일까지) 이사도 하지 못하고 눌러 살아야만 했다.

이는 경매사건에서뿐만 아니라 일반 임대차의 경우에서도 볼 수 있으며 임대차기간이 지났음에도 불구하고 집주인이 보증금을 반환해 주지 않으면 임차인은 이사도 못하고 울며 겨자먹기식으로 그 집에 다른 임차인이 들어 올 때까지 살아야 하는 경우이다.

이렇게 임차인에게 불리한 점을 개선하기 위하여 1999. 1. 21일 주택임대차보호법이 개정되면서 탄생한 조항이 '임차권등기'에 관한 조항이다.

이 조항이 신설됨으로 해서 임대차가 종료된 후 보증금을 반환 받지 못한 임차인이 이사를 하더라도 '임차권등기'를 마치고 이사를 하게 되면 이미 취득한 대항력과 우선변제권이 그대로 유지된다.

딱딱한 법률 맛보기 | 주택임대차보호법

제3조의3 (임차권등기명령)

① 임대차가 종료된 후 보증금을 반환 받지 못한 임차인은 임차주택의 소재지를 관할하는 지방법원, 지방법원지원 또는 시, 군 법원에 임차권등기명령을 신청할 수 있다.

② 임차권등기명령의 신청에는 다음 각 호의 사항을 기재하여야 하며, 신청의 이유 및 임차권등기의 원인이 된 사실은 이를 소명하여야 한다.

1. 신청의 취지 및 이유

2. 임대차의 목적인 주택(임대차의 목적이 주택의 일부분인 경우에는 그 도면을 첨부한다)

3. 임차권등기의 원인이 된 사실(임차인이 제3조제1항의 규정에 의한 대항력을 취득하였거나 제3조의2조2항의 규정에 의한 우선변제권을 취득한 경우에는 그 사실)

4. 기타 대법원규칙이 정하는 사항

③ 내지 ④ '생략'

⑤ 임차권등기명령의 집행에 의한 임차권등기가 경료되면 임차인은 제3조제1항의 규정에 의한 대항력 및 제3조의2조2항의 규정에 의한 우선변제권을 취득한다. 다만, 임차인이 임차권등기이전에 이미 대항력 또는 우선변제권을 취득한 경우에는 그 대항력 또는 우선변제권은 그대로 유지되며, 임차권등기 이후에는 제3조제1항의 대항요건을 상실하더라도 이미 취득한 대항력 또는 우선변제권을 상실하지 아니한다.

⑥ 임차권등기명령의 집행에 의한 임차권등기가 경료된 주택(임대차의 목적이 주택의 일부분인 경우에는 해당 부분에 한한다)을 그 이후에 임차한 임차인은 제8조의 규정에 의한 우선변제를 받을 권리가 없다.

⑦ 내지 ⑧ '생략' [본조신설 1999. 1. 21]

그렇다면 전입세대인 6세대 모두가 배당요구를 한 것이고 전원이 말소기준권리에 앞서므로 전세보증금 전액을 배당받을 수 있는 것이다. 임차인 분석을 마치고 나니 옥탑에 점유자로 표시된 조모씨가 마음에 걸린다.

일반적으로 전입신고를 하지 않은 점유자는 적법한 임차인이 아니므로 배당을 받을 권리가 없다. 그러나 이렇게 적법하지 않은 점유자라 할지라도 인도명령이 아닌 명도소송으로 점유자를 내보내야 한다는 점이 문제이다.

여기서 잠깐 》

2002년 7월 1일부터 시행중인 신법, 민사집행법에 의하면 낙찰자에게 대항할 수 없는 점유자는 인도명령으로 내보낼 수가 있다. 그러나 이 사례는 신법이 시행되기 전인 구법에 의한 사례이므로 구법에 따라 내용을 기술하였다.

그런데 이 점유자도 등기부등본을 보면 상황이 달라진다.

점유자 조모씨는 1999년 4월 29일자로 임차권등기를 하였으며, 그 등기 내용에 의하면 전입일이 1997년 11월 19일이고, 확정일자도 1998년 1월 14일에 받아 말소기준권리보다 앞서서 배당을 받을 수 있는 자격이 있는 임차인인 것이다. 임차권등기를 하면 배당요구의 효력이 있다는 점은 전술한 바와 같다. 따라서 낙찰가격이 임차인의 보증금의 합계액인 2억 2,800만 원보다 많다면 모든 임차인이 보증금 전액을 배당받을 수 있는 것으로 분석된다.

임차인에게 배당하는 순서는 대항력과 우선변제권을 확보한 순서대로 배당을 하게 되며, 다만 배당 실무에서는 이러한 경우라 할지라도 소액보증금을 우선 배당한 후에 임차보증금을 배당하게 된다는 점을 알고 있어야 한다.

소액임차인의 기준은 담보물권을 기준으로 정해지므로 본 사례의 경우에는 1998년 3월 3일에 설정된 근저당권이 기준이 되므로 이에 따라서 3,000만 원 이하의 임차인이 소액임차인에 해당되며 1,200만 원까지 최우선변제권이 인정된다.

●배당분석

이제 경매사건 분석과 권리분석을 마쳤으니 앞장에서 배운 지식을 토대로 배당분석을 해보자. 스스로 경매법원의 판사가 되어 실제적으로 배당표를 한번 작성해보는 절차를 말한다.

0순위 : 경매집행비용 : 생략

1순위 : 소액보증금 : 보증금이 3,000만 원 이하인 임차인만 대상이므로

– 김ㅇㅇ(102호) 1,200만 원, 이ㅇㅇ(B01호) 1,200만 원, 조ㅇㅇ(옥탑) 1,200만 원

– 합계 : 3,600만 원

2순위 : 당해세 : 관악구의 압류가 해당될 수 있으며, 당해세가 아닐 경우에는 5순위 또는 법정일자를 기준으로 배당

3순위 : 담보물권, 임차보증금 채권 : 효력발생일자순으로 배당

순위	효력발생일자	채권자	배당금액	비 고
①	1997. 09. 07	심ㅇㅇ(1층방2)	4,100만 원	
②	1997. 09. 09	이ㅇㅇ(201호)	3,200만 원	
③	1997. 09. 10	류ㅇㅇ(202호)	4,700만 원	
④	1997. 10. 01	이ㅇㅇ(B01호)	1,300만 원	소액보증금 1,200만 원 제외
⑤	1997. 10. 31	김ㅇㅇ(102호)	1,800만 원	소액보증금 1,200만 원 제외
⑥	1997. 12. 27	구ㅇㅇ(지층)	3,500만 원	
⑦	1998. 01. 14	조ㅇㅇ(옥탑)	600만 원	소액보증금 1,200만 원 제외
⑧	1998. 03. 03	부국상호신용	9,000만 원	청구액 범위내에서 배당
⑨	1999. 03. 12	박ㅇㅇ(저당)	990만 원	
⑩	1999. 04. 21	서울신용보증	1,210만 원	관악구의 압류보다 후순위
계			3억 400만 원	

주) 임차인의 효력발생일자는 전입일 익일과 확정일자 중에서 늦은 날이다.

예상 낙찰가격을 3억 원 정도로 감안하여 배당분석 결과를 종합해보면, 부곡상호신용금고의 채권액의 일부까지 배당이 되고 나머지 채권자는 배당을 받지 못하고 배당이 종결될 것으로 보인다. 그렇게 배당이 종결되면 대항력이 있는 임차인은 전액 모두 배당받을 수 있으므로 낙찰자가 인수할

금액은 전혀 없고 명도도 매우 수월하게 진행될 것이다.

●물건분석

이제 경매사건 분석 및 배당분석을 포함한 권리분석을 마쳤으니 현장을 답사하여 물건을 분석해볼 차례이다. 아무리 전액을 배당받은 임차인이더라도 많은 세대가 거주하는 주택이므로 임차인의 의사를 파악하는 것이 중요하다. 현장에 도착하여 임차인을 만나러 해당 주택으로 향했다. 이번 사례의 경우 임차인 전원이 보증금 전액을 배당받을 수 있으므로 편안한 마음으로 임차인을 만날 수 있었다.

"근저당권자보다 빨리 입주를 하셔서 다행이네요. 배당요구를 하신 걸로 보니 배당을 받고 이사 갈 생각이신가 봐요? 혹시 계속 거주하실 의사는 없으세요? 그리고 집 안에 수리가 필요한 곳은 없나요?"

임차인을 만나 그들의 입장과 수리가 필요한 곳 등을 알아보았더니 지층과 1층 각 1세대만 빼고 나머지 세대는 굳이 이사할 의사는 없다고 한다.

보증금도 필요하다면 시세에 맞게 올려줄 의사도 있다고 하니 김희정씨는 모든 일이 수월하게 풀려가는 것을 느낄 수 있었다. 현재의 임차인이 계속 거주한다면 집 수리 비용은 거의 들지 않을 것이다. 다만, 보일러가 노후해서 보일러 교체를 요구했다. 그 비용으로는 세대당 200만 원이면 충분할 것이다.

다음으로는 3층에 거주하는 소유자의 명도를 생각해봐야 한다. 배당분석에서 본 바와 같이 소유자가 받을 배당금은 전혀 없다. 따라서 소유자가 순순히 집을 비워주지는 않을 것이다. 물론 인도명령을 통해서 내보낼 수도 있으나 김희정씨는 가급적 합의하에 내보내고 싶었다. 그래서 그 비용으로 300만 원을 책정하였다.

●시세분석

임차인을 만나고 나오면서 이 곳의 임대차 현황 및 시세 등을 알아보기 위하여 부동산 중개업소에 들렀다.

생각했던 대로 전월세 수요가 많은 지역이고 지하철 2호선 역세권에 해당하는 지역이라 전월세를 내놓으면 길게 봐서 2개월이면 충분히 세입자를 구할 수 있다는 대답을 들었다.

더불어 지금의 보증금은 4년 전 시세이고 현재 시세대로 다시 전세를 놓으면 3억 7,000만 원까지도 받을 수 있을 것이란 대답을 들었다. 보증금액이 저평가되어 낙찰을 받게 되면 보증금을 인상할 수 있다는 점은 김희정씨에게는 의외의 수확이었다. 그렇게 되면 투자금액이 많이 줄어드는 정도가 아니라 아예 한푼도 들이지 않고 인수할 수 있으며 오히려 보증금으로도 돈이 남을 것 같았다.

매매 시세를 알아보았더니 거래 빈도가 높지 않아서 정확한 시세를 알 수 없다고 한다. 시세가 정형화되어 있는 아파트와는 달리 단독 주택인 경우에는 시세를 산정하는 데 어려움이 많다.

전세가격과 토지 및 건물 가격 등을 감안하여 거래 사례를 알아보아 시세를 추정할 뿐이다. 전세가격이 대략 3억 7,000만 원이며, 토지 가격은 평당 600만 원 정도로 파악되었다. 건물도 준공한 지 4년 정도밖에 되지 않았으므로 주택 가격도 상당 부분 인정해야 할 것이다.

확인해보니 대지 54평, 건평은 87평이다. 땅값을 600만 원으로 치고, 건물가격을 100만 원으로 계산하니 시세가 4억 1,100만 원으로 계산된다. 전세가격을 감안해볼 때 적당하다고 판단된다. 스스로 시세를 4억 원이라 평가하고 부동산 중개업소에 물어보았다.

"4억 원에 내놓으면 어떨까요?"

"그 정도면 쉽게 거래가 되겠는데요."

부동산 중개업소 사장님의 대답이다.

그렇다면 더 생각할 것 없이 시세는 4억 원으로 계산하면 되는 것이다. 일단 낙찰을 받고 전세를 놓은 후 천천히 매도할 계획을 세우고 입찰에 참여하기로 했다.

●경매 타당성 분석

지금까지 조사한 내용을 바탕으로 경매 타당성을 분석해보았다.

경매 타당성 분석의 목적은 예정한 입찰가격으로 낙찰받았을 경우에 수익이 있는지 없는지를 예상해보기 위해서이다.

입찰예정가격은 현장에서 파악한 대로 시세 4억 원의 75%인 3억 원으로 정하고 경매 타당성 분석표를 작성해보았다. 추가 비용으로는 세입자들이 요청한 보일러 교체 비용 및 도배 비용으로 세대당 300만 원을 책정하였으며, 임차인이 보증금 전액을 배당받으므로 명도 비용 및 이사 보조 비용은 없는 것으로 산정하였다. 다만 소유자의 이사 비용으로 300만 원을 책정하였다.

〈경매 타당성 분석표〉

항　목	내　　　용		금　　액
부동산 가격	시 장 가 격	매 매 가 격 (①)	400,000,000
		전 세 가 격 (ⓐ)	370,000,000
		월세 (보증금) (ⓑ)	0
		월세 (임대료)	0
	감 정 가 격		341,981,260
구 입 가 격	입찰예정가격 (②)		300,000,000
낙찰 부대 비용	인수 제 비용	체납공과금, 도배, 장판 등	21,000,000
	이사 보조 비용		3,000,000
	소 계 (③)		24,000,000
경 매 순 익	④ = ① - ② - ③	실수요자의 순이익	76,000,000
제세 공과금	취득세(농특세)	2. 20%	6,600,000
	등록세(교육세)	3. 60%	10,800,000
	주택채권매입액	과세표준액별	1,600,000
	소 계 (⑤)		19,000,000
기 타 비 용	법무사 등기 비용 (⑥)	낙찰가의 약 0.1~0.3% 내외	700,000
순 이 익	⑦ = ④ - ⑤ - ⑥	투자 목적의 경우 시세 차익	56,300,000

경매 타당성 분석표를 작성하고 보니 총 투자금액으로 입찰가격 3억 원 +수리 비용 2,100만 원+소유자 명도 비용 300만 원+취득세 등 1,900만 원+등기 비용 등 70만 원을 합하여 약 3억 4,370만 원이 들어갈 것으로 예측되었다. 예상되는 전세보증금 3억 7,000만 원을 감안하면 오히려 2,630만 원이 남는다는 계산이 나온 것이다.

그렇다면 입찰보증금과 낙찰 잔금용으로 잠시만 돈을 융통하면 내돈은 한푼도 들이지 않고 막대한 수익을 얻을 수 있으며 그런 후에 시간을 두고 시세대로 매매하면 한푼도 투자하지 않고 무려 5,630만 원의 투자 수익을 올리는 것이다. 이렇게 분석을 마치고 나니 오히려 걱정이 생겼다.

'나 혼자만 이러한 분석을 하는 것이 아닐 텐데' 하는 염려가 생긴 것이다. '내가 너무 투자 수익을 높이 잡았나' 하는 걱정이 되면서 낙찰을 받지 못하면 이러한 분석도 쓸모가 없다는 데까지 생각이 미치자 또 다른 고민이 생긴 것이다.

그럼 얼마까지 낙찰을 받으면 될까? 최대한 시세의 80%까지도 써 넣을 생각을 하고 입찰에 참여하기로 했다.

●입찰 당일, 그러나 낙찰 실패

입찰 당일 서울지방법원 본원(현재는 서울중앙지방법원)에 도착한 김희정씨는 배운 대로 경매법정 앞의 게시판부터 확인하였다.

물건이 너무 좋다 보니 혹시라도 경매가 취소되지 않았을까 염려하였으나 다행히도 경매의 취소나 연기를 알리는 표시는 없었다. 그렇다면 예정대로 경매를 진행한다는 의미이다.

입찰할 부동산의 경매사건 기록을 열람하는 사람의 수가 생각보다 많았다. 멀리서 그 수를 세어보니 10명 정도가 기록을 열람하는 것을 확인할 수 있었다.

'경쟁률이 10대1이 넘겠는걸.'

높은 경쟁률을 예상했던 김희정씨는 예정했던 입찰가격의 최고치인 3억

2,000만 원으로 입찰하기로 결정하였다. 그러나 총 13명이 입찰하여 3억 2,950만 원에 입찰한 사람에게 낙찰되고 말았다.

'아니! 이럴수가, 높은 경쟁률은 예상했고 3억 2,000만 원 정도면 낙찰받을 수 있을 줄 알았는데.'

낙찰자와의 금액 차이도 얼마되지 않자 조금 더 높은 금액으로 입찰하지 못한 후회가 밀려왔다. 하지만 어쩔 수 없는 일, 후회한다고 해서 다시 한 번 입찰 기회가 주어지는 것도 아니다. 김희정씨는 너무나도 아쉬운 마음을 안고 무거운 발길을 돌려야 했다.

●뜻밖의 행운, 재경매

약 한달 정도가 지난 후 김희정씨는 지난번 경매 실패의 아쉬운 마음을 안고 다시 경매 정보지를 뒤적이고 있었다. 그런데 이게 웬일인가? 지난달에 낙찰에 실패한 봉천동 다가구 주택이 다시 경매에 나온 것이 아닌가!

경매 정보지를 다시 자세히 살펴보니 지난번과 다른 점이 눈에 띄었다.

임차인 중 심○○씨가 지난번 경매기일 직후에 배당요구신청을 철회한 것이다. 임차인 심○○씨는 대항력과 우선변제권을 동시에 보유하고 있는 권리자이므로 우선변제권에 해당하는 배당요구를 철회하면 대항력만 남게 된다. 그렇게 되면 낙찰자가 심○○씨의 전세보증금 4,100만 원을 부담(인수)하여야 한다. 따라서 이렇게 대항력 있는 임차인이 배당요구신청을 철회하면 경매법원은 낙찰자를 보호하기 위하여 낙찰을 불허가 하고 다시 경매를 하게 된다.

'이게 웬 행운인가?' 속으로 쾌재를 부른 김희정씨는 즉시 입찰에 참여하기로 결정하였다.

지난번 실패를 거울 삼아 입찰가격을 조금 더 올려 씀으로 해서 김희정씨는 6명의 경쟁을 뚫고 2억 9,800만 원에 낙찰을 받았다. 대항력 있는 임차인의 전세보증금 4,100만 원을 인수해야 하므로 실제 낙찰금액은 3억 3,900만 원인 셈이다. 낙찰을 받은 후에 다시 임차인을 찾아갔다.

지층에 거주하는 이모씨와 1층에 거주하는 김모씨만 배당을 받고 이사를 가겠다고 한다. 나머지 임차인은 보일러 교체 조건으로 현 시세에 맞춰서 보증금을 올려주고 다시 계약해서 살고 싶다고 한다.

김희정씨는 흔쾌히 승락하고 지층 구ㅇㅇ씨는 현재 3,500만 원에서 4,000만 원으로, 1층 심ㅇㅇ씨는 4,100만 원에서 5,500만 원으로, 202호 류ㅇㅇ씨는 4,700만 원에서 5,500만 원에 재계약하기로 하고 배당기일에 인상된 보증금을 지불하기로 약속하였다.

그리고 이사할 예정인 지하와 1층 및 임차권 등기로 공실 상태인 201호와 옥탑은 다시 임대하기 위하여 부동산 중개업소를 방문하였다. 전에 방문하여 안면이 있는 부동산 중개업소에 낙찰받았음을 알리고 임대를 의뢰하였다.

그렇게 해서 지하는 3,000만 원에, 102호는 4,500만 원에, 201호는 4,500만 원에, 옥탑은 2,000만 원에 임대를 놓을 수 있었다. 또한 소유자를 방문하여 명도 협상을 벌인 결과 2개월의 시간과 이사 보조 비용으로 200만 원을 주기로 하고 명도에 합의하였다. 나중에 3층도 독채로 9,000만 원에 전세를 놓았다.

이렇게 해서 다시 경매 타당성을 분석해보았더니 총 투자금액으로 3억 7,570만 원(낙찰가격 2억 9,800만 원+임차인 인수금액 4,100만 원+보일러 교체 비용 등 1,500만 원+명도 비용 200만 원+취득세 등 1,900만 원+등기 비용 70만 원)이 지출되었고, 주택 전체를 3억 8,000만 원에 임대하고 보니 오히려 430만 원이 남았다.

정말 말로만 듣던 돈 한푼 안 들인 경매를 김희정씨가 실현한 것이다. 이후 김희정씨는 이 주택을 매도하여 더 큰 이익을 얻고자 하였다. 그러나 1년 이내에 매도를 하면 양도차익 전액에 대하여 36%의 양도소득세를 납부해야만 한다. 따라서 양도소득세의 부담을 줄이기 위해서 1년이 지난 후에 매도하기로 했다. (단, 2004년 1월 1일부터는 양도소득세제가 변경되어 1년 미만 양도시에는 50%, 2년 미만 양도시에는 40%, 2년 이상 보유한 경우에는 9~36%의 누진세율이 적용된다.)

때마침 1년이 지난 시점에 2003년 하반기부터 주택에 대한 주차장 설치기준이 강화될 것으로 예정됨에 따라 많은 단독 주택이 주차장 설치기준이 강화되기 전에 다가구 주택으로 변경하기 위하여 이곳 저곳에서 공사중인 상황이었다.

이 시점에서 김희정씨는 이 주택을 4억 5,000만 원에 매각하여 세전수익으로 7,430만 원의 수익을 얻을 수 있었다. 자기 돈 한푼 들이지 않고 오히려 투자금액이 마이너스인 점을 감안하면 수익률로는 환산할 수 없는 엄청난 수익을 올린 셈이었다. 김희정씨의 가슴속 깊이 벅차 오르는 뿌듯함을 함께 하면서 김희정씨의 경매여행을 끝마친다.

 **Key point**

다가구 주택 경매시 주의점 |

⊙ 임차인에 대한 철저한 권리분석 필요

다가구 주택은 주택의 특성상 많은 임차인이 거주하고 있다. 따라서 임차인에 대한 철저한 권리분석이 되지 않으면 시세보다 훨씬 높은 금액으로 낙찰받아 재산상 손해를 입는 낭패를 볼 수도 있다.

특히 보증금을 인수해야 하는 임차인이 있는지, 명도가 용이하지 않은 임차인이 있는지를 면밀히 살펴야 할 것이다.

⊙ 철저한 시세 확인

다가구 주택뿐만 아니라 일반 단독 주택은 아파트와는 달리 거래가 정형화되어 있지 않으므로 정확한 시세 확인이 어려운 것이 현실이다. 따라서 시세 확인에 많은 주의를 기울여야 한다.

인근 부동산 중개업소를 방문하여 낙찰 후의 전속거래를 약속하면서 흔치는 않겠지만 거래 사례를 최대한 확인해서 시세 판단에 참고하고 또한 임대보증금의 합계액을 감안하여 시세를 파악해보는 것도 하나의 방법이다.

예를 들어 임대 수요가 많아 매매가격 대비하여 전세가격의 비율이 80% 정도로 추정되는 지역에 있는 다가구 주택의 전세보증금의 합계가 3억 8,000만 원이라면 매매가격을 4억 7,500만 원 정도로 환산하면 어느 정도는 시세를 파악할 수 있을 것이다. (3억 8,000만 원 ÷ 0. 8 = 4억 7,500만 원)

05 | 상가에서 나오는 월세로 가계부를 살찌우자!!

◎ 주인공 소개

이번 사례의 주인공은 평범한 전업주부인 박은경씨이다. 나이는 38세이며 자녀가 2명인 결혼 8년차 주부이다. 남편이 자영업을 하는 관계로 수입이 일정하지 않아 샐러리맨을 남편으로 둔 친구들을 볼 때면 '매월 일정하게 수입이 있으면 가계를 계획적으로 운영할 수 있을텐데…….' 하면서 은근히 부러워했다.

이런 박은경씨의 고민을 잘 알고 있는 옆집에 사는 우정희씨가 찾아왔다. 나이가 같아 친구처럼 지내는 우정희씨는 다음과 같은 제안을 하였다.

"경매 강좌 한번 들어보지 않을래?"

우정희씨는 이미 경매 강좌를 여러 번 들었으며 경매 관련 책도 많이 봐서 경매 고수 소리를 듣고 있는 사람이었다. 지금 살고 있는 아파트도 경매로 낙찰받아서 입주했다고 항상 자랑처럼 얘기할 때면 박은경씨도 경매에 한번 도전해볼까 하는 마음을 먹었다가도 왠지 모를 경매에 대한 두려움 때문에 섣불리 달려들지 못했었다. 그러나 이제 더 이상 지체하기보다는 한번 도전해보고 싶은 마음이 들었다.

새로운 모험에 도전하는 박은경씨의 경매여행을 따라가보자.

●경매 목적

박은경씨는 부동산 경매에 도전하기로 마음을 먹었으나 무엇을 어떻게 해야 할지 갈피를 잡을 수가 없었다. 그래서 든든한 후원자인 우정희씨를 항상 옆에다 두고 조언을 구하기로 했다.

"정희씨, 경매에 도전하려면 무엇부터 해야 하지?"

"먼저, 내가 왜 경매를 하려고 하는지, 경매를 통해서 무엇을 얻으려고 하는지, 그리고 투자 가능한 금액은 얼마인지를 결정해야 돼!"

우정희씨는 경매 고수답게 경매의 목적 및 투자 가능 금액을 정하라고 말했다.

"나야 매월 정기적인 수입이 목적이고, 모아 놓은 돈은 5,000만 원 정도 되고 또 5,000만 원은 2,3개월간 융통이 가능한 정도야! 그런데 이 정도로도 가능할까?"

박은경씨는 자신이 보유한 돈에 비하여 너무 많은 욕심을 내는 것은 아닌가 짐짓 염려되었다.

"그럼! 경매 물건은 종류별로 금액별로 다양하게 많으니까 자기에게 맞는 물건을 찾으면 되는 거야! 또한 모자라는 돈은 경락잔금대출이라는 제도가 있어서 낙찰받은 부동산에 따라 일정 금액을 대출받을 수 있으니까 너무 염려하지 않아도 돼. 그리고 매월 정기적인 수입을 원한다니까 상가를 중점적으로 검토해보면 되겠네.”

이렇게 해서 두 사람은 경매대상 부동산을 상가로 정하고 금액으로는 5,000만 원에서 최대 1억 원으로 투자 가능한 부동산을 찾아보기로 하였다.

● **물건 선정**

박은경씨는 우정희씨의 조언대로 상가에 입찰하기로 마음을 먹었으나 상가를 고르는 데에도 원칙이 있다는 말을 들은 기억이 있어 우정희씨에게 그 내용에 대해 물어보았다.

“정희씨 상가를 고를 때 주의해야 할 게 있다고 하던데 그게 뭐지?”

“상가에 투자하는 사람들의 가장 큰 목적은 은경씨처럼 매월 임대 수익을 받고 싶기 때문이야. 따라서 그 상가를 사면 임대수익이 과연 잘 나올 수 있느냐가 가장 중요한 투자 기준이지. 전문 용어로는 ‘상가 투자분석’이라고 하지.”

그렇다. 상가 투자의 제1원칙은 임대 수익률이며, 그 임대수익이 꾸준히 유지될 수 있느냐가 가장 중요한 투자 원칙이다. 그렇다면 좋은 상가인지 그렇지 않은 상가인지는 무엇을 보고 판단할 수 있을까.

“아이 참, 그렇게 어려운 말로 하지 말고 좀 쉽고 자세하게 설명해줄 수 없어?”

박은경씨는 이해가 되지 않자 조금 더 쉽게 설명해달라면 우정희씨를 다그쳤다. 우정희씨는 이어서 좋은 상가를 고르는 방법에 대하여 설명하였다.

“모든 상가를 다 똑같은 조건으로 판단할 수는 없어. 예를 들어서 아파트 상가와 일반 상가의 투자분석은 조금 다른 기준이 필요해. 따라서 우리가 입찰할 상가를 고르면 그 상가를 예로 들어서 설명해줄게. 조금만 참아, 빨리 입찰할 상가나 골라보자구.”

　상가의 투자 원칙에 대하여 어느 정도 대화를 나눈 두 사람은 입찰할 상가를 찾기 위하여 인터넷의 경매 정보 사이트에 회원 가입을 하고 경매 물건을 검색하기 시작하였다.

　그렇게 해서 이틀 동안 물건을 찾던 두 사람은 입찰할 상가로 다음의 상가를 결정하였다.

주　소 소재지 특성	면적(단위:㎡)	감정평가액 최저경매가	일자-성명-보증금 주민등록 확인 결과	등기부상의 권리관계
서울 강서구 등촌동 XXX ㅇㅇ아파트 1층 101호 〈감정평가내역〉 *준공업지역 *공항시설보호지 　구, 고도지구 *경복여상 동측 　인근 *버스 정류장 도보 　5분 *북서측10m북동측 　10m포장도로접함 *노선상가지대 〈감정평가액〉 토지 60,000,000원 건물 140,000,000원	대지 36. 99/5310. 1 (11. 19평) 건물 54. 18(16. 39평) (26. 8평형) 총2층 중 1층 보존등기일 1999. 07. 28	감정가 200,000,000원 ㅇㅇ감정 (2001. 03. 30) 최저가 102,400,000원 (51. 2%) -------------- 유찰2001/06/13 유찰2001/07/26 유찰2001/08/29	*등촌1동사무소 　관할 점유 김ㅇㅇ 1,000만(월100만)	저당 2000/09/08 한빛은행 9억 4,900만 압류 2001/03/29 강서구 임의 2001/03/30 한빛은행 *청구액 : 　730,000,000원

● 경매사건 분석

경매 정보지에 기록된 내용을 바탕으로 경매사건을 추정해보자.

우정희씨와 같은 경매 고수는 경매 정보지를 조금만 검토해보면 이 경매 정보지가 말하고 있는 내용을 알 수 있다. 우정희씨는 경매 정보지를 찬찬히 훑어보고 박은경씨에게 다음과 같이 설명해주었다.

"본 경매사건은 한빛은행(현재 우리은행)에서 2000년 9월 8일 근저당권을 설정하였으며 채무자가 대출금을 갚지 않자 한빛은행에서 근저당권에 기하여 청구액을 7억 3,000만 원으로 하여 임의경매를 신청한 사건이야. 한빛은행의 근저당권 외에 강서구의 압류가 1건 있으나 이것은 낙찰과 함께 소멸할 권리이므로 등기부상 인수할 권리는 없어. 그리고 상가는 지은 지 2년 정도 되었으며 김모씨가 보증금 1,000만 원에 월세 100만 원으로 임차하여 사용중인 상태이며, 감정가격은 2억 원이나 현재까지 3번 유찰되어 이번 경매에서는 최저가 1억 240만 원에 입찰할 예정이야."

이 정도로 경매사건을 분석할 수 있다면 고수라고 해도 무난할 것이다.

● 권리분석

지금 단계에서의 권리분석은 서류상으로 나타나지 않는 다른 내용은 감안하지 않고 단순히 경매 정보지와 법원의 매각물건명세서 및 등기부등본에 의한 분석을 의미한다. 따라서 입찰할 때까지 서류의 내용이 틀리지 않았는지 끊임없이 확인해봐야 한다.

먼저 상가의 임차인에 대하여 살펴보자.

현재는 '상가건물임대차보호법'이 시행되어 보호 대상이 되는 상가의 경우에는 대항력과 우선변제권이 인정되고 있으나 당시에는 '상가건물임대차보호법'이 없었으므로 상가의 임차인은 상가가 경매되더라도 경매 절차에서 아무런 보호를 받지 못했다. 따라서 경매 진행 사실을 안 이후에 임대인에게 보증금의 반환을 요구할 수 있으나 경매를 당한 임대인이 연락 가능한 경우는 거의 없으므로 현실적으로는 보증금을 돌려받을 수 있는 방법이 거의 없다. 다만 경매 진행 사실을 안 이후부터는 월세를 내지 않는 방법으로 조금이나마 손실을 줄일 수 있을 뿐이다.

이 사례에서의 상가 임차인도 경매 절차에서는 대항력과 우선변제권이 없으므로 낙찰자에게 대항할 수 없어 낙찰자의 명도요구가 있으면 어쩔 수 없이 상가를 명도해야만 할 형편이다. 그러나 월세 100만 원은 보증금의 1,000만 원에 대하여 겨우 10개월치밖에 되지 않으므로 실제로는 큰 손실은 입지 않을 것이므로 명도는 용이할 것이다.

다만, 임차인이 순순히 명도에 응하지 않을 경우에는 인도명령이 아닌 명도소송을 통하여 상가를 인수해야만 한다. (현재는 인도명령으로 가능하다.)

이제 말소기준권리를 찾아보자.

등기부등본상 최초의 근저당권에 앞서는 다른 권리가 없으니 2000년 9월 8일에 설정된 한빛은행의 근저당권이 말소기준권리가 된다. 그리고 말소기준권리에 앞서는 권리가 없으므로 낙찰과 함께 모든 권리는 말소될 것이다.

●배당분석

이제 경매사건 분석과 권리분석을 마쳤으니 앞장에서 배운 지식을 토대로 배당분석을 해보자.

0순위 : 경매집행비용 : 생략

1순위 : 소액보증금 : 상가 건물이므로 대상자 없음

2순위 : 당해세 : 강서구의 압류가 해당될 수 있으며, 당해세가 아닐 경우에는 5순위 또는 법정일자를 기준으로 배당

3순위 : 담보물권, 임차보증금 채권 : 한빛은행의 청구액 7억 3,000만 원

감정가격 대비하여 한빛은행의 채권액이 과다하므로 한빛은행 배당 후 배당이 종결될 것으로 보인다.

●물건분석

이제 서류에 의한 사전분석을 마쳤으니 현장을 답사하여 물건을 분석해 볼 차례이다. 특히 이 부동산의 경우에는 상가이므로 입지분석 등 투자분석을 병행해야 할 것이다. 답사 당일 초보자 박은경씨는 경매 고수 우정희씨를 찾아 함께 답사를 요청했다.

"당연히 같이 가야지. 현장에서 아파트 상가에 대한 투자 요령도 알려줄게."

현장에 도착한 우정희씨는 입찰할 상가를 중심으로 주변을 면밀히 살피기 시작했고 박은경씨도 옆에 바짝 붙어서 혹시 필요한 내용이 있으면 즉시 메모하기 위하여 메모지를 들고 따라다녔다.

주변에 대한 관찰을 마친 우정희씨는 상가 쪽으로 걸어가기 시작했다.

"정희씨, 상가 임차인을 만나려고? 괜찮겠어?"

경매 당하는 사람의 심정이 좋지 않을 것이라고 생각한 박은경씨는 상가 임차인을 만나려고 상가로 향하는 우정희씨가 걱정되어 한마디 건넸다.

"어쨌든 한번은 겪어야 한다면 미리 겪는 것도 나쁘지 않아. 분석해봐서 알겠지만 임차인은 아마 큰 손해가 없을 것이고 장사가 잘되면 계속 있고 싶은 마음에 협조적일 수도 있으니 너무 걱정하지 마!"

두 사람은 임차인을 만나러 매장 안으로 들어갔다. 우정희씨는 매장에 들어서면서 가게 주인으로 보이는 사람에게 임차인임을 확인하고 이렇게 물었다.

"안녕하세요? 경매 문제로 인하여 여러 가지로 심란하실 텐데 막상 입찰을 하려는 저희로서는 도저히 임차인을 안 만나볼 수 없어서 이렇게 찾아왔어요!"

"아, 그러세요? 무엇이 알고 싶으세요?"

임차인이 성의 있게 대답했다.

"경매 진행 내용을 알고 계시죠? 낙찰 후에는 어떻게 하실 계획이신지, 장사는 잘 되는지에 대해서 알고 싶어서 왔습니다."

"보시다시피 이곳은 아파트 상가라서 영업에 큰 변동은 없어요. 특별히 잘되는 것은 아니지만 그냥 꾸준해요. 그리고 낙찰 후에는 낙찰자와 잘 상의해서 그냥 이대로 계속 영업하고 싶어요. 혹시 낙찰받으시면 저희가 계속 영업해도 되나요?"

우정희씨가 말을 받았다.

"지금 보증금 1,000만 원에 월세 100만 원으로 임차하고 계신 거 맞죠? 저희가 낙찰받는다면 시세를 확인해봐서 큰 차이가 없으면 그대로 영업하실 수 있도록 할게요. 그런데 보증금은 조금이라도 주인에게 받으셨나요?"

보증금 얘기가 나오자 임차인의 얼굴이 상기되었다.

"어떻게 받을 수 있겠어요? 다만 월세를 내지 않고 있으니 조금은 낫지만 아무리 그래도 손해는 볼 수밖에 없겠죠. 낙찰받으시면 좀 도와주실 수는 없을까요?"

모든 일들이 예상했던 대로 진행되었다. 임차인과는 낙찰받으면 다시 와서 상의하기로 하고 헤어졌다. 나오면서 우정희씨가 박은경씨에게 말했다.

"상가 투자 요령에 대해서 알고 싶다고 했지? 이 상가는 아파트 상가여서 아파트의 세대수 및 주민과의 밀착성 등에서 일반적인 상가와는 조금 다른 기준이 필요해. 그럼 아파트 상가의 투자 요령에 대해서 알아볼까?"

Key point
아파트 상가 투자 기준 |

- 배후 세대수에 비하여 상가가 많지 않아야 한다. 특히 1층 상가의 경우에는 100세대에 상가가 1개 꼴로 있으면 좋다. 즉, 500세대일 경우 1층 상가가 5개이면 아주 좋다.
- 상가 전면의 너비가 최소한 370㎝ 이상으로 넓어야 하며, 입구는 좁고 길이가 긴 속칭 터널형 상가는 좋지 않다.
- 상가 전면에 계단이 있으면 좋지 않다.
- 아파트의 주 출입구에 있는 상가가 좋으며, 분산상가가 있으면 좋지 않다.
- 다른 상가를 압도할 수 있는 상가이면 좋다.
- 아파트 상가는 향과는 무관하다.

●**시세분석**

"그럼 저 상가의 시세는 뭘 보고 알 수 있지? 얼마를 주고 입찰해야 되는 거야?"

상가는 아파트와는 달라서 시세가 정형화되어 있지 않음을 알고 있는 박은경씨가 우정희씨에게 물었다.

"부동산의 가격을 평가하는 기준에는 몇 가지가 있어. 대표적으로 아파트와 같이 거래 사례에 따라 평가하는 방법이 있고, 공시지가와 건축비 및 내용년수 등을 감안하여 평가하는 방법도 있지. 그런데 최근 들어 상가 건물에 대한 시세 평가 기준이 바뀌고 있어!"

과거 일반적인 상가의 시세 판단의 기준은 인근 상가의 거래시세 및 지역 땅 값과 건물 값을 감안하여 평가한 경우가 많았다. 그러나 IMF 이후 외국인들이 빌딩 및 상가 등 수익성 건물을 구입하면서부터 철저하게 수익률이라는 기준으로 수익성 건물의 가치를 평가하기 시작했으며 최근에는 일반인들도 수익률을 상가 가격 평가의 기준으로 삼고 있는 추세이다.

즉, 상가를 구입하면 그 상가가 나에게 얼마의 수익을 가져다주느냐에 따라서 구입 금액을 결정하는 방식이다. 그 수익률의 기준은 은행금리이다. 가장 안전한 투자 수단인 은행 금리를 기준으로 자신이 희망하는 투자 수익률을 계산하여 상가의 가격을 평가하는 것이다.

대부분의 경우에는 투자 수익률이 당연히 은행금리보다 높아야겠지만, 개발 가치가 풍부하다든가 급매물로 나와서 시세 대비 매우 저렴하다든가 하는 경우에는 반드시 은행금리를 기준으로 평가할 필요는 없다. 그러나 이것은 예외적인 경우이고 은행금리를 기준으로 평가하는 것이 일반적이다. 따라서 은행금리가 현재와 같이 저금리시대일 경우에는 투자 수익률이 연 7% 이상이면 무난한 상가이다.

그렇다면 이 사례 상가의 시세는 어떻게 평가할 수 있을까?

"어휴~ 그래 잘 들었어! 어려운 말이 나오니까 골치가 아프네! 자세한 것은 별도로 공부하기로 하고……, 그런데 도대체 내가 궁금해하는 이 상가의 시세는 얼마라는 거야?"

설명을 쭉 듣고 있던 박은경씨가 골치 아프다는 표정을 지으며 우정희씨에게 물었다.

"그렇게 어렵게 생각할 것 하나도 없어. 조금만 알고 나면 아무것도 아니야! 우선 우리가 파악한 정보를 쭉 늘어놓고 계산만 하면 되는 거야."

두 사람이 파악하고 있는 정보는 보증금이 1,000만 원이고 월세가 100만 원이라는 것이다. 여기에 희망 수익률을 7%로 가정하고 상가시세를 X라고 하면 계산식은 다음과 같다.

X×7% = 1,200만 원(월세 100만 원×12개월)

계산식을 바꾸면,

1,200만 원÷0.07=X

X≒1억 7,143만 원

즉, 상가를 1억 7,143만 원에 구입하여 매월 100만 원씩 월세를 받으면 연간 수익률이 7%라는 말이다. 여기에다 바로 회수 가능한 보증금 1,000만 원을 감안하면 1억 8,143만 원이 연간 수익률 7%로 환산한 이 상가의 적정 시세라는 말이 된다. 수익률을 높이고 싶다면 평가한 시세보다 싸게 사면 당연히 수익률은 올라갈 것이다.

"지금 설명한 것을 조금 더 쉽게 말하자면, 월세에다 12를 곱해서 연간 월세금액을 구하고 그 금액을 희망 수익률로 나눈 후에 보증금액을 더하면 내가 희망하는 상가의 시세가 되는 거야. 어때 간단하지?"

우정희씨가 식을 써내려가면서 박은경씨에게 설명했다.

"어려울 것 같았는데 생각보다 굉장히 간단하네."

계산식을 보고 난 박은경씨가 환하게 웃었다.

이 식을 이용하여 낙찰을 받은 후의 수익률도 계산해볼 수 있다.

즉, (월세×12개월)÷(낙찰금액−임대보증금)=투자 수익률

1억 3,000만 원에 낙찰받았다면,

1,200만 원÷(1억 3,000만 원−1,000만 원)=0.1

따라서 1억 3,000만 원에 낙찰받으면 수익률이 10%인 상가를 낙찰받은 것이다.

그렇다면 이렇게만 하면 이 상가에 대한 시세분석을 마친 것인가?

그렇지는 않다. 아무리 수익률이 중요하다고 해도 주변 시세라는 것도 있고 감정가격도 있는 것이다. 이 상가의 감정가격은 2억 원으로 평가되어 있었다. 그리고 또한 이 상가의 월세가 주변 시세와 맞는지도 검토해보아야 한다.

당연히 부동산 중개업소에 들러 이 상가의 시세뿐만 아니라 특히 인근 상가 및 옆 상가의 월세 수준을 확인해봐야 한다. 입찰할 상가의 월세 수준

이 주변 시세보다 월등히 높다면 임차인의 내려달라는 압력이 있을 것이고, 이는 투자 수익률을 하락시키는 주된 요인이 된다. 부동산 중개업소에 확인 결과 다행히도 주변 상가의 월세 수준과 입찰대상 상가와는 별다른 차이가 없었다.

이렇게 시세 분석을 마친 두 사람은 박은경씨가 희망하는 투자 수익률을 기준으로 입찰가격을 결정하기로 했다. 박은경씨는 최소한 7% 이상의 수익이 나오도록 낙찰을 받고자 했으며 가능하다면 10%의 수익을 얻고 싶어 했다. 이렇게 해서 두 사람은 잠정 입찰예정가격을 1억 3,000만 원에서 1억 8,000만 원으로 결정하였다.

●경매 타당성 분석

상가 시세를 추정하면서 분석해본 투자 수익률만 있어도 어느 정도 경매 타당성 분석은 마친 것이나 다름이 없다. 그러나 시세 분석에서 감안하지 않은 다른 비용들이 있으므로 이 비용들을 추가하여 다시 경매 타당성을 분석해보는 것이 좋다.

입찰예정가격은 투자 수익률을 10% 가까이 맞추고 또한 보유중인 현금 5,000만 원을 감안하여 1억 3,000만 원으로 정하고 경매 타당성 분석표를 작성해보았다.

1억 3,000만 원으로 낙찰받을 경우 낙찰가의 60%인 7,800만 원까지는 은행 대출이 가능하다고 이미 거래 은행의 담당자에게 확인을 해둔 상태였다. 현재의 임차인에게 동일한 조건으로 다시 임대하는 것으로 생각해서 추가 비용은 없는 것으로 계산하였다.

⟨경매 타당성 분석표⟩

항 목	내	용		금 액
부동산 가격	시 장 가 격	매 매 가 격 (①)		180,000,000
		전 세 가 격 (ⓐ)		0
		월세 (보증금) (ⓑ)		10,000,000
		월세 (임대료)		1,000,000
	감 정 가 격			200,000,000
구 입 가 격	입찰예정가격 (②)			130,000,000
낙찰 부대 비용	인수 제 공과금 이사 보조 비용			0
	소 계 (③)			0
경 매 순 익	④ = ① - ② - ③	실수요자의 순이익		50,000,000
제세 공과금	취득세(농특세)	2. 20%		2,860,000
	등록세(교육세)	3. 60%		4,680,000
	주택채권매입액	과세표준액별		910,000
	소 계 (⑤)			8,450,000
기 타 비 용	법무사 등기 비용 (⑥)	낙찰가의 약 0.1~0.3% 내외		300,000
순 이 익	⑦= ④ - ⑤ - ⑥	투자 목적의 경우 시세 차익		41,250,000
경락자금대출	대 출 금 (ⓒ)			78,000,000
	대출금 이자 (1년 환산)	6.50%		5,070,000
	근저당 설정 비용 (⑧)	1.30%		1,014,000
수익성 분석	순 자 기 자 본	(②+③+⑤+⑥+⑧) - (ⓑ+ⓒ)		51,764,000
	자산운용이익 (년)	임대료 - 대출금 이자		6,930,000
	자산운용 년 이익률	운용이익 / 자기자본		13.39%

작성된 경매 타당성 분석표를 앞에 놓고 우정희씨가 박은경씨에게 분석 내용을 설명해주었다.

"자, 경매 타당성 분석표를 잘 봐! 1억 3,000만 원에 낙찰받는다면 총 투자금액은 약 1억 3,970만 원이며, 은행에서 7,800만 원을 대출받고 임대보증금 1,000만 원을 감안하면 실 투자금액은 약 5,170만 원이야. 그리고 임대료 수입에서 대출금 이자를 공제한 순수입 임대료는 연간 693만 원이며, 매월 약 60만 원 정도의 월세 수입이 들어오는 거야. 이 월세 수입을 실제 투자금액 대비하여 연 수익률로 환산하면 무려 13.39%의 수익률이 나오는 거야.”

이렇게 일정 금액을 은행 대출로 충당하고 나니 수익률이 처음 계획했던 것보다 많이 늘어나서 연간 13.39%의 투자 수익을 올릴 수 있는 것으로 분석되었다.

“자, 이제 꿈 잘 꿔서 낙찰받는 일만 남은 거야! 그리고 수익률이 상당히 좋으니까 입찰 당일에 경쟁자가 많을 것으로 생각되면 입찰가격을 조금 올리자구.”

입찰예정가격까지 생각한 두 사람은 즐거운 마음을 안고 집으로 향했다.

●입찰 당일

입찰 당일 서울지방법원 남부지원(현재는 서울남부지방법원)에 도착한 두 사람은 경매 절차대로 경매법정 앞의 게시판을 확인하여 경매가 예정대로 진행되는지를 확인하였다.

예정대로 경매가 진행됨을 확인한 두 사람은 경매법정으로 들어가 박은경씨가 입찰할 상가에 관심 있는 사람이 몇 명인지를 확인하기 위하여 경매 기록 열람대 앞에 자리를 잡았다.

입찰할 부동산의 경매사건 기록을 열람하는 사람의 수가 생각보다 많지 않았다. 열람하는 사람의 수를 세어보던 우정희씨가 한마디한다.

"경쟁자가 생각보다는 많지 않네. 그래도 최소한 5명은 넘겠는걸."

경쟁자의 수까지 어느 정도 체크한 두 사람은 입찰표 기재를 위하여 식당으로 향했다. 식당으로 가면서 박은경씨가 우정희씨에게 물었다.

"정희씨, 얼마나 쓰면 될 것 같아?"

주변을 한번 둘러 보고 우정희씨가 대답했다.

"경쟁자가 그리 많지 않을 것 같으니 계획했던 대로 1억 3,000만 원으로 입찰하자! 혹시 똑같은 금액으로 입찰할 사람이 있을지도 모르니 10만 원만 더 쓰자구."

드디어 발표시간이 되었다. 박은경씨는 6명의 경쟁자를 뚫고 1억 3,010만 원에 이 상가를 낙찰받았다.

"정희씨, 너무 고마워. 내가 거하게 한턱 쏠게!"

이 후 모든 절차는 계획대로 진행되었고 상가의 임대도 현재의 임차인에게 그 조건 그대로 임대를 주었다. 결과적으로 박은경씨는 약 5,000만 원 정도를 투자하여 매달 60만 원의 임대 수익을 얻고 있다. 현재 박은경씨는 계속 우정희씨와 우정을 쌓으며 경매 공부도 열심히 하고 또 다른 투자 대상을 물색하고 있다.

 **Key point**
상가 경매시 주의점 |

⊙ 상가는 뭐니뭐니 해도 입지가 좋아야 한다.
상가를 구입하거나 경매로 낙찰받으려면 다른 어떤 물건보다도 현장 답사가 중요하다.

주변 상권이 잘 형성되어 있지 않은 속칭 죽어가는 지역에 있는 상가는 낙찰을 받더라도 애물단지로 전락할 가능성이 많다. 따라서 상권에 대한 철저한 입지분석이 필수적이다. 아래의 내용은 일반적으로 상가의 입지 여건을 분석할 때 검토하는 사항들이니 참고하기 바란다.

① 유동인구 : 많을수록 좋다.

② 배후지역 : 넓을수록 좋다.

③ 상가에 접한 도로 : 적당해야 좋다.

- 도로의 폭이 너무 넓으면 길 건너편과 단절되는 효과가 있고, 반대로 너무 좁으면 보행이 불편하여 사람들이 빨리 스쳐 지나가는 효과가 있다.
- 오르막 도로일 경우에는 도로가 시작되는 입구가 좋다.
- 커브길일 경우에는 안쪽에 있는 상가가 유리하다.

④ 지하철역, 버스 정류장 등 교통시설과의 통행로가 되는 곳에 입지한 상가가 좋다.

⑤ 아울러 상권이 현재의 업종과 어울리는가도 중요한 분석 기준이 된다.

⊙ 아파트 단지내 상가는 조금 다른 분석이 필요하다.

① 세대수에 비하여 상가가 많으면 좋지 않다. 100세대에 한 개꼴이면 좋은 상가다.
② 상가 전면의 너비가 370㎝ 이상으로 넓어야 하며, 계단이 없어야 한다.
③ 아파트가 대형 평수보다 소형 평수가 많을수록 유리하다.
④ 아파트 단지 규모가 클수록 유리하다.
⑤ 분산상가가 없는 독점상가가 유리하다.
⑥ 아파트의 주 출입구에 위치한 상가가 좋다.

⊙ 경매에 나온 상가는 일반적으로 사업성이 떨어지는 경우가 많다.

좋은 상가의 경우에는 경매에 나오는 경우가 많지 않으며 경매에 나오더라도 빨리 낙찰되는 것이 일반적이다. 따라서 경매에 나온 상가는 일단 가치가 떨어진다고 가정하고 분석에 임하여야 할 것이다.

⊙ 권리금이 많이 붙어 있는 상가가 좋은 상가이다.

주변 상가의 시세를 확인한 결과 권리금이 높게 붙어 있으면 아주 좋은 상가일 가능성이 매우 높다. 이처럼 해당 상권의 권리금은 상가의 투자분석에 있어서 매우 중요한 지표이다.

06 | 요즘 한창 뜨는 토지, 경매로 낙찰받기

주인공 홍미라씨는 직장 여성이다. 나이는 29세로 아직 미혼이며 대기업에 근무중이다. 재테크 분야, 특히 부동산 경매 분야에 있어서 일반적으로 여성들이 선호하는 아파트를 제쳐두고 다른 여성들과는 달리 토지에 많은 관심을 가지고 있다.

어렸을 때부터 아버지에게 "땅은 거짓말 하지 않고 묻어두면 언젠가는 돈이 된다"는 말을 귀가 따갑게 들어 왔기 때문에 자신도 모르게 항상 토지에 관심이 많았다. 하지만 아버지 때문만 아니라 홍미라씨 자신의 생각도 같았다.

다른 투자 수단에 못지 않게 토지도 매우 매력적인 투자 수단이라는 점을 항상 생각하고 있었다. 홍미라씨는 단기적인 투자보다 장기 투자를 선호하는 편이었기 때문이다. 홍미라씨는 토지를 살 때마다 장기적으로 자신의 결혼 밑천이라고 생각하고 토지를 구입하였다. 특히 요즘은 토지가 더욱 각광받는 시점이라서 토지에 투자하고자 하는 사람들도 많이 늘어나는 추세이다. 이렇게 토지시장이 과열되다 보니 정부에서는 여러 가지 규제를 하기 시작했다.

대표적으로 수도권 거의 대부분이 '토지거래허가구역'으로 지정된 것이다. 이곳 저곳에 알아보니 토지거래허가구역에서 허가를 받지 않고 합법적으로 거래할 수 있는 방법이 있는데 그것이 바로 '법원경매'라는 것이었다. 다행히도 직장에는 경매 고수로 불리는 친언니처럼 지내는 진경림씨가 있었다. 홍미라씨는 진경림씨를 찾아가 도움을 요청하였다.

땅에 투자한다면 많은 돈이 필요하다고 생각하는 사람이 많다. 수억 원에서 많게는 수십억 원까지 필요하다고 생각하는 사람들이 많으며 이 글을 읽는 독자 중에서도 그렇게 생각하는 사람이 많을 것이다. 그러나 많지 않은 돈으로도 투자할 수 있는 토지는 얼마든지 있으며 이 사례가 그 실례가 될 것이다.

이 사례는 홍미라씨가 자기 돈 1억 원으로 경매에 투자하여 성공한 사례이다.

●물건 선정

홍미라씨는 토지 투자를 몇 번 해봐서 기본적인 토지 투자 요령을 알고 있는 터라 경매에 관한 부분만 진경림씨에게 조언을 구할 작정이었다.

먼저 입찰대상 물건을 선정해야 한다는 말을 듣고 경매 정보지를 펼쳤다. 하지만 경매 정보지를 처음 접하는 홍미라씨는 모든 것이 낯설었다.

'안 되겠다' 하는 마음에 진경림씨를 찾았다.

"언니! 이게 다 무슨 내용이야? 대충 알 만한 것도 있는데 도통 뭔 말인지 모르겠네!"

"너무 어려워할 것 없어. 경매는 법원에서 이루어지기 때문에 기재된 내용이 법률 용어로 되어 있어서 처음에는 생소하지만 그 내용을 알고 나면 그리 어려울 것도 없으니 너무 걱정하지 마. 뭐가 그렇게 모르겠다는 거니?"

"제시외, 유찰, 임의경매 등등 모르는 용어 투성이네."

홍미라씨는 경매의 기초 용어도 모르고 있는 상태였다. 이에 진경림씨는 그 내용에 대하여 차분히 설명해주고 함께 경매 정보지를 보면서 물건을 찾아보았다.

그렇게 하여 다음의 물건에 대하여 알아보고 입찰하기로 하였다.

주 소 소재지 특성	면적(단위:㎡)	감정평가액 최저경매가	일자·성명-보증금 주민등록 확인 결과	등기부상의 권리관계
경기 고양시 일산구 지영동 XXX-X 〈감정평가내역〉 *준농림지역 *토지거래허가 　구역 *군사시설보호 　구역 *고도8m위임지역 *우거촌마을 남측 　인근 *주위 전,답,농가 　주택,공장혼재 *인근 지영로변 　버스 정류장 소재 *부정형 토지 *남동측2~3m 　포장도로접함 〈감정평가액〉 토지 122,400,000원 표준공시지가 140,000원 감정지가 240,000원	대지 510(154.28평) 매각제외 제시외 건물 (폐가)소재 - 법정지상권 　불명	감정가 122,400,000원 ○○감정 (2003.01.09) 최저가 97,920,000원 (80.0%) --------------- 유찰2003/05/15		*발급2003/05/01 소유이전 1997/10/22 저당 2001/09/13 박○○ 9,000만 지상권2001/9/13 박○○ 30년 임의 2002/12/09 박○○ *청구액 : 　78,000,000원

●경매사건 분석

경매 정보지의 내용을 근거로 경매사건을 유추 해석해보자.

경매사건을 추정해보려면 등기부등본의 내역을 보면 알 수가 있다. 등기부등본에는 채권자가 동일한 근저당권 및 지상권이 각각 1건씩 설정되어 있다. 이처럼 토지에 근저당권을 설정할 때에는 지상에 건물을 소유자 마음대로 지을 수 없도록 지상권을 함께 설정하는 것이 보통이다. 특히 토지의 지목이 '대지'일 경우에는 건축이 가능한 토지이므로 채권자의 입장에서는 반드시 지상권을 함께 설정해야 한다.

그 외 다른 채권자는 없는 상태이므로 이 경매사건은 채권자 박ㅇㅇ씨가 2001년 9월 13일에 설정한 근저당권에 기하여 신청한 임의경매사건임을 알 수 있다.

●권리분석

물건을 현장 답사하기 전에 입찰해도 좋은 물건인지를 확인하기 위하여 단순히 경매 정보지, 법원의 매각물건명세서 및 등기부등본에 의하여 권리분석을 먼저 해보아야 한다.

이때 심각한 권리상의 하자가 있으면 굳이 현장을 답사하는 노력을 하지 않아도 되기 때문이다. 특히 토지의 경우에는 다른 부동산에 비하여 발품을 더 팔아야 하므로 사전 권리분석은 매우 중요한 절차이다.

먼저 말소기준권리를 찾아보자.

등기부등본상 최초의 근저당권에 앞서는 다른 권리가 없으니 2001년 9

월 13일에 설정한 박○○씨의 근저당권이 말소기준권리가 되고 등기부상 이 말소기준권리에 앞서는 다른 권리가 없으므로 등기부상 모든 권리는 낙찰과 함께 소멸한다.

이제는 등기부에 나타나지 않는 권리를 확인해보자.

눈에 확 띄는 것이 제시외 건물(폐가)소재 법정지상권 불명이라는 기재사항이다.

"언니, 이게 무슨 말이야? 별로 좋은 의미는 아닌 것 같은데."

"잘 보았네! 법정지상권은 대부분의 경매 참가자들이 싫어하는 말이야. 이 말이 있으면 초보자들은 대개 경매를 포기하고 말지. 하지만 자세히 분석하여 문제가 없는 상태라면 입찰해도 무방할 거야. 한번 알아보자."

법정지상권 문제 말고는 권리분석상 다른 하자는 없는 물건이었다. 현장을 답사하여 법정지상권에 대하여 자세히 알아보고 문제가 없는 경우라면 입찰을 적극적으로 고려해보기로 하였다.

"언니, 또 하나 궁금한 게 있어? 이곳은 토지거래허가구역이라는데, 내가 들은 얘기로는 법원경매인 경우에는 허가를 받지 않아도 된다고 하던데, 맞아?"

홍미라씨가 토지거래허가구역에 대하여 진경림씨에게 물어보았다.

"네가 알고 있는 게 맞아! 토지거래허가구역이라도 법원경매로 취득하는 경우에는 허가 절차가 면제되지. 따라서 관공서에 별도의 허가는 받지 않아도 돼. 또 농지가 아닌 대지이므로 농지취득자격증명도 필요없으니 잘 되었네."

●배당분석

이게 경매사건 분석과 권리분석을 마쳤으니 배당분석을 해볼 차례이다.

배당분석 결과가 아주 간단하다고 하더라도 메모지나 종이에 써보는 것은 아주 좋은 습관이다. 혹시라도 빠뜨릴 수 있는 오류를 방지하는 효과가 있기 때문이다. 진경림씨는 종이를 꺼내서 배당순위에 따른 배당금액을 아래와 같이 써내려갔다.

0순위 : 경매집행비용 : 생략

1순위 : 소액보증금 : 해당사항 없음

2순위 : 당해세 : 해당사항 없음

3순위 : 담보물권, 임차보증금 채권 : 박ㅇㅇ 7,800만 원

그 외 다른 채권자가 없으니 여기서 배당분석을 종료하면 된다.

"언니, 채권자가 한 사람밖에 없고 또 채권액 총액이 최저가격보다 적어서 누군가 낙찰을 받는다면 돈이 남을 텐데 그러면 남은 돈은 어떻게 해?"

뭔가 이상하다는 듯이 홍미라씨가 진경림씨에게 물었다.

"하~ 초보자가 별것도 다 보네. 초보자라서 그런가?"

사실 이러한 경우는 경매사건에서 거의 나타나지 않는 사례이다. 이처럼 낙찰가격이 채권액보다 높아서 돈이 남는 경우는 거의 없다.

"이렇게 배당하고 남은 돈이 있으면 상황에 따라 조금씩 다른 점이 있지만, 거기까지 공부하기에는 너무 어려우니까 그냥 소유자가 받아 간다고 생각하면 돼!"

여기까지 설명을 마친 진경림씨는 휴일인 이번주 일요일을 현장 답사일

로 잡고 홍미라씨와 헤어졌다.

●물건분석

일요일이 되어 두 사람은 현장을 답사하기 위하여 다시 만났다. 진경림씨가 홍미라씨에게 미소를 띠며 말을 건넸다.

"지금부터는 내가 너에게 조언을 들어야겠네. 아무래도 토지 투자 경험은 네가 나보다 많으니 많이 가르쳐주세요?"

물건을 답사하러 현장으로 떠났다.

보통 임야인 경우에는 지적 전문가들조차도 정확한 경계를 찾지 못하는 경우가 많으며 농지의 경우에도 비슷한 현상을 보이므로 찾기가 힘들 때에는 해당 지역 이장에게 물어보는 것이 가장 좋은 방법이다.

그러나 이번 물건은 대지라서 위치 찾기가 비교적 수월했다. 해당 토지를 찾고 보니 경매 정보지에 기재된 대로 폐가가 한 채 보였다. 그러나 눈으로 보기에도 사람이 살 만한 상황은 아니었으며 실제로도 거주하는 사람은 없는 것으로 보였다.

마을에서 주민을 만나 현황을 들어 보았더니 예상대로 땅 소유자가 오래 전에 지어 놓은 건물인데 사용 안 한 지가 오래돼서 지금은 폐가로 방치되고 있다고 한다. 소유자가 일부 배당받을 수 있는 사건이므로 이 경우는 소유자와 잘 협의하여 철거하면 될 것으로 판단되었다.

두 사람은 법정지상권은 별 문제가 없는 것으로 생각하고 입찰하기로 결심했다.

●시세분석

토지의 시세는 파악하기 힘든 것이 현실이다.

그 토지를 개발하여 이용하려는 사람이라면 개발 가치를 생각해서 가격을 평가하면 되겠지만 그저 장기 투자를 생각하는 사람에게 토지의 가격을 평가하는 일은 힘든 일 중의 하나이다.

같은 토지라 하더라도 위치, 향, 도로와의 접한 면적 등 그야말로 똑같은 땅은 하나도 없는 것이 현실이다. 그러므로 바로 옆에 또는 앞에 붙어 있다고 하더라도 토지의 입지에 따라 가격이 달라야 하는 것은 당연한 이치인데도 불구하고 도로에 붙어 있는 아주 모양 좋은 토지가 평당 100만 원에 거래됐다면 다른 땅도 그 가격을 요구하는 것이 현실이다.

또한 그것을 일반적으로 시세라고 하며 토지를 거래할 경우에는 그 가격을 기준으로 거래가 되는 경우가 일반적이다.

사실 그 가격말고 달리 객관적으로 평가할 만한 가격이 없는 것도 현실이어서 그러한 방식으로 거래가 이루어지는 경우가 보통이다.

이런 생각을 하고 두 사람은 인근 부동산 중개업소를 방문하여 시세를 알아보았다.

"그 땅은 땅 모양도 좋고 도로에 접한 면적도 넓어서 평당 100만 원 이상 될 거예요. 그리고 참고로 말하자면 그 땅에 대해서 물어보고 간 사람이 많았어요. 우리 사무실에만 한 5명 이상은 다녀간 것 같은데요."

두 사람이 내민 지적도를 보고 위치를 확인한 부동산 중개업소 사장의 말이었다. 다른 부동산 중개업소에 들러 다시 확인해보니 실제 거래는 평당 150만 원 이상으로도 가능할 것이라는 답변을 들었다. 그렇다면 시세는 최소한 1억 5,400만 원 이상이며 경쟁자가 많을 것이라는 결론이 나왔다.

"이런 물건은 다른 사람들이 관심을 갖지 않을 때 1차 입찰에서 감정가격으로 낙찰받는 것이 가장 좋은 방법인데."

현장을 답사하여 현황과 가격을 확인한 진경림씨가 홍미라씨에게 말했다. 홍미라씨는 왜 일찍 이 물건을 발견하지 못했을까 하는 아쉬움을 안고 돌아왔다.

●경매 타당성 분석

이제 경매 타당성을 분석해볼 차례이다.

입찰예정가격은 현장에서 파악한 대로 시세를 1억 5,400만 원으로 보아 그 시세의 80%인 1억 2,300만 원으로 정하고 경매 타당성 분석표를 작성해보았다. 추가 비용은 없는 것으로 산정하였다.

<경매 타당성 분석표>

항 목	내	용	금 액
부동산 가격	시 장 가 격	매 매 가 격 ①	154,000,000
		전 세 가 격 ⓐ	
		월세 (보증금) ⓑ	0
		월세 (임대료)	0
	감 정 가 격		122,400,000
구 입 가 격	입찰예정가격 ②		123,000,000
낙찰 부대 비용	인수 제 비용		
	이사 보조 비용		
	소 계 ③		0
경 매 순 익	④ = ① - ② - ③	실수요자의 순이익	31,000,000
제세 공과금	취득세(농특세)	2.20%	2,706,000
	등록세(교육세)	3.60%	4,428,000
	소 계 ⑤		7,134,000
기 타 비 용	법무사 등기 비용 ⑥	낙찰가의 약 0.1~0.3% 내외	400,000
순 이 익	⑦ = ④ - ⑤ - ⑥	투자 목적의 경우 시세 차익	23,466,000

"언니, 숫자가 너무 많네. 자세하게 설명해 줄 거지?"

작성된 경매 타당성 분석표를 본 홍미라씨가 진경림씨에게 설명을 부탁하였다.

"자. 여기 분석표를 잘 봐! 1억 2,300만 원에 입찰하는 것으로 가정하고 작성한 것인데 내용을 하나씩 보면 총 투자금액으로 입찰가격 1억 2,300원+취득세 등 713만 원+등기 비용 등 40만 원을 합하여 약 1억 3,053만 원이 들어갈 것이고, 이렇게 해서 낙찰받으면 예상되는 투자 수익은 2,350만 원 정도가 될거야."

그러나 이 투자 수익은 평당 100만 원으로 계산한 금액이고 실제 거래 가능하다는 평당 150만 원으로 계산하면 약 1억 원의 투자 수익을 얻을 수 있을 것으로 예측되었다. 이러한 경매 타당성 분석표를 앞에 두고 두 사람은 입찰 당일 경쟁률을 감안하여 무슨 수를 쓰더라도 낙찰을 받자고 생각했다.

●입찰 당일

입찰 당일 서울지방법원 의정부지원(현재는 의정부지방법원으로 변경되었으며 고양지원이 신설되어 고양시, 파주시 소재 물건은 고양지원에서 진행함)에 도착한 두 사람은 경매법정 앞의 게시판을 먼저 확인하였다.

채권자의 청구액이 많지 않아 혹시나 했는데 다행히도 경매는 취소되거나 연기되지 않고 그대로 진행되었다.

경매사건 기록을 열람하는 사람을 보니 생각대로 경쟁자가 많아 보였다.

최소한 10명 이상이 입찰에 참가할 것 같다고 진경림씨가 홍미라씨에게 귓속말로 속삭였다.

두 사람은 예정한 금액보다 조금 더 높은 금액으로 입찰하더라도 투자 수익은 많이 날 것이라는 데 의견을 같이하고 1억 3,250만 원에 응찰하였다. 전차인 1차 입찰가격 1억 2,240만 원보다 1,000만 원을 더 써서 응찰한 것이다.

전차 가격보다 더 높은 금액으로 응찰한다는 것이 썩 내키지는 않았지만 그래도 낙찰을 받으려면 이 정도는 되어야 안심할 수 있다고 두 사람은 생각했다. 결과는 총 15명이 응찰하여 홍미라씨가 500만 원의 차이로 낙찰을 받았다. 다른 사람도 몇 명은 전차 가격보다 높은 금액으로 응찰한 것이다.

마음이 내키지 않는다고 전차 가격보다 적게 응찰했다면 낙찰에 실패할 뻔했던 것이다. 두 사람은 쾌재를 부르면서 경매법정을 나섰다.

●매각하여 이익을 실현하다

낙찰을 받은 후 홍미라씨와 진경림씨는 다시 현장을 찾아가서 소유자와 건물 철거에 대하여 협의를 하였다. 건물도 쓸모가 없고 소유자도 배당받을 금액이 있기 때문에 굳이 건물을 그대로 두고 홍미라씨에게 지료를 지급할 필요가 없었으므로 별다른 분쟁없이 건물 철거에 합의하였다.

대신 홍미라씨에게 건물에 대한 모든 권리를 이전할 테니 직접 철거를 요청하였고 홍미라씨는 그 조건을 수락하여 철거 협의를 마무리지었다. 그 후 홍미라씨는 부동산 중개업소에 매수자가 건물을 철거하는 조건으로 매도를 의뢰하였고, 정부의 토지에 대한 규제 철폐 발표로 가격이 많이 오르자 낙찰받은 그 토지를 평당 200만 원에 매각하였다.

홍미라씨는 매각을 끝내고 투자 수익을 분석해보니 투자 비용을 빼고도 무려 1억 7,600만 원의 투자 수익을 올렸으며, 진경림씨에게 큰 선물을 한 것은 두말할 나위가 없었다.

 **Key point**
토지 경매시 주의점 |

⊙ 철저한 시세 확인

토지 또한 아파트와는 달리 거래가 정형화되어 있지 않으므로 정확한 시세 확인이 어려운 것이 현실이다. 해당 토지가 도로에 접해 있는지, 접해 있다면 얼마나 접해 있는지, 각종 공법상의 규제는 없는지 등에 따라 바로 옆에 붙어 있는 땅과도 시세가 엄청나게 차이가 날 수 있는 것이 토지이다.

이러한 점 때문에 감정가격이 시세보다 높게 형성되는 경우도 있으니 현장조사를 통한 철저한 시세 확인이 필요하다.

⊙ 공법상의 규제 확인

토지의 경우 개발제한구역(일명 그린벨트), 군사시설보호구역 또는 상수원보호구역 등 매우 많은 규제사항이 있다. 이런 규제가 붙어 있는 토지는 개발에 많은 제약을 받게 되므로 관할 관청에서 토지이용계획확인서를 발급받아 이들 공법상 규제사항을 반드시 확인하고 입찰에 참여해야 할 것이다.

⊙ 법정지상권 성립 여부 확인

경매에 나온 토지의 경우에는 지상에 건물 또는 공작물이 있는 경우가 많다. 이런 경우 법정지상권이 성립할 가능성이 있으니 성립 여부를 면밀히 확인하여야 한다. 특히 공사를 하다가 중단된 건물이 있거나 전원주택을 개발하기 위하여 택지를 조성하던 중 경매에 나온 토지의 경우에는 공사비를 채권으로 한 유치권이 성립할 가능성도 있으니 이 점 또한 유의해야 한다.

⊙ 분묘의 유무 확인

임야를 취득할 때 특히 유의해야 할 사항이다. 낙찰받고자 하는 임야에 분묘가 소재하는지를 반드시 확인하여야 한다. 소재한다면 이장할 수 있는 상태인지 아니면 분묘기지권이 성립하는지 면밀히 확인해야 한다.

⊙ 농지취득자격증명 제출 유무 확인

농지(전, 답, 과수원) 경매의 경우에는 특별매각조건을 유심히 보아야 한다. '농지취득자격증명을 요함' 이라는 특별매각조건이 붙어 있으면 매각결정기일까지 농지취득자격증명을 제출하여야 한다. 제출하지 않으면 낙찰이 불허가되고 법원에 따라서는 입찰보증금을 몰수하는 경우도 있다.

⊙ 개발지역 범위 확인

개발 예정지에 소재한 토지의 경매에 있어서는 그 대상토지가 위치한 지역이 개발이 되는 지역인지 아니면 인접지역인지를 확인하여야 한다. 개발지역에 소재한 토지는 수용될 것이므로 보상가를 염두에 두고 입찰가격을 산정해야 할 것이다. 투자가치로 볼 때 개발지역 안에 있는 토지보다는 주변에 위치한 토지가 훨씬 유리하다.

 **Key point**

경매로 토지 취득시 유리한 점 |

⊙ 토지거래 허가 면제

경매대상 토지가 토지거래허가구역에 있다고 하더라도 법원경매로 취득하게 되면 토지거래 허가를 받지 않아도 된다.

개발 호재가 있는 지역은 정부에서 예외없이 토지거래허가구역으로 묶고 있기 때문에 많은 토지 투자자들이 법원경매를 통하여 토지를 취득하려고 하는 것도 이 때문이다.

제5장에서는 사례로 떠나는 투자여행을 통해 실제 경매가 어떻게 진행되는지를 알아보았다.

사례는 초보자들이 경매 절차 및 진행 과정을 쉽게 이해할 수 있다는 장점을 가지고 있다. 이론 따로 실전 따로 식의 지침보다는 다른 사람이 실제로 경험한 내용을 보고 이해하는 편이 경매에 대한 자신감을 불어넣어 줄 것이다. 비록 자신이 아닌 다른 사람의 사례이지만, 매우 특별한 경험이 되었을 것이다. 이 책을 읽고 있는 독자들도 사례의 주인공처럼 경매 투자에 성공하길 간절히 빌어 마지않는다.

부 록

민사집행법 [제정 2002.1.26 법률 제06627호]

| 제1편 총칙 |

제1조〈목적〉

이 법은 강제집행, 담보권 실행을 위한 경매, 민법·상법, 그 밖의 법률의 규정에 의한 경매(이하 '민사집행' 이라 한다) 및 보전처분의 절차를 규정함을 목적으로 한다.

제2조〈집행실시자〉

민사집행은 이 법에 특별한 규정이 없으면 집행관이 실시한다.

제3조〈집행법원〉

① 이 법에서 규정한 집행행위에 관한 법원의 처분이나 그 행위에 관한 법원의 협력사항을 관할하는 집행법원은 법률에 특별히 지정되어 있지 아니하면 집행절차를 실시할 곳이나 실시한 곳을 관할하는 지방법원이 된다.

② 집행법원의 재판은 변론 없이 할 수 있다.

제4조〈집행신청의 방식〉

민사집행의 신청은 서면으로 하여야 한다.

제5조〈집행관의 강제력 사용〉

① 집행관은 집행을 하기 위하여 필요한 경우에는 채무자의 주거·창고, 그 밖의 장소를 수색하고, 잠근 문과 기구를 여는 등 적절한 조치를 할 수 있다.

② 제1항의 경우에 저항을 받으면 집행관은 경찰 또는 국군의 원조를 요청할 수 있다.

③ 제2항의 국군의 원조는 법원에 신청하여야 하며, 법원이 국군의 원조를 요청하는 절차는 대법원규칙으로 정한다.

제6조〈참여자〉

집행관은 집행하는 데 저항을 받거나 채무자의 주거에서 집행을 실시하려는데 채무자나 사리를 분별할 지능이 있는 그 친족·고용인을 만나지 못한 때에는 성년 두 사람이나 특별시·광역시의 구 또는 동 직원, 시·읍·면 직원(도농복합형태의 시의 경우 동지역에서는 시 직원, 읍·면지역에서는 읍·면 직원) 또는 경찰공무원중 한 사람을 증인으로 참여하게 하여야 한다.

제7조〈집행관에 대한 원조요구〉

① 집행관 외의 사람으로서 법원의 명령에 의하여 민사집행에 관한 직무를 행하는 사람은 그 신분 또는 자격을 증명하는 문서를 지니고 있다가 관계인이 신청할 때에는 이를 내보여야 한다.

② 제1항의 사람이 그 직무를 집행하는 데 저항을 받으면 집행관에게 원조를 요구할 수 있다.

③ 제2항의 원조요구를 받은 집행관은 제5조 및 제6조에 규정된 권한을 행사할 수 있다.

제8조〈공휴일·야간의 집행〉

① 공휴일과 야간에는 법원의 허가가 있어야 집행행위를 할 수 있다.

② 제1항의 허가명령은 민사집행을 실시할 때에 내보여야 한다.

제9조〈기록열람·등본부여〉

집행관은 이해관계 있는 사람이 신청하면 집행기록을 볼 수 있도록 허가하고, 기록에 있는 서류의 등본을 교부하여야 한다.

제10조〈집행조서〉

① 집행관은 집행조서(執行調書)를 작성하여야 한다.

② 제1항의 조서(調書)에는 다음 각호의 사항을 밝혀야 한다.

  1. 집행한 날짜와 장소

  2. 집행의 목적물과 그 중요한 사정의 개요

  3. 집행참여자의 표시

  4. 집행참여자의 서명날인

  5. 집행참여자에게 조서를 읽어 주거나 보여 주고, 그가 이를 승인하고 서명날인한 사실

  6. 집행관의 기명날인 또는 서명

③ 제2항제4호 및 제5호의 규정에 따라 서명날인할 수 없는 경우에는 그 이유를 적어야 한다.

제11조〈집행행위에 속한 최고, 그 밖의 통지〉

① 집행행위에 속한 최고(催告) 그 밖의 통지는 집행관이 말로 하고 이를 조서에 적어야 한다.

② 말로 최고나 통지를 할 수 없는 경우에는 민사소송법 제181조·제182조 및 제187조의 규정을 준용하여 그 조서의 등본을 송달한다. 이 경우 송달증서를 작성하지 아니한 때에는 조서에 송달한 사유를 적어야 한다.

③ 집행하는 곳과 법원의 관할구역안에서 제2항의 송달을 할 수 없는 경우에는 최고나 통지를 받을 사람에게 대법원규칙이 정하는 방법으로 조서의 등본을 발송하고 그 사유를 조서에 적어야 한다.

제12조〈송달·통지의 생략〉

채무자가 외국에 있거나 있는 곳이 분명하지 아니한 때에는 집행행위에 속한 송달이나 통지를 하지 아니하여도 된다.

제13조〈외국송달의 특례〉

① 집행절차에서 외국으로 송달이나 통지를 하는 경우에는 송달이나 통지와 함께 대한민국

안에 송달이나 통지를 받을 장소와 영수인을 정하여 상당한 기간 이내에 신고하도록 명할 수 있다.

② 제1항의 기간 이내에 신고가 없는 경우에는 그 이후의 송달이나 통지를 하지 아니할 수 있다.

제14조〈주소 등이 바뀐 경우의 신고의무〉

① 집행에 관하여 법원에 신청이나 신고를 한 사람 또는 법원으로부터 서류를 송달받은 사람이 송달받을 장소를 바꾼 때에는 그 취지를 법원에 바로 신고하여야 한다.

② 제1항의 신고를 하지 아니한 사람에 대한 송달은 달리 송달할 장소를 알 수 없는 경우에는 법원에 신고된 장소 또는 종전에 송달을 받던 장소에 대법원규칙이 정하는 방법으로 발송할 수 있다.

③ 제2항의 규정에 따라 서류를 발송한 경우에는 발송한 때에 송달된 것으로 본다.

제15조〈즉시항고〉

① 집행절차에 관한 집행법원의 재판에 대하여는 특별한 규정이 있어야만 즉시항고(卽時抗告)를 할 수 있다.

② 항고인(抗告人)은 재판을 고지받은 날부터 1주의 불변기간 이내에 항고장(抗告狀)을 원심법원에 제출하여야 한다.

③ 항고장에 항고이유를 적지 아니한 때에는 항고인은 항고장을 제출한 날부터 10일 이내에 항고이유서를 원심법원에 제출하여야 한다.

④ 항고이유는 대법원규칙이 정하는 바에 따라 적어야 한다.

⑤ 항고인이 제3항의 규정에 따른 항고이유서를 제출하지 아니하거나 항고이유가 제4항의 규정에 위반한 때 또는 항고가 부적법하고 이를 보정(補正)할 수 없음이 분명한 때에는 원심법원은 결정으로 그 즉시항고를 각하하여야 한다.

⑥ 제1항의 즉시항고는 집행정지의 효력을 가지지 아니한다. 다만, 항고법원(재판기록이 원심법원에 남아 있는 때에는 원심법원)은 즉시항고에 대한 결정이 있을 때까지 담보를 제공하게 하거나 담보를 제공하게 하지 아니하고 원심재판의 집행을 정지하거나 집행절차의 전부 또는 일부를 정지하도록 명할 수 있고, 담보를 제공하게 하고 그 집행을 계속하도록 명할 수 있다.

⑦항고법원은 항고장 또는 항고이유서에 적힌 이유에 대하여서만 조사한다. 다만, 원심재판에 영향을 미칠 수 있는 법령위반 또는 사실오인이 있는지에 대하여 직권으로 조사할 수 있다.

⑧제5항의 결정에 대하여는 즉시항고를 할 수 있다.

⑨제6항 단서의 규정에 따른 결정에 대하여는 불복할 수 없다.

⑩제1항의 즉시항고에 대하여는 이 법에 특별한 규정이 있는 경우를 제외하고는 민사소송법 제

3편 제3장중 즉시항고에 관한 규정을 준용한다.

제16조 〈집행에 관한 이의신청〉

① 집행법원의 집행절차에 관한 재판으로서 즉시항고를 할 수 없는 것과, 집행관의 집행처분, 그 밖에 집행관이 지킬 집행절차에 대하여서는 법원에 이의를 신청할 수 있다.

② 법원은 제1항의 이의신청에 대한 재판에 앞서, 채무자에게 담보를 제공하게 하거나 제공하게 하지 아니하고 집행을 일시정지하도록 명하거나, 채권자에게 담보를 제공하게 하고 그 집행을 계속하도록 명하는 등 잠정처분(暫定處分)을 할 수 있다.

③ 집행관이 집행을 위임받기를 거부하거나 집행행위를 지체하는 경우 또는 집행관이 계산한 수수료에 대하여 다툼이 있는 경우에는 법원에 이의를 신청할 수 있다.

제17조 〈취소결정의 효력〉

① 집행절차를 취소하는 결정, 집행절차를 취소한 집행관의 처분에 대한 이의신청을 기각·각하하는 결정 또는 집행관에게 집행절차의 취소를 명하는 결정에 대하여는 즉시항고를 할 수 있다.

② 제1항의 결정은 확정되어야 효력을 가진다.

제18조 〈집행 비용의 예납 등〉

① 민사집행의 신청을 하는 때에는 채권자는 민사집행에 필요한 비용으로서 법원이 정하는 금액을 미리 내야 한다. 법원이 부족한 비용을 미리 내라고 명하는 때에도 또한 같다.

② 채권자가 제1항의 비용을 미리 내지 아니한 때에는 법원은 결정으로 신청을 각하하거나 집행절차를 취소할 수 있다.

③ 제2항의 규정에 따른 결정에 대하여는 즉시항고를 할 수 있다.

제19조 〈담보제공·공탁 법원〉

① 이 법의 규정에 의한 담보의 제공이나 공탁은 채권자나 채무자의 보통재판적(普通裁判籍)이 있는 곳의 지방법원 또는 집행법원에 할 수 있다.

② 당사자가 담보를 제공하거나 공탁을 한 때에는, 법원은 그의 신청에 따라 증명서를 주어야 한다.

③ 이 법에 규정된 담보에는 특별한 규정이 있는 경우를 제외하고는 민사소송법 제122조·제123조·제125조 및 제126조의 규정을 준용한다.

제20조 〈공공기관의 원조〉

법원은 집행을 하기 위하여 필요하면 공공기관에 원조를 요청할 수 있다.

제21조 〈재판적〉

이 법에 정한 재판적(裁判籍)은 전속관할(專屬管轄)로 한다.

제22조 〈시·군법원의 관할에 대한 특례〉

다음 사건은 시·군법원이 있는 곳을 관할하는 지방법원 또는 지방법원지원이 관할한다.

 1. 시·군법원에서 성립된 화해·조정(민사조정법 제34조제4항의 규정에 따라 재판상의 화해와 동일한 효력이 있는 결정을 포함한다. 이하 같다) 또는 확정된 지급명령에 관한 집행문부여의 소, 청구에 관한 이의의 소 또는 집행문부여에 대한 이의의 소로서 그 집행권원에서 인정된 권리가 소액사건심판법의 적용대상이 아닌 사건

 2. 시·군법원에서 한 보전처분의 집행에 대한 제3자이의의 소

 3. 시·군법원에서 성립된 화해·조정에 기초한 대체집행 또는 간접강제

 4. 소액사건심판법의 적용대상이 아닌 사건을 본안으로 하는 보전처분

제23조 〈민사소송법의 준용 등〉

① 이 법에 특별한 규정이 있는 경우를 제외하고는 민사집행 및 보전처분의 절차에 관하여는 민사소송법의 규정을 준용한다.

② 이 법에 정한 것 외에 민사집행 및 보전처분의 절차에 관하여 필요한 사항은 대법원규칙으로 정한다.

| 제2편 강제집행 |

≪제1장 총칙≫

제24조 〈강제집행과 종국판결〉

강제집행은 확정된 종국판결(終局判決)이나 가집행의 선고가 있는 종국판결에 기초하여 한다.

제25조 〈집행력의 주관적 범위〉

① 판결이 그 판결에 표시된 당사자 외의 사람에게 효력이 미치는 때에는 그 사람에 대하여 집행하거나 그 사람을 위하여 집행할 수 있다. 다만, 민사소송법 제71조의 규정에 따른 참가인에 대하여는 그러하지 아니하다.

② 제1항의 집행을 위한 집행문(執行文)을 내어 주는데 대하여는 제31조 내지 제33조의 규정을 준용한다.

제26조 〈외국판결의 강제집행〉

① 외국법원의 판결에 기초한 강제집행은 대한민국 법원에서 집행판결로 그 적법함을 선고하여야 할 수 있다.

② 집행판결을 청구하는 소(訴)는 채무자의 보통재판적이 있는 곳의 지방법원이 관할하며, 보통재판적이 없는 때에는 민사소송법 제11조의 규정에 따라 채무자에 대한 소를 관할하는 법원

이 관할한다.

제27조 〈집행판결〉

① 집행판결은 재판의 옳고 그름을 조사하지 아니하고 하여야한다.

② 집행판결을 청구하는 소는 다음 각호 가운데 어느 하나에 해당하면 각하하여야 한다.

 1. 외국법원의 판결이 확정된 것을 증명하지 아니한 때

 2. 외국판결이 민사소송법 제217조의 조건을 갖추지 아니한 때

제28조 〈집행력 있는 정본〉

① 강제집행은 집행문이 있는 판결정본(이하 ‘집행력 있는 정본’ 이라 한다)이 있어야 할 수 있다.

② 집행문은 신청에 따라 제1심 법원의 법원서기관·법원사무관·법원주사 또는 법원주사보(이하 ‘법원사무관등’ 이라 한다)가 내어 주며, 소송기록이 상급심에 있는 때에는 그 법원의 법원사무관등이 내어 준다.

③ 집행문을 내어 달라는 신청은 말로 할 수 있다.

제29조 〈집행문〉

① 집행문은 판결정본의 끝에 덧붙여 적는다.

② 집행문에는 ‘이 정본은 피고 아무개 또는 원고 아무개에 대한 강제집행을 실시하기 위하여 원고 아무개 또는 피고 아무개에게 준다’ 라고 적고 법원사무관등이 기명날인하여야 한다.

제30조 〈집행문부여〉

① 집행문은 판결이 확정되거나 가집행의 선고가 있는 때에만 내어 준다.

② 판결을 집행하는 데에 조건이 붙어 있어 그 조건이 성취되었음을 채권자가 증명하여야 하는 때에는 이를 증명하는 서류를 제출하여야만 집행문을 내어 준다. 다만, 판결의 집행이 담보의 제공을 조건으로 하는 때에는 그러하지 아니하다.

제31조 〈승계집행문〉

① 집행문은 판결에 표시된 채권자의 승계인을 위하여 내어 주거나 판결에 표시된 채무자의 승계인에 대한 집행을 위하여 내어 줄 수 있다. 다만, 그 승계가 법원에 명백한 사실이거나, 증명서로 승계를 증명한 때에 한한다.

② 제1항의 승계가 법원에 명백한 사실인 때에는 이를 집행문에 적어야 한다.

제32조 〈재판장의 명령〉

① 재판을 집행하는 데에 조건을 붙인 경우와 제31조의 경우에는 집행문은 재판장(합의부의 재판장 또는 단독판사를 말한다. 이하 같다)의 명령이 있어야 내어 준다.

② 재판장은 그 명령에 앞서 서면이나 말로 채무자를 심문(審問) 할 수 있다.

③ 제1항의 명령은 집행문에 적어야 한다.

제33조 〈집행문부여의 소〉

제30조제2항 및 제31조의 규정에 따라 필요한 증명을 할 수 없는 때에는 채권자는 집행문을 내어 달라는 소를 제1심 법원에 제기할 수 있다.

제34조 〈집행문부여 등에 관한 이의신청〉

① 집행문을 내어 달라는 신청에 관한 법원사무관등의 처분에 대하여 이의신청이 있는 경우에는 그 법원사무관등이 속한 법원이 결정으로 재판한다.

② 집행문부여에 대한 이의신청이 있는 경우에는 법원은 제16조제2항의 처분에 준하는 결정을 할 수 있다.

제35조 〈여러 통의 집행문의 부여〉

① 채권자가 여러 통의 집행문을 신청하거나 전에 내어 준 집행문을 돌려주지 아니하고 다시 집행문을 신청한 때에는 재판장의 명령이 있어야만 이를 내어 준다.

② 재판장은 그 명령에 앞서 서면이나 말로 채무자를 심문할 수 있으며, 채무자를 심문하지 아니하고 여러 통의 집행문을 내어 주거나 다시 집행문을 내어 준 때에는 채무자에게 그 사유를 통지하여야 한다.

③ 여러 통의 집행문을 내어 주거나 다시 집행문을 내어 주는 때에는 그 사유를 원본과 집행문에 적어야 한다.

제36조 〈판결원본에의 기재〉

집행문을 내어 주는 경우에는 판결원본 또는 상소심 판결정본에 원고 또는 피고에게 이를 내어 준다는 취지와 그 날짜를 적어야 한다.

제37조 〈집행력 있는 정본의 효력〉

집행력 있는 정본의 효력은 전국 법원의 관할구역에 미친다.

제38조 〈여러 통의 집행력 있는 정본에 의한 동시집행〉

채권자가 한 지역에서 또는 한 가지 방법으로 강제집행을 하여도 모두 변제를 받을 수 없는 때에는 여러 통의 집행력 있는 정본에 의하여 여러 지역에서 또는 여러 가지 방법으로 동시에 강제집행을 할 수 있다.

제39조 〈집행개시의 요건〉

① 강제집행은 이를 신청한 사람과 집행을 받을 사람의 성명이 판결이나 이에 덧붙여 적은 집행문에 표시되어 있고 판결을 이미 송달하였거나 동시에 송달한 때에만 개시할 수 있다.

② 판결의 집행이 그 취지에 따라 채권자가 증명할 사실에 매인 때 또는 판결에 표시된 채권자의 승

계인을 위하여 하는 것이거나 판결에 표시된 채무자의 승계인에 대하여 하는 것일 때에는 집행할 판결 외에, 이에 덧붙여 적은 집행문을 강제집행을 개시하기 전에 채무자의 승계인에게 송달하여야 한다.

③ 증명서에 의하여 집행문을 내어 준 때에는 그 증명서의 등본을 강제집행을 개시하기 전에 채무자에게 송달하거나 강제집행과 동시에 송달하여야 한다.

제40조 〈집행개시의 요건〉

① 집행을 받을 사람이 일정한 시일에 이르러야 그 채무를 이행하게 되어 있는 때에는 그 시일이 지난 뒤에 강제집행을 개시할 수 있다.

② 집행이 채권자의 담보제공에 매인 때에는 채권자는 담보를 제공한 증명서류를 제출하여야 한다. 이 경우의 집행은 그 증명서류의 등본을 채무자에게 이미 송달하였거나 동시에 송달하는 때에만 개시할 수 있다.

제41조 〈집행개시의 요건〉

① 반대의무의 이행과 동시에 집행할 수 있다는 것을 내용으로 하는 집행권원의 집행은 채권자가 반대의무의 이행 또는 이행의 제공을 하였다는 것을 증명하여야만 개시할 수 있다.

② 다른 의무의 집행이 불가능한 때에 그에 갈음하여 집행할 수 있다는 것을 내용으로 하는 집행권원의 집행은 채권자가 그 집행이 불가능하다는 것을 증명하여야만 개시할 수 있다.

제42조 〈집행관에 의한 영수증의 작성·교부〉

① 채권자가 집행관에게 집행력 있는 정본을 교부하고 강제집행을 위임한 때에는 집행관은 특별한 권한을 받지 못하였더라도 지급이나 그 밖의 이행을 받고 그에 대한 영수증서를 작성하고 교부할 수 있다. 집행관은 채무자가 그 의무를 완전히 이행한 때에는 집행력 있는 정본을 채무자에게 교부하여야 한다.

② 채무자가 그 의무의 일부를 이행한 때에는 집행관은 집행력 있는 정본에 그 사유를 덧붙여 적고 영수증서를 채무자에게 교부하여야 한다.

③ 채무자의 채권자에 대한 영수증 청구는 제2항의 규정에 의하여 영향을 받지 아니한다.

제43조 〈집행관의 권한〉

① 집행관은 집행력 있는 정본을 가지고 있으면 채무자와 제3자에 대하여 강제집행을 하고 제42조에 규정된 행위를 할 수 있는 권한을 가지며, 채권자는 그에 대하여 위임의 흠이나 제한을 주장하지 못한다.

② 집행관은 집행력 있는 정본을 가지고 있다가 관계인이 요청할 때에는 그 자격을 증명하기 위하여 이를 내보여야 한다.

제44조〈청구에 관한 이의의 소〉

① 채무자가 판결에 따라 확정된 청구에 관하여 이의하려면 제1심 판결법원에 청구에 관한 이의의 소를 제기하여야 한다.

② 제1항의 이의는 그 이유가 변론이 종결된 뒤(변론 없이 한 판결의 경우에는 판결이 선고된 뒤)에 생긴 것이어야 한다.

③ 이의이유가 여러 가지인 때에는 동시에 주장하여야 한다.

제45조〈집행문부여에 대한 이의의 소〉

제30조제2항과 제31조의 경우에 채무자가 집행문부여에 관하여 증명된 사실에 의한 판결의 집행력을 다투거나, 인정된 승계에 의한 판결의 집행력을 다투는 때에는 제44조의 규정을 준용한다. 다만, 이 경우에도 제34조의 규정에 따라 집행문부여에 대하여 이의를 신청할 수 있는 채무자의 권한은 영향을 받지 아니한다.

제46조〈이의의 소와 잠정처분〉

① 제44조 및 제45조의 이의의 소는 강제집행을 계속하여 진행하는 데에는 영향을 미치지 아니한다.

② 제1항의 이의를 주장한 사유가 법률상 정당한 이유가 있다고 인정되고, 사실에 대한 소명(疎明)이 있을 때에는 수소법원(受訴法院)은 당사자의 신청에 따라 판결이 있을 때까지 담보를 제공하게 하거나 담보를 제공하게 하지 아니하고 강제집행을 정지하도록 명할 수 있으며, 담보를 제공하게 하고 그 집행을 계속하도록 명하거나 실시한 집행처분을 취소하도록 명할 수 있다.

③ 제2항의 재판은 변론 없이 하며 급박한 경우에는 재판장이 할 수 있다.

④ 급박한 경우에는 집행법원이 제2항의 권한을 행사할 수 있다. 이 경우 집행법원은 상당한 기간 이내에 제2항에 따른 수소법원의 재판서를 제출하도록 명하여야 한다.

⑤ 제4항 후단의 기간을 넘긴 때에는 채권자의 신청에 따라 강제집행을 계속하여 진행한다.

제47조〈이의의 재판과 잠정처분〉

① 수소법원은 이의의 소의 판결에서 제46조의 명령을 내리고 이미 내린 명령을 취소·변경 또는 인가할 수 있다.

② 판결중 제1항에 규정된 사항에 대하여는 직권으로 가집행의 선고를 하여야 한다.

③ 제2항의 재판에 대하여는 불복할 수 없다.

제48조〈제3자이의의 소〉

① 제3자가 강제집행의 목적물에 대하여 소유권이 있다고 주장하거나 목적물의 양도나 인도를 막을 수 있는 권리가 있다고 주장하는 때에는 채권자를 상대로 그 강제집행에 대한 이의의 소를

제기할 수 있다. 다만, 채무자가 그 이의를 다투는 때에는 채무자를 공동피고로 할 수 있다.

② 제1항의 소는 집행법원이 관할한다. 다만, 소송물이 단독판사의 관할에 속하지 아니할 때에는 집행법원이 있는 곳을 관할하는 지방법원의 합의부가 이를 관할한다.

③ 강제집행의 정지와 이미 실시한 집행처분의 취소에 대하여는 제46조 및 제47조의 규정을 준용한다. 다만, 집행처분을 취소할 때에는 담보를 제공하게 하지 아니할 수 있다.

제49조 〈집행의 필수적 정지·제한〉

강제집행은 다음 각호 가운데 어느 하나에 해당하는 서류를 제출한 경우에 정지하거나 제한하여야 한다.

1. 집행할 판결 또는 그 가집행을 취소하는 취지나, 강제집행을 허가하지 아니하거나 그 정지를 명하는 취지 또는 집행처분의 취소를 명한 취지를 적은 집행력 있는 재판의 정본

2. 강제집행의 일시정지를 명한 취지를 적은 재판의 정본

3. 집행을 면하기 위하여 담보를 제공한 증명서류

4. 집행할 판결이 있은 뒤에 채권자가 변제를 받았거나, 의무이행을 미루도록 승낙한 취지를 적은 증서

5. 집행할 판결, 그 밖의 재판이 소의 취하 등의 사유로 효력을 잃었다는 것을 증명하는 조서등본 또는 법원사무관등이 작성한 증서

6. 강제집행을 하지 아니한다거나 강제집행의 신청이나 위임을 취하한다는 취지를 적은 화해조서(和解調書)의 정본 또는 공정증서(公正證書)의 정본

제50조 〈집행처분의 취소·일시유지〉

① 제49조제1호·제3호·제5호 및 제6호의 경우에는 이미 실시한 집행처분을 취소하여야 하며, 같은 조 제2호 및 제4호의 경우에는 이미 실시한 집행처분을 일시적으로 유지하게 하여야 한다.

② 제1항에 따라 집행처분을 취소하는 경우에는 제17조의 규정을 적용하지 아니한다.

제51조 〈변제증서 등의 제출에 의한 집행정지의 제한〉

① 제49조제4호의 증서 가운데 변제를 받았다는 취지를 적은 증서를 제출하여 강제집행이 정지되는 경우 그 정지기간은 2월로 한다.

② 제49조제4호의 증서 가운데 의무이행을 미루도록 승낙하였다는 취지를 적은 증서를 제출하여 강제집행이 정지되는 경우 그 정지는 2회에 한하며 통산하여 6월을 넘길 수 없다.

제52조 〈집행을 개시한 뒤 채무자가 죽은 경우〉

① 강제집행을 개시한 뒤에 채무자가 죽은 때에는 상속재산에 대하여 강제집행을 계속하여 진행한다.

② 채무자에게 알려야 할 집행행위를 실시할 경우에 상속인이 없거나 상속인이 있는 곳이 분명

하지 아니하면 집행법원은 채권자의 신청에 따라 상속재산 또는 상속인을 위하여 특별대리인을 선임하여야 한다.

③ 제2항의 특별대리인에 관하여는 민사소송법 제62조제3항 내지 제6항의 규정을 준용한다.

제53조 〈집행 비용의 부담〉

① 강제집행에 필요한 비용은 채무자가 부담하고 그 집행에 의하여 우선적으로 변상을 받는다.

② 강제집행의 기초가 된 판결이 파기된 때에는 채권자는 제1항의 비용을 채무자에게 변상하여야 한다.

제54조 〈군인·군무원에 대한 강제집행〉

① 군인·군무원에 대하여 병영·군사용 청사 또는 군용 선박에서 강제집행을 할 경우 법원은 채권자의 신청에 따라 군판사 또는 부대장(部隊長)이나 선장에게 촉탁하여 이를 행한다.

② 촉탁에 따라 압류한 물건은 채권자가 위임한 집행관에게 교부하여야 한다.

제55조 〈외국에서 할 집행〉

① 외국에서 강제집행을 할 경우에 그 외국 공공기관의 법률상 공조를 받을 수 있는 때에는 제1심 법원이 채권자의 신청에 따라 외국 공공기관에 이를 촉탁하여야 한다.

② 외국에 머물고 있는 대한민국 영사(領事)에 의하여 강제집행을 할 수 있는 때에는 제1심 법원은 그 영사에게 이를 촉탁하여야 한다.

제56조 〈그 밖의 집행권원〉

강제집행은 다음 가운데 어느 하나에 기초하여서도 실시할 수 있다.

1. 항고로만 불복할 수 있는 재판

2. 가집행의 선고가 내려진 재판

3. 확정된 지급명령

4. 공증인이 일정한 금액의 지급이나 대체물 또는 유가증권의 일정한 수량의 급여를 목적으로 하는 청구에 관하여 작성한 공정증서로서 채무자가 강제집행을 승낙한 취지가 적혀 있는 것

5. 소송상 화해, 청구의 인낙(認諾) 등 그 밖에 확정판결과 같은 효력을 가지는 것

제57조 〈준용규정〉

제56조의 집행권원에 기초한 강제집행에 대하여는 제58조 및 제59조에서 규정하는 바를 제외하고는 제28조 내지 제55조의 규정을 준용한다.

제58조 〈지급명령과 집행〉

① 확정된 지급명령에 기한 강제집행은 집행문을 부여받을 필요없이 지급명령 정본에 의하여 행한다. 다만, 다음 각호 가운데 어느 하나에 해당하는 경우에는 그러하지 아니하다.

  1. 지급명령의 집행에 조건을 붙인 경우

  2. 당사자의 승계인을 위하여 강제집행을 하는 경우

  3. 당사자의 승계인에 대하여 강제집행을 하는 경우

② 채권자가 여러 통의 지급명령 정본을 신청하거나, 전에 내어준 지급명령 정본을 돌려주지 아니하고 다시 지급명령 정본을 신청한 때에는 법원사무관등이 이를 부여한다. 이 경우 그 사유를 원본과 정본에 적어야 한다.

③ 청구에 관한 이의의 주장에 대하여는 제44조제2항의 규정을 적용하지 아니한다.

④ 집행문부여의 소, 청구에 관한 이의의 소 또는 집행문부여에 대한 이의의 소는 지급명령을 내린 지방법원이 관할한다.

⑤ 제4항의 경우에 그 청구가 합의사건인 때에는 그 법원이 있는 곳을 관할하는 지방법원의 합의부에서 재판한다.

제59조 〈공정증서와 집행〉

① 공증인이 작성한 증서의 집행문은 그 증서를 보존하는 공증인이 내어 준다.

② 집행문을 내어 달라는 신청에 관한 공증인의 처분에 대하여 이의신청이 있는 때에는 그 공증인의 사무소가 있는 곳을 관할하는 지방법원 단독판사가 결정으로 재판한다.

③ 청구에 관한 이의의 주장에 대하여는 제44조제2항의 규정을 적용하지 아니한다.

④ 집행문부여의 소, 청구에 관한 이의의 소 또는 집행문부여에 대한 이의의 소는 채무자의 보통재판적이 있는 곳의 법원이 관할한다. 다만, 그러한 법원이 없는 때에는 민사소송법 제11조의 규정에 따라 채무자에 대하여 소를 제기할 수 있는 법원이 관할한다.

제60조 〈과태료의 집행〉

① 과태료의 재판은 검사의 명령으로 집행한다.

② 제1항의 명령은 집행력 있는 집행권원과 같은 효력을 가진다.

≪제2장 금전채권에 기초한 강제집행≫

제1절 재산명시절차 등

제61조 〈재산명시신청〉

① 금전의 지급을 목적으로 하는 집행권원에 기초하여 강제집행을 개시할 수 있는 채권자는 채무자의 보통재판적이 있는 곳의 법원에 채무자의 재산명시를 요구하는 신청을 할 수 있다. 다만, 민사소송법 제213조에 따른 가집행의 선고가 붙은 판결 또는 같은 조의 준용에 따른 가집행의 선고가 붙어 집행력을 가지는 집행권원의 경우에는 그러하지 아니하다.

② 제1항의 신청에는 집행력 있는 정본과 강제집행을 개시하는데 필요한 문서를 붙여야 한다.

제62조 〈재산명시신청에 대한 재판〉

① 재산명시신청에 정당한 이유가 있는 때에는 법원은 채무자에게 재산상태를 명시한 재산목록을 제출하도록 명할 수 있다.

② 재산명시신청에 정당한 이유가 없거나, 채무자의 재산을 쉽게 찾을 수 있다고 인정한 때에는 법원은 결정으로 이를 기각하여야 한다.

③ 제1항 및 제2항의 재판은 채무자를 심문하지 아니하고 한다.

④ 제1항의 결정은 신청한 채권자 및 채무자에게 송달하여야 하고, 채무자에 대한 송달에서는 결정에 따르지 아니할 경우 제68조에 규정된 제재를 받을 수 있음을 함께 고지하여야 한다.

⑤ 제4항의 규정에 따라 채무자에게 하는 송달은 민사소송법 제187조 및 제194조에 의한 방법으로는 할 수 없다.

⑥ 제1항의 결정이 채무자에게 송달되지 아니한 때에는 법원은 채권자에게 상당한 기간을 정하여 그 기간 이내에 채무자의 주소를 보정하도록 명하여야 한다.

⑦ 채권자가 제6항의 명령을 받고도 이를 이행하지 아니한 때에는 법원은 제1항의 결정을 취소하고 재산명시신청을 각하하여야 한다.

⑧ 제2항 및 제7항의 결정에 대하여는 즉시항고를 할 수 있다.

⑨ 채무자는 제1항의 결정을 송달받은 뒤 송달장소를 바꾼 때에는 그 취지를 법원에 바로 신고하여야 하며, 그러한 신고를 하지 아니한 경우에는 민사소송법 제185조제2항 및 제189조의 규정을 준용한다.

제63조 〈재산명시명령에 대한 이의신청〉

① 채무자는 재산명시명령을 송달받은 날부터 1주 이내에 이의신청을 할 수 있다.

② 채무자가 제1항에 따라 이의신청을 한 때에는 법원은 이의신청사유를 조사할 기일을 정하고 채권자와 채무자에게 이를 통지하여야 한다.

③ 이의신청에 정당한 이유가 있는 때에는 법원은 결정으로 재산명시명령을 취소하여야 한다.

④ 이의신청에 정당한 이유가 없거나 채무자가 정당한 사유 없이 기일에 출석하지 아니한 때에는 법원은 결정으로 이의신청을 기각하여야 한다.

⑤ 제3항 및 제4항의 결정에 대하여는 즉시항고를 할 수 있다.

제64조 〈재산명시기일의 실시〉

① 재산명시명령에 대하여 채무자의 이의신청이 없거나 이를 기각한 때에는 법원은 재산명시를 위한 기일을 정하여 채무자에게 출석하도록 요구하여야 한다. 이 기일은 채권자에게도 통지

하여야 한다.

② 채무자는 제1항의 기일에 강제집행의 대상이 되는 재산과 다음 각호의 사항을 명시한 재산목록을 제출하여야 한다.

 1. 재산명시명령이 송달되기 전 1년 이내에 채무자가 한 부동산의 유상양도(有償讓渡)

 2. 재산명시명령이 송달되기 전 1년 이내에 채무자가 배우자, 직계혈족 및 4촌 이내의 방계혈족과 그 배우자, 배우자의 직계혈족과 형제자매에게 한 부동산 외의 재산의 유상양도

 3. 재산명시명령이 송달되기 전 2년 이내에 채무자가 한 재산상 무상처분(無償處分). 다만, 의례적인 선물은 제외한다.

③ 재산목록에 적을 사항과 범위는 대법원규칙으로 정한다.

④ 제1항의 기일에 출석한 채무자가 3월 이내에 변제할 수 있음을 소명한 때에는 법원은 그 기일을 3월의 범위내에서 연기할 수 있으며, 채무자가 새 기일에 채무액의 3분의 2 이상을 변제하였음을 증명하는 서류를 제출한 때에는 다시 1월의 범위내에서 연기할 수 있다.

제65조 〈선서〉

① 채무자는 재산명시기일에 재산목록이 진실하다는 것을 선서하여야한다.

② 제1항의 선서에 관하여는 민사소송법 제320조 및 제321조의 규정을 준용한다. 이 경우 선서서(宣誓書)에는 다음과 같이 적어야 한다.

 '양심에 따라 사실대로 재산목록을 작성하여 제출하였으며, 만일 숨긴 것이나 거짓 작성한 것이 있으면 처벌을 받기로 맹세합니다'

제66조 〈재산목록의 정정〉

① 채무자는 명시기일에 제출한 재산목록에 형식적인 흠이 있거나 불명확한 점이 있는 때에는 제65조의 규정에 의한 선서를 한 뒤라도 법원의 허가를 얻어 이미 제출한 재산목록을 정정할 수 있다.

② 제1항의 허가에 관한 결정에 대하여는 즉시항고를 할 수 있다.

제67조 〈재산목록의 열람·복사〉

채무자에 대하여 강제집행을 개시할 수 있는 채권자는 재산목록을 보거나 복사할 것을 신청할 수 있다.

제68조 〈채무자의 감치 및 벌칙〉

① 채무자가 정당한 사유 없이 다음 각호 가운데 어느 하나에 해당하는 행위를 한 경우에는 법원은 결정으로 20일 이내의 감치(監置)에 처한다.

 1. 명시기일 불출석

2. 재산목록의 제출 거부

3. 선서 거부

② 채무자가 법인 또는 민사소송법 제52조의 사단이나 재단인 때에는 그 대표자 또는 관리인을 감치에 처한다.

③ 법원은 감치재판기일에 채무자를 소환하여 제1항 각호의 위반행위에 대하여 정당한 사유가 있는지 여부를 심리하여야 한다.

④ 제1항의 결정에 대하여는 즉시항고를 할 수 있다.

⑤ 채무자가 감치의 집행중에 재산명시명령을 이행하겠다고 신청한 때에는 법원은 바로 명시기일을 열어야 한다.

⑥ 채무자가 제5항의 명시기일에 출석하여 재산목록을 내고 선서하거나 신청채권자에 대한 채무를 변제하고 이를 증명하는 서면을 낸 때에는 법원은 바로 감치결정을 취소하고 그 채무자를 석방하도록 명하여야 한다.

⑦ 제5항의 명시기일은 신청채권자에게 통지하지 아니하고도 실시할 수 있다. 이 경우 제6항의 사실을 채권자에게 통지하여야 한다.

⑧ 제1항 내지 제7항의 규정에 따른 재판절차 및 그 집행 그 밖에 필요한 사항은 대법원규칙으로 정한다.

⑨ 채무자가 거짓의 재산목록을 낸 때에는 3년 이하의 징역 또는 500만 원 이하의 벌금에 처한다.

⑩ 채무자가 법인 또는 민사소송법 제52조의 사단이나 재단인 때에는 그 대표자 또는 관리인을 제9항의 규정에 따라 처벌하고, 채무자는 제9항의 벌금에 처한다.

제69조 〈명시신청의 재신청〉

재산명시신청이 기각·각하된 경우에는 그 명시신청을 한 채권자는 기각·각하사유를 보완하지 아니하고서는 같은 집행권원으로 다시 재산명시신청을 할 수 없다.

제70조 〈채무불이행자명부 등재신청〉

① 채무자가 다음 각호 가운데 어느 하나에 해당하면 채권자는 그 채무자를 채무불이행자명부(債務不履行者名簿)에 올리도록 신청할 수 있다.

1. 금전의 지급을 명한 집행권원이 확정된 후 또는 집행권원을 작성한 후 6월 이내에 채무를 이행하지 아니하는 때. 다만, 제61조제1항 단서에 규정된 집행권원의 경우를 제외한다.

2. 제68조제1항 각호의 사유 또는 같은 조제9항의 사유 가운데 어느 하나에 해당하는 때

② 제1항의 신청을 할 때에는 그 사유를 소명하여야 한다.

③ 제1항의 신청에 대한 재판은 제1항제1호의 경우에는 채무자의 보통재판적이 있는 곳의 법원

이 관할하고, 제1항제2호의 경우에는 재산명시절차를 실시한 법원이 관할한다.

제71조〈등재신청에 대한 재판〉

① 제70조의 신청에 정당한 이유가 있는 때에는 법원은 채무자를 채무불이행자명부에 올리는 결정을 하여야 한다.

② 등재신청에 정당한 이유가 없거나 쉽게 강제집행할 수 있다고 인정할 만한 명백한 사유가 있는 때에는 법원은 결정으로 이를 기각하여야 한다.

③ 제1항 및 제2항의 재판에 대하여는 즉시항고를 할 수 있다. 이 경우 민사소송법 제447조의 규정은 준용하지 아니한다.

제72조〈명부의 비치〉

① 채무불이행자명부는 등재결정을 한 법원에 비치한다.

② 법원은 채무불이행자명부의 부본을 채무자의 주소지(채무자가 법인인 경우에는 주된 사무소가 있는 곳) 시(구가 설치되지 아니한 시를 말한다. 이하 같다)·구·읍·면의 장(도농복합형태의 시의 경우 동지역은 시·구의 장, 읍·면지역은 읍·면의 장으로 한다. 이하 같다)에게 보내야 한다.

③ 법원은 채무불이행자명부의 부본을 대법원규칙이 정하는 바에 따라 일정한 금융기관의 장이나 금융기관 관련단체의 장에게 보내어 채무자에 대한 신용정보로 활용하게 할 수 있다.

④ 채무불이행자명부나 그 부본은 누구든지 보거나 복사할 것을 신청할 수 있다.

⑤ 채무불이행자명부는 인쇄물 등으로 공표되어서는 아니된다.

제73조〈명부등재의 말소〉

① 변제, 그 밖의 사유로 채무가 소멸되었다는 것이 증명된 때에는 법원은 채무자의 신청에 따라 채무불이행자명부에서 그 이름을 말소하는 결정을 하여야 한다.

② 채권자는 제1항의 결정에 대하여 즉시항고를 할 수 있다. 이 경우 민사소송법 제447조의 규정은 준용하지 아니한다.

③ 채무불이행자명부에 오른 다음 해부터 10년이 지난 때에는 법원은 직권으로 그 명부에 오른 이름을 말소하는 결정을 하여야 한다.

④ 제1항과 제3항의 결정을 한 때에는 그 취지를 채무자의 주소지(채무자가 법인인 경우에는 주된 사무소가 있는 곳) 시·구·읍·면의 장 및 제72조제3항의 규정에 따라 채무불이행자명부의 부본을 보낸 금융기관 등의 장에게 통지하여야 한다.

⑤ 제4항의 통지를 받은 시·구·읍·면의 장 및 금융기관 등의 장은 그 명부의 부본에 오른 이름을 말소하여야 한다.

제74조 〈재산조회〉

① 재산명시절차가 끝난 경우에, 제68조제1항 각호의 사유 또는 같은 조제9항의 사유가 있거나 채무자가 제출한 재산목록의 재산만으로는 집행채권의 만족을 얻기에 부족하면, 재산명시절차를 실시한 법원은 그 재산명시를 신청한 채권자의 신청에 따라 개인의 재산 및 신용에 관한 전산망을 관리하는 공공기관·금융기관·단체 등에 채무자 명의의 재산에 관하여 조회할 수 있다.

② 채권자가 제1항의 신청을 할 경우에는 조회할 기관·단체를 특정하여야 하며 조회에 드는 비용을 미리 내야 한다.

③ 법원이 제1항의 규정에 따라 조회할 경우에는 채무자의 인적 사항을 적은 문서에 의하여 해당 기관·단체의 장에게 채무자의 재산 및 신용에 관하여 그 기관·단체가 보유하고 있는 자료를 한꺼번에 모아 제출하도록 요구할 수 있다.

④ 공공기관·금융기관·단체 등은 정당한 사유 없이 제1항 및 제3항의 조회를 거부하지 못한다.

제75조 〈재산조회의 결과 등〉

① 법원은 제74조제1항 및 제3항의 규정에 따라 조회한 결과를 채무자의 재산목록에 준하여 관리하여야 한다.

② 제74조제1항 및 제3항의 조회를 받은 기관·단체의 장이 정당한 사유 없이 거짓 자료를 제출하거나 자료를 제출할 것을 거부한 때에는 결정으로 500만 원 이하의 과태료에 처한다.

③ 제2항의 결정에 대하여는 즉시항고를 할 수 있다.

제76조 〈벌칙〉

① 누구든지 재산조회의 결과를 강제집행 외의 목적으로 사용하여서는 아니된다.

② 제1항의 규정에 위반한 사람은 2년 이하의 징역 또는 500만 원 이하의 벌금에 처한다.

제77조 〈대법원규칙〉

제74조제1항 및 제3항의 규정에 따라 조회를 할 공공기관·금융기관·단체 등의 범위 및 조회절차, 제74조제2항의 규정에 따라 채권자가 내야 할 비용, 제75조제1항의 규정에 따른 조회결과의 관리에 관한 사항, 제75조제2항의 규정에 의한 과태료의 부과절차 등은 대법원규칙으로 정한다.

제2절 부동산에 대한 강제집행

_제1관 통칙

제78조 〈집행방법〉

① 부동산에 대한 강제집행은 채권자의 신청에 따라 법원이 한다.

② 강제집행은 다음 각호의 방법으로 한다.

  1. 강제경매

  2. 강제관리

③ 채권자는 자기의 선택에 의하여 제2항 각호 가운데 어느 한 가지 방법으로 집행하게 하거나 두 가지 방법을 함께 사용하여 집행하게 할 수 있다.

④ 강제관리는 가압류를 집행할 때에도 할 수 있다.

제79조 〈집행법원〉

① 부동산에 대한 강제집행은 그 부동산이 있는 곳의 지방법원이 관할한다.

② 부동산이 여러 지방법원의 관할구역에 있는 때에는 각 지방법원에 관할권이 있다. 이 경우 법원이 필요하다고 인정한 때에는 사건을 다른 관할 지방법원으로 이송할 수 있다.

_제2관 강제경매

제80조 〈강제경매신청서〉

강제경매신청서에는 다음 각호의 사항을 적어야 한다.

  1. 채권자·채무자와 법원의 표시

  2. 부동산의 표시

  3. 경매의 이유가 된 일정한 채권과 집행할 수 있는 일정한 집행권원

제81조 〈첨부서류〉

① 강제경매신청서에는 집행력 있는 정본 외에 다음 각호 가운데 어느 하나에 해당하는 서류를 붙여야 한다.

  1. 채무자의 소유로 등기된 부동산에 대하여는 등기부등본

  2. 채무자의 소유로 등기되지 아니한 부동산에 대하여는 즉시 채무자명의로 등기할 수 있다는 것을 증명할 서류. 다만, 그 부동산이 등기되지 아니한 건물인 경우에는 그 건물이 채무자의 소유임을 증명할 서류, 그 건물의 지번·구조·면적을 증명할 서류 및 그 건물에 관한 건축허가 또는 건축신고를 증명할 서류

② 채권자는 공적 장부를 주관하는 공공기관에 제1항제2호 단서의 사항들을 증명하여 줄 것을 청구할 수 있다.

③ 제1항제2호 단서의 경우에 건물의 지번·구조·면적을 증명하지 못한 때에는, 채권자는 경매신청과 동시에 그 조사를 집행법원에 신청할 수 있다.

④ 제3항의 경우에 법원은 집행관에게 그 조사를 하게 하여야 한다.

⑤ 강제관리를 하기 위하여 이미 부동산을 압류한 경우에 그 집행기록에 제1항 각호 가운데 어느 하나에 해당하는 서류가 붙어 있으면 다시 그 서류를 붙이지 아니할 수 있다.

제82조 〈집행관의 권한〉

① 집행관은 제81조제4항의 조사를 위하여 건물에 출입할 수 있고, 채무자 또는 건물을 점유하는 제3자에게 질문하거나 문서를 제시하도록 요구할 수 있다.

② 집행관은 제1항의 규정에 따라 건물에 출입하기 위하여 필요한 때에는 잠긴 문을 여는 등 적절한 처분을 할 수 있다.

제83조 〈경매개시결정 등〉

① 경매 절차를 개시하는 결정에는 동시에 그 부동산의 압류를 명하여야 한다.

② 압류는 부동산에 대한 채무자의 관리·이용에 영향을 미치지 아니한다.

③ 경매 절차를 개시하는 결정을 한 뒤에는 법원은 직권으로 또는 이해관계인의 신청에 따라 부동산에 대한 침해행위를 방지하기 위하여 필요한 조치를 할 수 있다.

④ 압류는 채무자에게 그 결정이 송달된 때 또는 제94조의 규정에 따른 등기가 된 때에 효력이 생긴다.

⑤ 강제경매신청을 기각하거나 각하하는 재판에 대하여는 즉시항고를 할 수 있다.

제84조 〈배당요구의 종기결정 및 공고〉

① 경매개시결정에 따른 압류의 효력이 생긴 때(그 경매개시결정전에 다른 경매개시결정이 있은 경우를 제외한다)에는 집행법원은 절차에 필요한 기간을 감안하여 배당요구를 할 수 있는 종기(終期)를 첫 매각기일 이전으로 정한다.

② 배당요구의 종기가 정하여진 때에는 법원은 경매개시결정을 한 취지 및 배당요구의 종기를 공고하고, 제91조제4항 단서의 전세권자 및 법원에 알려진 제88조제1항의 채권자에게 이를 고지하여야 한다.

③ 제1항의 배당요구의 종기결정 및 제2항의 공고는 경매개시결정에 따른 압류의 효력이 생긴 때부터 1주 이내에 하여야 한다.

④ 법원사무관등은 제148조제3호 및 제4호의 채권자 및 조세, 그 밖의 공과금을 주관하는 공공기관에 대하여 채권의 유무, 그 원인 및 액수(원금·이자·비용, 그 밖의 부대채권(附帶債權)을 포함한다)를 배당요구의 종기까지 법원에 신고하도록 최고하여야 한다.

⑤ 제148조제3호 및 제4호의 채권자가 제4항의 최고에 대한 신고를 하지 아니한 때에는 그 채권자의 채권액은 등기부등본 등 집행기록에 있는 서류와 증빙(證憑)에 따라 계산한다. 이 경우 다시 채권액을 추가하지 못한다.

⑥ 법원은 특별히 필요하다고 인정하는 경우에는 배당요구의 종기를 연기할 수 있다.

⑦ 제6항의 경우에는 제2항 및 제4항의 규정을 준용한다. 다만, 이미 배당요구 또는 채권신고를

한 사람에 대하여는 같은 항의 고지 또는 최고를 하지 아니한다.

제85조 〈현황조사〉

① 법원은 경매개시결정을 한 뒤에 바로 집행관에게 부동산의 현상, 점유관계, 차임(借賃) 또는 보증금의 액수, 그 밖의 현황에 관하여 조사하도록 명하여야 한다.

② 집행관이 제1항의 규정에 따라 부동산을 조사할 때에는 그 부동산에 대하여 제82조에 규정된 조치를 할 수 있다.

제86조 〈경매개시결정에 대한 이의신청〉

① 이해관계인은 매각대금이 모두 지급될 때까지 법원에 경매개시결정에 대한 이의신청을 할 수 있다.

② 제1항의 신청을 받은 법원은 제16조제2항에 준하는 결정을 할 수 있다.

③ 제1항의 신청에 관한 재판에 대하여 이해관계인은 즉시항고를 할 수 있다.

제87조 〈압류의 경합〉

① 강제경매 절차 또는 담보권 실행을 위한 경매 절차를 개시하는 결정을 한 부동산에 대하여 다른 강제경매의 신청이 있는 때에는 법원은 다시 경매개시결정을 하고, 먼저 경매개시결정을 한 집행절차에 따라 경매한다.

② 먼저 경매개시결정을 한 경매신청이 취하되거나 그 절차가 취소된 때에는 법원은 제91조제1항의 규정에 어긋나지 아니하는 한도 안에서 뒤의 경매개시결정에 따라 절차를 계속 진행하여야 한다.

③ 제2항의 경우에 뒤의 경매개시결정이 배당요구의 종기 이후의 신청에 의한 것인 때에는 집행법원은 새로이 배당요구를 할 수 있는 종기를 정하여야 한다. 이 경우 이미 제84조제2항 또는 제4항의 규정에 따라 배당요구 또는 채권신고를 한 사람에 대하여는 같은 항의 고지 또는 최고를 하지 아니한다.

④ 먼저 경매개시결정을 한 경매 절차가 정지된 때에는 법원은 신청에 따라 결정으로 뒤의 경매개시결정(배당요구의 종기까지 행하여진 신청에 의한 것에 한한다)에 기초하여 절차를 계속하여 진행할 수 있다. 다만, 먼저 경매개시결정을 한 경매 절차가 취소되는 경우 제105조제1항제3호의 기재사항이 바뀔 때에는 그러하지 아니하다.

⑤ 제4항의 신청에 대한 재판에 대하여는 즉시항고를 할 수 있다.

제88조 〈배당요구〉

① 집행력 있는 정본을 가진 채권자, 경매개시결정이 등기된 뒤에 가압류를 한 채권자, 민법·상법, 그 밖의 법률에 의하여 우선변제청구권이 있는 채권자는 배당요구를 할 수 있다.

266

② 배당요구에 따라 매수인이 인수하여야 할 부담이 바뀌는 경우 배당요구를 한 채권자는 배당요구의 종기가 지난 뒤에 이를 철회하지 못한다.

제89조 〈이중경매신청 등의 통지〉

법원은 제87조제1항 및 제88조제1항의 신청이 있는 때에는 그 사유를 이해관계인에게 통지하여야 한다.

제90조 〈경매 절차의 이해관계인〉

경매 절차의 이해관계인은 다음 각호의 사람으로한다.

1. 압류채권자와 집행력 있는 정본에 의하여 배당을 요구한 채권자

2. 채무자 및 소유자

3. 등기부에 기입된 부동산 위의 권리자

4. 부동산 위의 권리자로서 그 권리를 증명한 사람

제91조 〈인수주의와 잉여주의의 선택 등〉

① 압류채권자의 채권에 우선하는 채권에 관한 부동산의 부담을 매수인에게 인수하게 하거나, 매각대금으로 그 부담을 변제하는 데 부족하지 아니하다는 것이 인정된 경우가 아니면 그 부동산을 매각하지 못한다.

② 매각부동산 위의 모든 저당권은 매각으로 소멸된다.

③ 지상권·지역권·전세권 및 등기된 임차권은 저당권·압류채권·가압류채권에 대항할 수 없는 경우에는 매각으로 소멸된다.

④ 제3항의 경우 외의 지상권·지역권·전세권 및 등기된 임차권은 매수인이 인수한다. 다만, 그 중 전세권의 경우에는 전세권자가 제88조에 따라 배당요구를 하면 매각으로 소멸된다.

⑤ 매수인은 유치권자(留置權者)에게 그 유치권(留置權)으로 담보하는 채권을 변제할 책임이 있다.

제92조 〈제3자와 압류의 효력〉

① 제3자는 권리를 취득할 때에 경매신청 또는 압류가 있다는 것을 알았을 경우에는 압류에 대항하지 못한다.

② 부동산이 압류채권을 위하여 의무를 진 경우에는 압류한 뒤 소유권을 취득한 제3자가 소유권을 취득할 때에 경매신청 또는 압류가 있다는 것을 알지 못하였더라도 경매 절차를 계속하여 진행하여야 한다.

제93조 〈경매신청의 취하〉

① 경매신청이 취하되면 압류의 효력은 소멸된다.

② 매수신고가 있은 뒤 경매신청을 취하하는 경우에는 최고가매수신고인 또는 매수인과 제114조의 차순위매수신고인의 동의를 받아야 그 효력이 생긴다.

③ 제49조제3호 또는 제6호의 서류를 제출하는 경우에는 제1항 및 제2항의 규정을, 제49조제4호의 서류를 제출하는 경우에는 제2항의 규정을 준용한다.

제94조 〈경매개시결정의 등기〉

① 법원이 경매개시결정을 하면 법원사무관등은 즉시 그 사유를 등기부에 기입하도록 등기관(登記官)에게 촉탁하여야 한다.

② 등기관은 제1항의 촉탁에 따라 경매개시결정사유를 기입하여야 한다.

제95조 〈등기부등본의 송부〉

등기관은 제94조에 따라 경매개시결정사유를 등기부에 기입한 뒤 그 등기부의 등본을 법원에 보내야 한다.

제96조 〈부동산의 멸실 등으로 말미암은 경매취소〉

① 부동산이 없어지거나 매각 등으로 말미암아 권리를 이전할 수 없는 사정이 명백하게 된 때에는 법원은 강제경매의 절차를 취소하여야 한다.

② 제1항의 취소결정에 대하여는 즉시항고를 할 수 있다.

제97조 〈부동산의 평가와 최저매각가격의 결정〉

① 법원은 감정인(鑑定人)에게 부동산을 평가하게 하고 그 평가액을 참작하여 최저매각가격을 정하여야 한다.

② 감정인은 제1항의 평가를 위하여 필요하면 제82조제1항에 규정된 조치를 할 수 있다.

③ 감정인은 제7조의 규정에 따라 집행관의 원조를 요구하는 때에는 법원의 허가를 얻어야 한다.

제98조 〈일괄매각결정〉

① 법원은 여러 개의 부동산의 위치·형태·이용관계 등을 고려하여 이를 일괄매수하게 하는 것이 알맞다고 인정하는 경우에는 직권으로 또는 이해관계인의 신청에 따라 일괄매각하도록 결정할 수 있다.

② 법원은 부동산을 매각할 경우에 그 위치·형태·이용관계 등을 고려하여 다른 종류의 재산(금전채권을 제외한다)을 그 부동산과 함께 일괄매수하게 하는 것이 알맞다고 인정하는 때에는 직권으로 또는 이해관계인의 신청에 따라 일괄매각하도록 결정할 수 있다.

③ 제1항 및 제2항의 결정은 그 목적물에 대한 매각기일 이전까지 할 수 있다.

제99조 〈일괄매각사건의 병합〉

① 법원은 각각 경매신청된 여러 개의 재산 또는 다른 법원이나 집행관에 계속된 경매사건의 목

적물에 대하여 제98조제1항 또는 제2항의 결정을 할 수 있다.

② 다른 법원이나 집행관에 계속된 경매사건의 목적물의 경우에 그 다른 법원 또는 집행관은 그 목적물에 대한 경매사건을 제1항의 결정을 한 법원에 이송한다.

③ 제1항 및 제2항의 경우에 법원은 그 경매사건들을 병합한다.

제100조〈일괄매각사건의 관할〉

제98조 및 제99조의 경우에는 민사소송법 제31조에 불구하고 같은 법 제25조의 규정을 준용한다. 다만, 등기할 수 있는 선박에 관한 경매사건에 대하여서는 그러하지 아니하다.

제101조〈일괄매각절차〉

① 제98조 및 제99조의 일괄매각결정에 따른 매각절차는 이 관의 규정에 따라 행한다. 다만, 부동산 외의 재산의 압류는 그 재산의 종류에 따라 해당되는 규정에서 정하는 방법으로 행하고, 그 중에서 집행관의 압류에 따르는 재산의 압류는 집행법원이 집행관에게 이를 압류하도록 명하는 방법으로 행한다.

② 제1항의 매각절차에서 각 재산의 대 금액을 특정할 필요가 있는 경우에는 각 재산에 대한 최저매각가격의 비율을 정하여야 하며, 각 재산의 대 금액은 총대 금액을 각 재산의 최저매각가격 비율에 따라 나눈 금액으로 한다. 각 재산이 부담할 집행 비용액을 특정할 필요가 있는 경우에도 또한 같다.

③ 여러 개의 재산을 일괄매각하는 경우에 그 가운데 일부의 매각대금으로 모든 채권자의 채권액과 강제집행 비용을 변제하기에 충분하면 다른 재산의 매각을 허가하지 아니한다. 다만, 토지와 그 위의 건물을 일괄매각하는 경우나 재산을 분리하여 매각하면 그 경제적 효용이 현저하게 떨어지는 경우 또는 채무자의 동의가 있는 경우에는 그러하지 아니하다.

④ 제3항 본문의 경우에 채무자는 그 재산 가운데 매각할 것을 지정할 수 있다.

⑤ 일괄매각절차에 관하여 이 법에서 정한 사항을 제외하고는 대법원규칙으로 정한다.

제102조〈남을 가망이 없을 경우의 경매취소〉

① 법원은 최저매각가격으로 압류채권자의 채권에 우선하는 부동산의 모든 부담과 절차 비용을 변제하면 남을 것이 없겠다고 인정한 때에는 압류채권자에게 이를 통지하여야 한다.

② 압류채권자가 제1항의 통지를 받은 날부터 1주 이내에 제1항의 부담과 비용을 변제하고 남을 만한 가격을 정하여 그 가격에 맞는 매수신고가 없을 때에는 자기가 그 가격으로 매수하겠다고 신청하면서 충분한 보증을 제공하지 아니하면, 법원은 경매 절차를 취소하여야 한다.

③ 제2항의 취소 결정에 대하여는 즉시항고를 할 수 있다.

제103조 〈강제경매의 매각방법〉

① 부동산의 매각은 집행법원이 정한 매각방법에 따른다.

② 부동산의 매각은 매각기일에 하는 호가경매(呼價競賣), 매각기일에 입찰 및 개찰하게 하는 기일입찰 또는 입찰기간 이내에 입찰하게 하여 매각기일에 개찰하는 기간입찰의 세가지 방법으로 한다.

③ 부동산의 매각절차에 관하여 필요한 사항은 대법원규칙으로 정한다.

제104조 〈매각기일과 매각결정기일 등의 지정〉

① 법원은 최저매각가격으로 제102조제1항의 부담과 비용을 변제하고도 남을 것이 있다고 인정하거나 압류채권자가 제102조제2항의 신청을 하고 충분한 보증을 제공한 때에는 직권으로 매각기일과 매각결정기일을 정하여 대법원규칙이 정하는 방법으로 공고한다.

② 법원은 매각기일과 매각결정기일을 이해관계인에게 통지하여야 한다.

③ 제2항의 통지는 집행기록에 표시된 이해관계인의 주소에 대법원규칙이 정하는 방법으로 발송할 수 있다.

④ 기간입찰의 방법으로 매각할 경우에는 입찰기간에 관하여도 제1항 내지 제3항의 규정을 적용한다.

제105조 〈매각물건명세서 등〉

① 법원은 다음 각호의 사항을 적은 매각물건명세서를 작성하여야 한다.

 1. 부동산의 표시

 2. 부동산의 점유자와 점유의 권원, 점유할 수 있는 기간, 차임 또는 보증금에 관한 관계인의 진술

 3. 등기된 부동산에 대한 권리 또는 가처분으로서 매각으로 효력을 잃지 아니하는 것

 4. 매각에 따라 설정된 것으로 보게 되는 지상권의 개요

② 법원은 매각물건명세서·현황조사보고서 및 평가서의 사본을 법원에 비치하여 누구든지 볼 수 있도록 하여야 한다.

제106조 〈매각기일의 공고내용〉

매각기일의 공고내용에는 다음 각호의 사항을 적어야 한다.

 1. 부동산의 표시

 2. 강제집행으로 매각한다는 취지와 그 매각방법

 3. 부동산의 점유자, 점유의 권원, 점유하여 사용할 수 있는 기간, 차임 또는 보증금약정 및 그 액수

 4. 매각기일의 일시·장소, 매각기일을 진행할 집행관의 성명 및 기간입찰의 방법으로 매각할 경우에는 입찰기간·장소

5. 최저매각가격

6. 매각결정기일의 일시·장소

7. 매각물건명세서·현황조사보고서 및 평가서의 사본을 매각기일 전에 법원에 비치하여 누구든지 볼 수 있도록 제공한다는 취지

8. 등기부에 기입할 필요가 없는 부동산에 대한 권리를 가진 사람은 채권을 신고하여야 한다는 취지

9. 이해관계인은 매각기일에 출석할 수 있다는 취지

제107조 〈매각장소〉

매각기일은 법원안에서 진행하여야 한다. 다만, 집행관은 법원의 허가를 얻어 다른 장소에서 매각기일을 진행할 수 있다.

제108조 〈매각장소의 질서유지〉

집행관은 다음 각호 가운데 어느 하나에 해당한다고 인정되는 사람에 대하여 매각장소에 들어오지 못하도록 하거나 매각장소에서 내보내거나 매수의 신청을 하지 못하도록 할 수 있다.

1. 다른 사람의 매수신청을 방해한 사람

2. 부당하게 다른 사람과 담합하거나 그 밖에 매각의 적정한 실시를 방해한 사람

3. 제1호 또는 제2호의 행위를 교사(敎唆)한 사람

4. 민사집행절차에서의 매각에 관하여 형법 제136조·제137조·제140조·제140조의2·제142조·제315조 및 제323조 내지 제327조에 규정된 죄로 유죄판결을 받고 그 판결확정일부터 2년이 지나지 아니한 사람

제109조 〈매각결정기일〉

① 매각결정기일은 매각기일부터 1주 이내로 정하여야 한다.

② 매각결정절차는 법원안에서 진행하여야 한다.

제110조 〈합의에 의한 매각조건의 변경〉

① 최저매각가격 외의 매각조건은 법원이 이해관계인의 합의에 따라 바꿀 수 있다.

② 이해관계인은 배당요구의 종기까지 제1항의 합의를 할 수 있다.

제111조 〈직권에 의한 매각조건의 변경〉

① 거래의 실상을 반영하거나 경매 절차를 효율적으로 진행하기 위하여 필요한 경우에 법원은 배당요구의 종기까지 매각조건을 바꾸거나 새로운 매각조건을 설정할 수 있다

② 이해관계인은 제1항의 재판에 대하여 즉시항고를 할 수 있다.

③ 제1항의 경우에 법원은 집행관에게 부동산에 대하여 필요한 조사를 하게 할 수 있다.

제112조 〈매각기일의 진행〉

집행관은 기일입찰 또는 호가경매의 방법에 의한 매각기일에는 매각물건명세서·현황조사보고서 및 평가서의 사본을 볼 수 있게 하고, 특별한 매각조건이 있는 때에는 이를 고지하며, 법원이 정한 매각방법에 따라 매수가격을 신고하도록 최고하여야 한다.

제113조 〈매수신청의 보증〉

매수신청인은 대법원규칙이 정하는 바에 따라 집행법원이 정하는 금액과 방법에 맞는 보증을 집행관에게 제공하여야 한다.

제114조 〈차순위매수신고〉

① 최고가매수신고인 외의 매수신고인은 매각기일을 마칠 때까지 집행관에게 최고가매수신고인이 대금지급기한까지 그 의무를 이행하지 아니하면 자기의 매수신고에 대하여 매각을 허가하여 달라는 취지의 신고(이하 '차순위매수신고' 라 한다)를 할 수 있다.

② 차순위매수신고는 그 신고액이 최고가매수신고액에서 그 보증을 뺀 금액을 넘는 때에만 할 수 있다.

제115조 〈매각기일의 종결〉

① 집행관은 최고가매수신고인의 성명과 그 가격을 부르고 차순위매수신고를 최고한 뒤, 적법한 차순위매수신고가 있으면 차순위매수신고인을 정하여 그 성명과 가격을 부른 다음 매각기일을 종결한다고 고지하여야 한다.

② 차순위매수신고를 한 사람이 둘 이상인 때에는 신고한 매수가격이 높은 사람을 차순위매수신고인으로 정한다. 신고한 매수가격이 같은 때에는 추첨으로 차순위매수신고인을 정한다.

③ 최고가매수신고인과 차순위매수신고인을 제외한 다른 매수신고인은 제1항의 고지에 따라 매수의 책임을 벗게 되고, 즉시 매수신청의 보증을 돌려 줄 것을 신청할 수 있다.

④ 기일입찰 또는 호가경매의 방법에 의한 매각기일에서 매각기일을 마감할 때까지 허가할 매수가격의 신고가 없는 때에는 집행관은 즉시 매각기일의 마감을 취소하고 같은 방법으로 매수가격을 신고하도록 최고할 수 있다.

⑤ 제4항의 최고에 대하여 매수가격의 신고가 없어 매각기일을 마감하는 때에는 매각기일의 마감을 다시 취소하지 못한다.

제116조 〈매각기일조서〉

① 매각기일조서에는 다음 각호의 사항을 적어야 한다.

 1. 부동산의 표시

 2. 압류채권자의 표시

3. 매각물건명세서·현황조사보고서 및 평가서의 사본을 볼 수 있게 한 일

4. 특별한 매각조건이 있는 때에는 이를 고지한 일

5. 매수가격의 신고를 최고한 일

6. 모든 매수신고가격과 그 신고인의 성명·주소 또는 허가할 매수가격의 신고가 없는 일

7. 매각기일을 마감할 때까지 허가할 매수가격의 신고가 없어 매각기일의 마감을 취소하고 다시 매수가격의 신고를 최고한 일

8. 최종적으로 매각기일의 종결을 고지한 일시

9. 매수하기 위하여 보증을 제공한 일 또는 보증을 제공하지 아니하므로 그 매수를 허가하지 아니한 일

10. 최고가매수신고인과 차순위매수신고인의 성명과 그 가격을 부른 일

② 최고가매수신고인 및 차순위매수신고인과 출석한 이해관계인은 조서에 서명날인하여야 한다. 그들이 서명날인할 수 없을 때에는 집행관이 그 사유를 적어야 한다.

③ 집행관이 매수신청의 보증을 돌려 준 때에는 영수증을 받아 조서에 붙여야 한다.

제117조〈조서와 금전의 인도〉

집행관은 매각기일조서와 매수신청의 보증으로 받아 돌려주지 아니한 것을 매각기일부터 3일 이내에 법원사무관등에게 인도하여야 한다.

제118조〈최고가매수신고인 등의 송달영수인신고〉

① 최고가매수신고인과 차순위매수신고인은 대한민국안에 주소·거소와 사무소가 없는 때에는 대한민국안에 송달이나 통지를 받을 장소와 영수인을 정하여 법원에 신고하여야 한다.

② 최고가매수신고인이나 차순위매수신고인이 제1항의 신고를 하지 아니한 때에는 법원은 그에 대한 송달이나 통지를 하지 아니할 수 있다.

③ 제1항의 신고는 집행관에게 말로 할 수 있다. 이 경우 집행관은 조서에 이를 적어야 한다.

제119조〈새 매각기일〉

허가할 매수가격의 신고가 없이 매각기일이 최종적으로 마감된 때에는 제91조제1항의 규정에 어긋나지 아니하는 한도에서 법원은 최저매각가격을 상당히 낮추고 새 매각기일을 정하여야 한다. 그 기일에 허가할 매수가격의 신고가 없는 때에도 또한 같다.

제120조〈매각결정기일에서의 진술〉

① 법원은 매각결정기일에 출석한 이해관계인에게 매각허가에 관한 의견을 진술하게 하여야 한다.

② 매각허가에 관한 이의는 매각허가가 있을 때까지 신청하여야 한다. 이미 신청한 이의에 대한 진술도 또한 같다.

제121조 〈매각허가에 대한 이의신청사유〉

매각허가에 관한 이의는 다음 각호 가운데 어느 하나에 해당하는 이유가 있어야 신청할 수 있다.

1. 강제집행을 허가할 수 없거나 집행을 계속 진행할 수 없을 때

2. 최고가매수신고인이 부동산을 매수할 능력이나 자격이 없는 때

3. 부동산을 매수할 자격이 없는 사람이 최고가매수신고인을 내세워 매수신고를 한 때

4. 최고가매수신고인, 그 대리인 또는 최고가매수신고인을 내세워 매수신고를 한 사람이 제108조 각호 가운데 어느 하나에 해당되는 때

5. 최저매각가격의 결정, 일괄매각의 결정 또는 매각물건명세서의 작성에 중대한 흠이 있는 때

6. 천재지변, 그 밖에 자기가 책임을 질 수 없는 사유로 부동산이 현저하게 훼손된 사실 또는 부동산에 관한 중대한 권리관계가 변동된 사실이 경매 절차의 진행중에 밝혀진 때

7. 경매 절차에 그 밖의 중대한 잘못이 있는 때

제122조 〈이의신청의 제한〉

이의는 다른 이해관계인의 권리에 관한 이유로 신청하지못한다.

제123조 〈매각의 불허〉

① 법원은 이의신청이 정당하다고 인정한 때에는 매각을 허가하지 아니한다.

② 제121조에 규정한 사유가 있는 때에는 직권으로 매각을 허가하지 아니한다. 다만, 같은 조 제2호 또는 제3호의 경우에는 능력 또는 자격의 흠이 제거되지 아니한 때에 한한다.

제124조 〈과잉매각되는 경우의 매각불허가〉

① 여러 개의 부동산을 매각하는 경우에 한 개의 부동산의 매각대금으로 모든 채권자의 채권액과 강제집행 비용을 변제하기에 충분하면 다른 부동산의 매각을 허가하지 아니한다. 다만, 제101조제3항 단서에 따른 일괄매각의 경우에는 그러하지 아니하다.

② 제1항 본문의 경우에 채무자는 그 부동산 가운데 매각할 것을 지정할 수 있다.

제125조 〈매각을 허가하지 아니할 경우의 새 매각기일〉

① 제121조와 제123조의 규정에 따라 매각을 허가하지 아니하고 다시 매각을 명하는 때에는 직권으로 새 매각기일을 정하여야 한다.

② 제121조제6호의 사유로 제1항의 새 매각기일을 열게 된 때에는 제97조 내지 제105조의 규정을 준용한다.

제126조 〈매각허가여부의 결정선고〉

① 매각을 허가하거나 허가하지 아니하는 결정은 선고하여야 한다.

② 매각결정기일조서에는 민사소송법 제152조 내지 제154조와 제156조 내지 제158조 및 제164

조의 규정을 준용한다.

③ 제1항의 결정은 확정되어야 효력을 가진다.

제127조 〈매각허가결정의 취소신청〉

① 제121조제6호에서 규정한 사실이 매각허가결정의 확정 뒤에 밝혀진 경우에는 매수인은 대금을 낼 때까지 매각허가결정의 취소신청을 할 수 있다.

② 제1항의 신청에 관한 결정에 대하여는 즉시항고를 할 수 있다.

제128조 〈매각허가결정〉

① 매각허가결정에는 매각한 부동산, 매수인과 매각가격을 적고 특별한 매각조건으로 매각한 때에는 그 조건을 적어야 한다.

② 제1항의 결정은 선고하는 외에 대법원규칙이 정하는 바에 따라 공고하여야 한다.

제129조 〈이해관계인 등의 즉시항고〉

① 이해관계인은 매각허가여부의 결정에 따라 손해를 볼 경우에만 그 결정에 대하여 즉시항고를 할 수 있다.

② 매각허가에 정당한 이유가 없거나 결정에 적은 것 외의 조건으로 허가하여야 한다고 주장하는 매수인 또는 매각허가를 주장하는 매수신고인도 즉시항고를 할 수 있다.

③ 제1항 및 제2항의 경우에 매각허가를 주장하는 매수신고인은 그 신청한 가격에 대하여 구속을 받는다.

제130조 〈매각허가여부에 대한 항고〉

① 매각허가결정에 대한 항고는 이 법에 규정한 매각허가에 대한 이의신청사유가 있다거나, 그 결정절차에 중대한 잘못이 있다는 것을 이유로 드는 때에만 할 수 있다.

② 민사소송법 제451조제1항 각호의 사유는 제1항의 규정에 불구하고 매각허가 또는 불허가결정에 대한 항고의 이유로 삼을 수 있다.

③ 매각허가결정에 대하여 항고를 하고자 하는 사람은 보증으로 매각대금의 10분의 1에 해당하는 금전 또는 법원이 인정한 유가증권을 공탁하여야 한다.

④ 항고를 제기하면서 항고장에 제3항의 보증을 제공하였음을 증명하는 서류를 붙이지 아니한 때에는 원심법원은 항고장을 받은 날부터 1주 이내에 결정으로 이를 각하하여야 한다.

⑤ 제4항의 결정에 대하여는 즉시항고를 할 수 있다.

⑥ 채무자 및 소유자가 한 제3항의 항고가 기각된 때에는 항고인은 보증으로 제공한 금전이나 유가증권을 돌려 줄 것을 요구하지 못한다.

⑦ 채무자 및 소유자 외의 사람이 한 제3항의 항고가 기각된 때에는 항고인은 보증으로 제공한

금전이나, 유가증권을 현금화한 금액 가운데 항고를 한 날부터 항고기각결정이 확정된 날까지의 매각대금에 대한 대법원규칙이 정하는 이율에 의한 금액(보증으로 제공한 금전이나, 유가증권을 현금화한 금액을 한도로 한다)에 대하여는 돌려 줄 것을 요구할 수 없다. 다만, 보증으로 제공한 유가증권을 현금화하기 전에 위의 금액을 항고인이 지급한 때에는 그 유가증권을 돌려 줄 것을 요구할 수 있다.

⑧ 항고인이 항고를 취하한 경우에는 제6항 또는 제7항의 규정을 준용한다.

제131조 〈항고심의 절차〉

① 항고법원은 필요한 경우에 반대진술을 하게 하기 위하여 항고인의 상대방을 정할 수 있다.

② 한 개의 결정에 대한 여러 개의 항고는 병합한다.

③ 항고심에는 제122조의 규정을 준용한다.

제132조 〈항고법원의 재판과 매각허가여부결정〉

항고법원이 집행법원의 결정을 취소하는 경우에 그 매각허가여부의 결정은 집행법원이 한다.

제133조 〈매각을 허가하지 아니하는 결정의 효력〉

매각을 허가하지 아니한 결정이 확정된 때에는 매수인과 매각허가를 주장한 매수신고인은 매수에 관한 책임이 면제된다.

제134조 〈최저매각가격의 결정부터 새로할 경우〉

제127조의 규정에 따라 매각허가결정을 취소한 경우에는 제97조 내지 제105조의 규정을 준용한다.

제135조 〈소유권의 취득시기〉

매수인은 매각대금을 다 낸 때에 매각의 목적인 권리를 취득한다.

제136조 〈부동산의 인도명령 등〉

① 법원은 매수인이 대금을 낸 뒤 6월 이내에 신청하면 채무자·소유자 또는 부동산 점유자에 대하여 부동산을 매수인에게 인도하도록 명할 수 있다. 다만, 점유자가 매수인에게 대항할 수 있는 권원에 의하여 점유하고 있는 것으로 인정되는 경우에는 그러하지 아니하다.

② 법원은 매수인 또는 채권자가 신청하면 매각허가가 결정된 뒤 인도할 때까지 관리인에게 부동산을 관리하게 할 것을 명할 수 있다.

③ 제2항의 경우 부동산의 관리를 위하여 필요하면 법원은 매수인 또는 채권자의 신청에 따라 담보를 제공하게 하거나 제공하게 하지 아니하고 제1항의 규정에 준하는 명령을 할 수 있다.

④ 법원이 채무자 및 소유자 외의 점유자에 대하여 제1항 또는 제3항의 규정에 따른 인도명령을 하려면 그 점유자를 심문하여야 한다. 다만, 그 점유자가 매수인에게 대항할 수 있는 권원에 의하

여 점유하고 있지 아니함이 명백한 때 또는 이미 그 점유자를 심문한 때에는 그러하지 아니하다.

⑤ 제1항 내지 제3항의 신청에 관한 결정에 대하여는 즉시항고를 할 수 있다.

⑥ 채무자·소유자 또는 점유자가 제1항과 제3항의 인도명령에 따르지 아니할 때에는 매수인 또는 채권자는 집행관에게 그 집행을 위임할 수 있다.

제137조〈차순위매수신고인에 대한 매각허가여부결정〉

① 차순위매수신고인이 있는 경우에 매수인이 대금지급기한까지 그 의무를 이행하지 아니한 때에는 차순위매수신고인에게 매각을 허가할 것인지를 결정하여야 한다. 다만, 제142조제4항의 경우에는 그러하지 아니하다.

② 차순위매수신고인에 대한 매각허가결정이 있는 때에는 매수인은 매수신청의 보증을 돌려 줄 것을 요구하지 못한다.

제138조〈재매각〉

① 매수인이 대금지급기한 또는 제142조제4항의 다시 정한 기한까지 그 의무를 완전히 이행하지 아니하였고, 차순위매수신고인이 없는 때에는 법원은 직권으로 부동산의 재매각을 명하여야 한다.

② 재매각절차에도 종전에 정한 최저매각가격, 그 밖의 매각조건을 적용한다.

③ 매수인이 재매각기일의 3일 이전까지 대금, 그 지급기한이 지난 뒤부터 지급일까지의 대금에 대한 대법원규칙이 정하는 이율에 따른 지연이자와 절차 비용을 지급한 때에는 재매각절차를 취소하여야 한다. 이 경우 차순위매수신고인이 매각허가결정을 받았던 때에는 위 금액을 먼저 지급한 매수인이 매매목적물의 권리를 취득한다.

④ 재매각절차에서는 전의 매수인은 매수신청을 할 수 없으며 매수신청의 보증을 돌려 줄 것을 요구하지 못한다.

제139조〈공유물지분에 대한 경매〉

① 공유물지분을 경매하는 경우에는 채권자의 채권을 위하여 채무자의 지분에 대한 경매개시결정이 있음을 등기부에 기입하고 다른 공유자에게 그 경매개시결정이 있다는 것을 통지하여야 한다. 다만, 상당한 이유가 있는 때에는 통지하지 아니할 수 있다.

② 최저매각가격은 공유물 전부의 평가액을 기본으로 채무자의 지분에 관하여 정하여야 한다. 다만, 그와 같은 방법으로 정확한 가치를 평가하기 어렵거나 그 평가에 부당하게 많은 비용이 드는 등 특별한 사정이 있는 경우에는 그러하지 아니한다.

제140조〈공유자의 우선매수권〉

① 공유자는 매각기일까지 제113조에 따른 보증을 제공하고 최고매수신고가격과 같은 가격으

로 채무자의 지분을 우선매수하겠다는 신고를 할 수 있다.

② 제1항의 경우에 법원은 최고가매수신고가 있더라도 그 공유자에게 매각을 허가하여야 한다.

③ 여러 사람의 공유자가 우선매수하겠다는 신고를 하고 제2항의 절차를 마친 때에는 특별한 협의가 없으면 공유지분의 비율에 따라 채무자의 지분을 매수하게 한다.

④ 제1항의 규정에 따라 공유자가 우선매수신고를 한 경우에는 최고가매수신고인을 제114조의 차순위매수신고인으로 본다.

제141조 〈경매개시결정등기의 말소〉

경매신청이 매각허가 없이 마쳐진 때에는 법원사무관등은 제94조와 제139조제1항의 규정에 따른 기입을 말소하도록 등기관에게 촉탁하여야 한다.

제142조 〈대금의 지급〉

① 매각허가결정이 확정되면 법원은 대금의 지급기한을 정하고, 이를 매수인과 차순위매수신고인에게 통지하여야 한다.

② 매수인은 제1항의 대금지급기한까지 매각대금을 지급하여야 한다.

③ 매수신청의 보증으로 금전이 제공된 경우에 그 금전은 매각대금에 넣는다.

④ 매수신청의 보증으로 금전 외의 것이 제공된 경우로서 매수인이 매각대금중 보증액을 뺀 나머지 금액만을 낸 때에는, 법원은 보증을 현금화하여 그 비용을 뺀 금액을 보증액에 해당하는 매각대금 및 이에 대한 지연이자에 충당하고, 모자라는 금액이 있으면 다시 대금지급기한을 정하여 매수인으로 하여금 내게 한다.

⑤ 제4항의 지연이자에 대하여는 제138조제3항의 규정을 준용한다.

⑥ 차순위매수신고인은 매수인이 대금을 모두 지급한 때 매수의 책임을 벗게 되고 즉시 매수신청의 보증을 돌려 줄 것을 요구할 수 있다.

제143조 〈특별한 지급방법〉

① 매수인은 매각조건에 따라 부동산의 부담을 인수하는 외에 배당표(配當表)의 실시에 관하여 매각대금의 한도에서 관계채권자의 승낙이 있으면 대금의 지급에 갈음하여 채무를 인수할 수 있다.

② 채권자가 매수인인 경우에는 매각결정기일이 끝날 때까지 법원에 신고하고 배당받아야 할 금액을 제외한 대금을 배당기일에 낼 수 있다.

③ 제1항 및 제2항의 경우에 매수인이 인수한 채무나 배당받아야 할 금액에 대하여 이의가 제기된 때에는 매수인은 배당기일이 끝날 때까지 이에 해당하는 대금을 내야 한다.

제144조 〈매각대금 지급 뒤의 조치〉

① 매각대금이 지급되면 법원사무관등은 매각허가결정의 등본을 붙여 다음 각호의 등기를 촉탁하여야 한다.

 1. 매수인 앞으로 소유권을 이전하는 등기

 2. 매수인이 인수하지 아니한 부동산의 부담에 관한 기입을 말소하는 등기

 3. 제94조 및 제139조제1항의 규정에 따른 경매개시결정등기를 말소하는 등기

② 제1항의 등기에 드는 비용은 매수인이 부담한다.

제145조 〈매각대금의 배당〉

① 매각대금이 지급되면 법원은 배당절차를 밟아야 한다.

② 매각대금으로 배당에 참가한 모든 채권자를 만족하게 할 수 없는 때에는 법원은 민법·상법, 그 밖의 법률에 의한 우선순위에 따라 배당하여야 한다.

제146조 〈배당기일〉

매수인이 매각대금을 지급하면 법원은 배당에 관한 진술 및 배당을 실시할 기일을 정하고 이해관계인과 배당을 요구한 채권자에게 이를 통지하여야 한다. 다만, 채무자가 외국에 있거나 있는 곳이 분명하지 아니한 때에는 통지하지 아니한다.

제147조 〈배당할 금액 등〉

① 배당할 금액은 다음 각호에 규정한 금액으로 한다.

 1. 대금

 2. 제138조제3항 및 제142조제4항의 경우에는 대금지급기한이 지난 뒤부터 대금의 지급·충당까지의 지연이자

 3. 제130조제6항의 보증(제130조제8항에 따라 준용되는 경우를 포함한다.)

 4. 제130조제7항 본문의 보증 가운데 항고인이 돌려 줄 것을 요구하지 못하는 금액 또는 제130조제7항 단서의 규정에 따라 항고인이 낸 금액(각각 제130조제8항에 따라 준용되는 경우를 포함한다.)

 5. 제138조제4항의 규정에 의하여 매수인이 돌려줄 것을 요구할 수 없는 보증(보증이 금전 외의 방법으로 제공되어 있는 때에는 보증을 현금화하여 그 대금에서 비용을 뺀 금액)

② 제1항의 금액 가운데 채권자에게 배당하고 남은 금액이 있으면, 제1항제4호의 금액의 범위 안에서 제1항제4호의 보증 등을 제공한 사람에게 돌려준다.

③ 제1항의 금액 가운데 채권자에게 배당하고 남은 금액으로 제1항제4호의 보증 등을 돌려주기 부족한 경우로서 그 보증 등을 제공한 사람이 여럿인 때에는 제1항제4호의 보증 등의 비율에 따라 나누어 준다.

제148조 〈배당받을 채권자의 범위〉

제147조제1항에 규정한 금액을 배당받을 채권자는 다음 각호에 규정된 사람으로 한다.

 1. 배당요구의 종기까지 경매신청을 한 압류채권자

 2. 배당요구의 종기까지 배당요구를 한 채권자

 3. 첫 경매개시결정등기전에 등기된 가압류채권자

 4. 저당권·전세권, 그 밖의 우선변제청구권으로서 첫 경매개시결정등기전에 등기되었고 매각으로 소멸하는 것을 가진 채권자

제149조 〈배당표의 확정〉

① 법원은 채권자와 채무자에게 보여 주기 위하여 배당기일의 3일전에 배당표원안(配當表原案)을 작성하여 법원에 비치하여야 한다.

② 법원은 출석한 이해관계인과 배당을 요구한 채권자를 심문하여 배당표를 확정하여야 한다.

제150조 〈배당표의 기재 등〉

① 배당표에는 매각대금, 채권자의 채권의 원금, 이자, 비용, 배당의 순위와 배당의 비율을 적어야 한다.

② 출석한 이해관계인과 배당을 요구한 채권자가 합의한 때에는 이에 따라 배당표를 작성하여야 한다.

제151조 〈배당표에 대한 이의〉

① 기일에 출석한 채무자는 채권자의 채권 또는 그 채권의 순위에 대하여 이의할 수 있다.

② 제1항의 규정에 불구하고 채무자는 제149조제1항에 따라 법원에 배당표원안이 비치된 이후 배당기일이 끝날 때까지 채권자의 채권 또는 그 채권의 순위에 대하여 서면으로 이의할 수 있다.

③ 기일에 출석한 채권자는 자기의 이해에 관계되는 범위 안에서는 다른 채권자를 상대로 그의 채권 또는 그 채권의 순위에 대하여 이의할 수 있다.

제152조 〈이의의 완결〉

① 제151조의 이의에 관계된 채권자는 이에 대하여 진술하여야 한다.

② 관계인이 제151조의 이의를 정당하다고 인정하거나 다른 방법으로 합의한 때에는 이에 따라 배당표를 경정(更正)하여 배당을 실시하여야 한다.

③ 제151조의 이의가 완결되지 아니한 때에는 이의가 없는 부분에 한하여 배당을 실시하여야 한다.

제153조 〈불출석한 채권자〉

① 기일에 출석하지 아니한 채권자는 배당표와 같이 배당을 실시하는 데에 동의한 것으로 본다.

② 기일에 출석하지 아니한 채권자가 다른 채권자가 제기한 이의에 관계된 때에는 그 채권자는 이의를 정당하다고 인정하지 아니한 것으로 본다.

제154조 〈배당이의의 소 등〉

① 집행력 있는 집행권원의 정본을 가지지 아니한 채권자(가압류채권자를 제외한다)에 대하여 이의한 채무자와 다른 채권자에 대하여 이의한 채권자는 배당이의의 소를 제기하여야 한다.

② 집행력 있는 집행권원의 정본을 가진 채권자에 대하여 이의한 채무자는 청구이의의 소를 제기하여야 한다.

③ 이의한 채권자나 채무자가 배당기일부터 1주 이내에 집행법원에 대하여 제1항의 소를 제기한 사실을 증명하는 서류를 제출하지 아니한 때 또는 제2항의 소를 제기한 사실을 증명하는 서류와 그 소에 관한 집행정지재판의 정본을 제출하지 아니한 때에는 이의가 취하된 것으로 본다.

제155조 〈이의한 사람 등의 우선권 주장〉

이의한 채권자가 제154조제3항의 기간을 지키지 아니한 경우에도 배당표에 따른 배당을 받은 채권자에 대하여 소로 우선권 및 그 밖의 권리를 행사하는 데 영향을 미치지 아니한다.

제156조 〈배당이의의 소의 관할〉

① 제154조제1항의 배당이의의 소는 배당을 실시한 집행법원이 속한 지방법원의 관할로 한다. 다만, 소송물이 단독판사의 관할에 속하지 아니할 경우에는 지방법원의 합의부가 이를 관할한다.

② 여러 개의 배당이의의 소가 제기된 경우에 한 개의 소를 합의부가 관할하는 때에는 그 밖의 소도 함께 관할한다.

③ 이의한 사람과 상대방이 이의에 관하여 단독판사의 재판을 받을 것을 합의한 경우에는 제1항 단서와 제2항의 규정을 적용하지 아니한다.

제157조 〈배당이의의 소의 판결〉

배당이의의 소에 대한 판결에서는 배당액에 대한 다툼이 있는 부분에 관하여 배당을 받을 채권자와 그 액수를 정하여야 한다. 이를 정하는 것이 적당하지 아니하다고 인정한 때에는 판결에서 배당표를 다시 만들고 다른 배당절차를 밟도록 명하여야 한다.

제158조 〈배당이의의 소의 취하간주〉

이의한 사람이 배당이의의 소의 첫 변론기일에 출석하지 아니한 때에는 소를 취하한 것으로 본다.

제159조 〈배당실시절차·배당조서〉

① 법원은 배당표에 따라 제2항 및 제3항에 규정된 절차에 의하여 배당을 실시하여야 한다.

② 채권 전부의 배당을 받을 채권자에게는 배당액 지급증을 교부하는 동시에 그가 가진 집행력 있는 정본 또는 채권증서를 받아 채무자에게 교부하여야 한다.

③ 채권 일부의 배당을 받을 채권자에게는 집행력 있는 정본 또는 채권증서를 제출하게 한 뒤 배당액을 적어서 돌려주고 배당액 지급증을 교부하는 동시에 영수증을 받아 채무자에게 교부하여야 한다.

④ 제1항 내지 제3항의 배당실시절차는 조서에 명확히 적어야 한다.

제160조 〈배당 금액의 공탁〉

① 배당을 받아야 할 채권자의 채권에 대하여 다음 각호 가운데 어느 하나의 사유가 있으면 그에 대한 배당액을 공탁하여야 한다.

 1. 채권에 정지조건 또는 불확정기한이 붙어 있는 때

 2. 가압류채권자의 채권인 때

 3. 제49조제2호 및 제266조제1항제5호에 규정된 문서가 제출되어 있는 때

 4. 저당권설정의 가등기가 마쳐져 있는 때

 5. 제154조제1항에 의한 배당이의의 소가 제기된 때

 6. 민법 제340조제2항 및 같은 법 제370조에 따른 배당 금액의 공탁청구가 있는 때

② 채권자가 배당기일에 출석하지 아니한 때에는 그에 대한 배당액을 공탁하여야 한다.

제161조 〈공탁금에 대한 배당의 실시〉

① 법원이 제160조제1항의 규정에 따라 채권자에 대한 배당액을 공탁한 뒤 공탁의 사유가 소멸한 때에는 법원은 공탁금을 지급하거나 공탁금에 대한 배당을 실시하여야 한다.

② 제1항에 따라 배당을 실시함에 있어서 다음 각호 가운데 어느 하나에 해당하는 때에는 법원은 배당에 대하여 이의하지 아니한 채권자를 위하여서도 배당표를 바꾸어야 한다.

 1. 제160조제1항제1호 내지 제4호의 사유에 따른 공탁에 관련된 채권자에 대하여 배당을 실시할 수 없게 된 때

 2. 제160조제1항제5호의 공탁에 관련된 채권자가 채무자로부터 제기당한 배당이의의 소에서 진 때

 3. 제160조제1항제6호의 공탁에 관련된 채권자가 저당물의 매각대가로부터 배당을 받은 때

③ 제160조제2항의 채권자가 법원에 대하여 공탁금의 수령을 포기하는 의사를 표시한 때에는 그 채권자의 채권이 존재하지 아니하는 것으로 보고 배당표를 바꾸어야 한다.

④ 제2항 및 제3항의 배당표변경에 따른 추가 배당기일에 제151조의 규정에 따라 이의할 때에는 종전의 배당기일에서 주장할 수 없었던 사유만을 주장할 수 있다.

제162조 〈공동경매〉

여러 압류채권자를 위하여 동시에 실시하는 부동산의 경매 절차에는 제80조 내지 제161조의 규정을 준용한다.

제163조〈강제경매규정의 준용〉

강제관리에는 제80조 내지 제82조, 제83조제1항·제3항 내지 제5항, 제85조 내지 제89조 및 제94조 내지 제96조의 규정을 준용한다.

제164조〈강제관리개시결정〉

① 강제관리를 개시하는 결정에는 채무자에게는 관리사무에 간섭하여서는 아니되고 부동산의 수익을 처분하여서도 아니된다고 명하여야 하며, 수익을 채무자에게 지급할 제3자에게는 관리인에게 이를 지급하도록 명하여야 한다.

② 수확하였거나 수확할 과실(果實)과, 이행기에 이르렀거나 이르게 될 과실은 제1항의 수익에 속한다.

③ 강제관리개시결정은 제3자에게는 결정서를 송달하여야 효력이 생긴다.

④ 강제관리신청을 기각하거나 각하하는 재판에 대하여는 즉시항고를 할 수 있다.

제165조〈강제관리개시결정 등의 통지〉

법원은 강제관리를 개시하는 결정을 한 부동산에 대하여 다시 강제관리의 개시결정을 하거나 배당요구의 신청이 있는 때에는 관리인에게 이를 통지하여야 한다.

제166조〈관리인의 임명 등〉

① 관리인은 법원이 임명한다. 다만, 채권자는 적당한 사람을 관리인으로 추천할 수 있다.

② 관리인은 관리와 수익을 하기 위하여 부동산을 점유할 수 있다. 이 경우 저항을 받으면 집행관에게 원조를 요구할 수 있다.

③ 관리인은 제3자가 채무자에게 지급할 수익을 추심(推尋)할 권한이 있다.

제167조〈법원의 지휘·감독〉

① 법원은 관리에 필요한 사항과 관리인의 보수를 정하고, 관리인을 지휘·감독한다.

② 법원은 관리인에게 보증을 제공하도록 명할 수 있다.

③ 관리인에게 관리를 계속할 수 없는 사유가 생긴 경우에는 법원은 직권으로 또는 이해관계인의 신청에 따라 관리인을 해임할 수 있다. 이 경우 관리인을 심문하여야 한다.

제168조〈준용규정〉

제3자가 부동산에 대한 강제관리를 막을 권리가 있다고 주장하는 경우에는 제48조의 규정을 준용한다.

제169조〈수익의 처리〉

① 관리인은 부동산수익에서 그 부동산이 부담하는 조세, 그 밖의 공과금을 뺀 뒤에 관리 비용

을 변제하고, 그 나머지 금액을 채권자에게 지급한다.

② 제1항의 경우 모든 채권자를 만족하게 할 수 없는 때에는 관리인은 채권자 사이의 배당협의에 따라 배당을 실시하여야 한다.

③ 채권자 사이에 배당협의가 이루어지지 못한 경우에 관리인은 그 사유를 법원에 신고하여야 한다.

④ 제3항의 신고가 있는 경우에는 제145조·제146조 및 제148조 내지 제161조의 규정을 준용하여 배당표를 작성하고 이에 따라 관리인으로 하여금 채권자에게 지급하게 하여야 한다.

제170조 〈관리인의 계산보고〉

① 관리인은 매년 채권자·채무자와 법원에 계산서를 제출하여야 한다. 그 업무를 마친 뒤에도 또한 같다.

② 채권자와 채무자는 계산서를 송달받은 날부터 1주 이내에 집행법원에 이에 대한 이의신청을 할 수 있다.

③ 제2항의 기간 이내에 이의신청이 없는 때에는 관리인의 책임이 면제된 것으로 본다.

④ 제2항의 기간 이내에 이의신청이 있는 때에는 관리인을 심문한 뒤 결정으로 재판하여야 한다. 신청한 이의를 매듭 지은 때에는 법원은 관리인의 책임을 면제한다.

제171조 〈강제관리의 취소〉

① 강제관리의 취소는 법원이 결정으로 한다.

② 채권자들이 부동산수익으로 전부 변제를 받았을 때에는 법원은 직권으로 제1항의 취소결정을 한다.

③ 제1항 및 제2항의 결정에 대하여는 즉시항고를 할 수 있다.

④ 강제관리의 취소결정이 확정된 때에는 법원사무관등은 강제관리에 관한 기입등기를 말소하도록 촉탁하여야 한다.

제3절 선박 등에 대한 강제집행

제172조 〈선박에 대한 강제집행〉

등기할 수 있는 선박에 대한 강제집행은 부동산의 강제경매에 관한 규정에 따른다. 다만, 사물의 성질에 따른 차이가 있거나 특별한 규정이 있는 경우에는 그러하지 아니하다.

제173조 〈관할법원〉

선박에 대한 강제집행의 집행법원은 압류 당시에 그 선박이 있는 곳을 관할하는 지방법원으로 한다.

제174조 〈선박국적증서 등의 제출〉

① 법원은 경매개시결정을 한 때에는 집행관에게 선박국적증서 그 밖에 선박운행에 필요한 문서(이하 '선박국적증서등' 이라 한다)를 선장으로부터 받아 법원에 제출하도록 명하여야 한다.

② 경매개시결정이 송달 또는 등기되기 전에 집행관이 선박국적증서등을 받은 경우에는 그 때에 압류의 효력이 생긴다.

제175조 〈선박집행신청전의 선박국적증서등의 인도명령〉

① 선박에 대한 집행의 신청전에 선박국적증서등을 받지 아니하면 집행이 매우 곤란할 염려가 있을 경우에는 선적(船籍)이 있는 곳을 관할하는 지방법원(선적이 없는 때에는 대법원규칙이 정하는 법원)은 신청에 따라 채무자에게 선박국적증서등을 집행관에게 인도하도록 명할 수 있다. 급박한 경우에는 선박이 있는 곳을 관할하는 지방법원도 이 명령을 할 수 있다.

② 집행관은 선박국적증서등을 인도받은 날부터 5일 이내에 채권자로부터 선박집행을 신청하였음을 증명하는 문서를 제출받지 못한 때에는 그 선박국적증서등을 돌려 주어야 한다.

③ 제1항의 규정에 따른 재판에 대하여는 즉시항고를 할 수 있다.

④ 제1항의 규정에 따른 재판에는 제292조제2항 및 제3항의 규정을 준용한다.

제176조 〈압류선박의 정박〉

① 법원은 집행절차를 행하는 동안 선박이 압류 당시의 장소에 계속 머무르도록 명하여야 한다.

② 법원은 영업상의 필요, 그 밖에 상당한 이유가 있다고 인정할 경우에는 채무자의 신청에 따라 선박의 운행을 허가할 수 있다. 이 경우 채권자·최고가매수신고인·차순위매수신고인 및 매수인의 동의가 있어야 한다.

③ 제2항의 선박운행허가결정에 대하여는 즉시항고를 할 수 있다.

④ 제2항의 선박운행허가결정은 확정되어야 효력이 생긴다.

제177조 〈경매신청의 첨부서류〉

① 강제경매신청을 할 때에는 다음 각호의 서류를 내야 한다.

　1. 채무자가 소유자인 경우에는 소유자로서 선박을 점유하고 있다는 것을, 선장인 경우에는 선장으로서 선박을 지휘하고 있다는 것을 소명할 수 있는 증서

　2. 선박에 관한 등기사항을 포함한 등기부의 초본 또는 등본

② 채권자는 공적 장부를 주관하는 공공기관이 멀리 떨어진 곳에 있는 때에는 제1항제2호의 초본 또는 등본을 보내주도록 법원에 신청할 수 있다.

제178조 〈감수·보존처분〉

① 법원은 채권자의 신청에 따라 선박을 감수(監守)하고 보존하기 위하여 필요한 처분을 할 수

있다.

② 제1항의 처분을 한 때에는 경매개시결정이 송달되기 전에도 압류의 효력이 생긴다.

제179조 〈선장에 대한 판결의 집행〉

① 선장에 대한 판결로 선박채권자를 위하여 선박을 압류하면 그 압류는 소유자에 대하여도 효력이 미친다. 이 경우 소유자도 이해관계인으로 본다.

② 압류한 뒤에 소유자나 선장이 바뀌더라도 집행절차에는 영향을 미치지 아니한다.

③ 압류한 뒤에 선장이 바뀐 때에는 바뀐 선장만이 이해관계인이 된다.

제180조 〈관할위반으로 말미암은 절차의 취소〉

압류 당시 선박이 그 법원의 관할안에 없었음이 판명된 때에는 그 절차를 취소하여야 한다.

제181조 〈보증의 제공에 의한 강제경매 절차의 취소〉

① 채무자가 제49조제2호 또는 제4호의 서류를 제출하고 압류채권자 및 배당을 요구한 채권자의 채권과 집행 비용에 해당하는 보증을 매수신고전에 제공한 때에는 법원은 신청에 따라 배당절차 외의 절차를 취소하여야 한다.

② 제1항에 규정한 서류를 제출함에 따른 집행정지가 효력을 잃은 때에는 법원은 제1항의 보증금을 배당하여야 한다.

③ 제1항의 신청을 기각한 재판에 대하여는 즉시항고를 할 수 있다.

④ 제1항의 규정에 따른 집행취소결정에는 제17조제2항의 규정을 적용하지 아니한다.

⑤ 제1항의 보증의 제공에 관하여 필요한 사항은 대법원규칙으로 정한다.

제182조 〈사건의 이송〉

① 압류된 선박이 관할구역 밖으로 떠난 때에는 집행법원은 선박이 있는 곳을 관할하는 법원으로 사건을 이송할 수 있다.

② 제1항의 규정에 따른 결정에 대하여는 불복할 수 없다.

제183조 〈선박국적증서등을 넘겨받지 못한 경우의 경매 절차취소〉

경매개시결정이 있은 날부터 2월이 지나기까지 집행관이 선박국적증서등을 넘겨받지 못하고, 선박이 있는 곳이 분명하지 아니한 때에는 법원은 강제경매 절차를 취소할 수 있다.

제184조 〈매각기일의 공고〉

매각기일의 공고에는 선박의 표시와 그 정박한 장소를 적어야 한다.

제185조 〈선박지분의 압류명령〉

① 선박의 지분에 대한 강제집행은 제251조에서 규정한 강제집행의 예에 따른다.

② 채권자가 선박의 지분에 대하여 강제집행신청을 하기 위하여서는 채무자가 선박의 지분을

소유하고 있다는 사실을 증명할 수 있는 선박등기부의 등본이나 그 밖의 증명서를 내야 한다.

③ 압류명령은 채무자 외에 상법 제760조에 의하여 선임된 선박관리인(이하 이 조에서 '선박관리인' 이라 한다)에게도 송달하여야 한다.

④ 압류명령은 선박관리인에게 송달되면 채무자에게 송달된 것과 같은 효력을 가진다.

제186조〈외국선박의 압류〉

외국선박에 대한 강제집행에는 등기부에 기입할 절차에 관한 규정을 적용하지 아니한다.

제187조〈자동차 등에 대한 강제집행〉

자동차·건설기계 및 항공기에 대한 강제집행절차는 제2절 내지 제4절의 규정에 준하여 대법원 규칙으로 정한다.

제4절 동산에 대한 강제집행

_제1관 통칙

제188조〈집행방법, 압류의 범위〉

① 동산에 대한 강제집행은 압류에 의하여 개시한다.

② 압류는 집행력 있는 정본에 적은 청구 금액의 변제와 집행 비용의 변상에 필요한 한도안에서 하여야 한다.

③ 압류물을 현금화하여도 집행 비용 외에 남을 것이 없는 경우에는 집행하지 못한다.

_제2관 유체동산에 대한 강제집행

제189조〈채무자가 점유하고 있는 물건의 압류〉

① 채무자가 점유하고 있는 유체동산의 압류는 집행관이 그 물건을 점유함으로써 한다. 다만, 채권자의 승낙이 있거나 운반이 곤란한 때에는 봉인(封印), 그 밖의 방법으로 압류물임을 명확히 하여 채무자에게 보관시킬 수 있다.

② 다음 각호 가운데 어느 하나에 해당하는 물건은 이 법에서 유체동산으로 본다.

  1. 등기할 수 없는 토지의 정착물로서 독립하여 거래의 객체가 될 수 있는 것

  2. 토지에서 분리하기 전의 과실로서 1월 이내에 수확할 수 있는 것

  3. 유가증권으로서 배서가 금지되지 아니한 것

③ 집행관은 채무자에게 압류의 사유를 통지하여야 한다.

제190조〈부부공유 유체동산의 압류〉

채무자와 그 배우자의 공유로서 채무자가 점유하거나 그 배우자와 공동으로 점유하고 있는 유체동산은 제189조의 규정에 따라 압류할 수 있다.

제191조〈채무자 외의 사람이 점유하고 있는 물건의 압류〉

채권자 또는 물건의 제출을 거부하지 아니하는 제3자가 점유하고 있는 물건은 제189조의 규정을 준용하여 압류할 수 있다.

제192조〈국고금의 압류〉

국가에 대한 강제집행은 국고금을 압류함으로써 한다.

제193조〈압류물의 인도〉

① 압류물을 제3자가 점유하게 된 경우에는 법원은 채권자의 신청에 따라 그 제3자에 대하여 그 물건을 집행관에게 인도하도록 명할 수 있다.

② 제1항의 신청은 압류물을 제3자가 점유하고 있는 것을 안 날부터 1주 이내에 하여야 한다.

③ 제1항의 재판은 상대방에게 송달되기 전에도 집행할 수 있다.

④ 제1항의 재판은 신청인에게 고지된 날부터 2주가 지난 때에는 집행할 수 없다.

⑤ 제1항의 재판에 대하여는 즉시항고를 할 수 있다.

제194조〈압류의 효력〉

압류의 효력은 압류물에서 생기는 천연물에도 미친다.

제195조〈압류가 금지되는 물건〉

다음 각호의 물건은 압류하지 못한다.

1. 채무자 및 그와 같이 사는 친족(사실상 관계에 따른 친족을 포함한다. 이하 이 조에서 '채무자등' 이라 한다)의 생활에 필요한 의복·침구·가구·부엌기구, 그 밖의 생활필수품

2. 채무자등의 생활에 필요한 2월간의 식료품·연료 및 조명재료

3. 채무자등의 생활에 필요한 1월간의 생계비로서 대법원규칙이 정하는 액수의 금전

4. 주로 자기 노동력으로 농업을 하는 사람에게 없어서는 아니될 농기구·비료·가축·사료·종자, 그 밖에 이에 준하는 물건

5. 주로 자기의 노동력으로 어업을 하는 사람에게 없어서는 아니될 고기잡이 도구·어망·미끼·새끼고기, 그 밖에 이에 준하는 물건

6. 전문직 종사자·기술자·노무자, 그 밖에 주로 자기의 정신적 또는 육체적 노동으로 직업 또는 영업에 종사하는 사람에게 없어서는 아니 될 제복·도구, 그 밖에 이에 준하는 물건

7. 채무자 또는 그 친족이 받은 훈장·포장·기장, 그 밖에 이에 준하는 명예증표

8. 위패·영정·묘비, 그 밖에 상례·제사 또는 예배에 필요한 물건

9. 족보·집안의 역사적인 기록·사진첩, 그 밖에 선조숭배에 필요한 물건

10. 채무자의 생활 또는 직무에 없어서는 아니 될 도장·문패·간판, 그 밖에 이에 준하는 물건

11. 채무자의 생활 또는 직업에 없어서는 아니 될 일기장·상업장부, 그 밖에 이에 준하는 물건

12. 공표되지 아니한 저작 또는 발명에 관한 물건

13. 채무자등이 학교·교회·사찰, 그 밖의 교육기관 또는 종교단체에서 사용하는 교과서·교리서·학습용구, 그 밖에 이에 준하는 물건

14. 채무자등의 일상 생활에 필요한 안경·보청기·의치·의수족·지팡이·장애보조용 바퀴의자, 그 밖에 이에 준하는 신체보조기구

15. 채무자등의 일상 생활에 필요한 자동차로서 자동차관리법이 정하는 바에 따른 장애인용 경형자동차

16. 재해의 방지 또는 보안을 위하여 법령의 규정에 따라 설비하여야 하는 소방설비·경보기구·피난시설, 그 밖에 이에 준하는 물건

제196조〈압류금지 물건을 정하는 재판〉

① 법원은 당사자가 신청하면 채권자와 채무자의 생활형편, 그 밖의 사정을 고려하여 유체동산의 전부 또는 일부에 대한 압류를 취소하도록 명하거나 제195조의 유체동산을 압류하도록 명할 수 있다.

② 제1항의 결정이 있은 뒤에 그 이유가 소멸되거나 사정이 바뀐 때에는 법원은 직권으로 또는 당사자의 신청에 따라 그 결정을 취소하거나 바꿀 수 있다.

③ 제1항 및 제2항의 경우에 법원은 제16조제2항에 준하는 결정을 할 수 있다.

④ 제1항 및 제2항의 결정에 대하여는 즉시항고를 할 수 있다.

⑤ 제3항의 결정에 대하여는 불복할 수 없다.

제197조〈일괄매각〉

① 집행관은 여러 개의 유체동산의 형태, 이용관계 등을 고려하여 일괄매수하게 하는 것이 알맞다고 인정하는 때에는 직권으로 또는 이해관계인의 신청에 따라 일괄하여 매각할 수 있다.

② 제1항의 경우에는 제98조제3항, 제99조, 제100조, 제101조제2항 내지 제5항의 규정을 준용한다.

제198조〈압류물의 보존〉

① 압류물을 보존하기 위하여 필요한 때에는 집행관은 적당한 처분을 하여야 한다.

② 제1항의 경우에 비용이 필요한 때에는 채권자로 하여금 이를 미리 내게 하여야 한다. 채권자가 여럿인 때에는 요구하는 액수에 비례하여 미리 내게 한다.

③ 제49조제2호 또는 제4호의 문서가 제출된 경우에 압류물을 즉시 매각하지 아니하면 값이 크게 내릴 염려가 있거나, 보관에 지나치게 많은 비용이 드는 때에는 집행관은 그 물건을 매각할 수 있다.

④ 집행관은 제3항의 규정에 따라 압류물을 매각하였을 때에는 그 대금을 공탁하여야 한다.

제199조〈압류물의 매각〉

집행관은 압류를 실시한 뒤 입찰 또는 호가경매의 방법으로 압류물을 매각하여야 한다.

제200조〈값비싼 물건의 평가〉

매각할 물건 가운데 값이 비싼 물건이 있는 때에는 집행관은 적당한 감정인에게 이를 평가하게 하여야 한다.

제201조〈압류금전〉

① 압류한 금전은 채권자에게 인도하여야 한다.

② 집행관이 금전을 추심한 때에는 채무자가 지급한 것으로 본다. 다만, 담보를 제공하거나 공탁을 하여 집행에서 벗어날 수 있도록 채무자에게 허가한 때에는 그러하지 아니하다.

제202조〈매각일〉

압류일과 매각일 사이에는 1주 이상 기간을 두어야 한다. 다만, 압류물을 보관하는 데 지나치게 많은 비용이 들거나, 시일이 지나면 그 물건의 값이 크게 내릴 염려가 있는 때에는 그러하지 아니하다.

제203조〈매각장소〉

① 매각은 압류한 유체동산이 있는 시·구·읍·면(도농복합형태의 시의 경우 동지역은 시·구, 읍·면지역은 읍·면)에서 진행한다. 다만, 압류채권자와 채무자가 합의하면 합의된 장소에서 진행한다.

② 매각일자와 장소는 대법원규칙이 정하는 방법으로 공고한다. 공고에는 매각할 물건을 표시하여야 한다.

제204조〈준용규정〉

매각장소의 질서유지에 관하여는 제108조의 규정을 준용한다.

제205조〈매각·재매각〉

① 집행관은 최고가매수신고인의 성명과 가격을 말한 뒤 매각을 허가한다.

② 매각물은 대금과 서로 맞바꾸어 인도하여야 한다.

③ 매수인이 매각조건에 정한 지급기일에 대금의 지급과 물건의 인도청구를 게을리 한 때에는 재매각을 하여야 한다. 지급기일을 정하지 아니한 경우로서 매각기일의 마감에 앞서 대금의 지급과 물건의 인도청구를 게을리 한 때에도 또한 같다.

④ 제3항의 경우에는 전의 매수인은 재매각절차에 참가하지 못하며, 뒤의 매각대금이 처음의 매각대금보다 적은 때에는 그 부족한 액수를 부담하여야 한다.

제206조〈배우자의 우선매수권〉

① 제190조의 규정에 따라 압류한 유체동산을 매각하는 경우에 배우자는 매각기일에 출석하여

우선매수할 것을 신고할 수 있다.

② 제1항의 우선매수신고에는 제140조제1항 및 제2항의 규정을 준용한다.

제207조 〈매각의 한도〉

매각은 매각대금으로 채권자에게 변제하고 강제집행 비용을 지급하기에 충분하게 되면 즉시 중지하여야 한다. 다만, 제197조제2항 및 제101조제3항 단서에 따른 일괄매각의 경우에는 그러하지 아니하다.

제208조 〈집행관이 매각대금을 영수한 효과〉

집행관이 매각대금을 영수한 때에는 채무자가 지급한 것으로 본다. 다만, 담보를 제공하거나 공탁을 하여 집행에서 벗어날 수 있도록 채무자에게 허가한 때에는 그러하지 아니하다.

제209조 〈금·은붙이의 현금화〉

금·은붙이는 그 금·은의 시장가격 이상의 금액으로 일반 현금화의 규정에 따라 매각하여야 한다. 시장가격 이상의 금액으로 매수하는 사람이 없는 때에는 집행관은 그 시장가격에 따라 적당한 방법으로 매각할 수 있다.

제210조 〈유가증권의 현금화〉

집행관이 유가증권을 압류한 때에는 시장가격이 있는 것은 매각하는 날의 시장가격에 따라 적당한 방법으로 매각하고 그 시장가격이 형성되지 아니한 것은 일반 현금화의 규정에 따라 매각하여야 한다.

제211조 〈기명유가증권의 명의개서〉

유가증권이 기명식인 때에는 집행관은 매수인을 위하여 채무자에 갈음하여 배서 또는 명의개서에 필요한 행위를 할 수 있다.

제212조 〈어음 등의 제시의무〉

① 집행관은 어음·수표 그 밖의 금전의 지급을 목적으로 하는 유가증권(이하 '어음등' 이라 한다)으로서 일정한 기간 안에 인수 또는 지급을 위한 제시 또는 지급의 청구를 필요로 하는 것을 압류하였을 경우에 그 기간이 개시되면 채무자에 갈음하여 필요한 행위를 하여야 한다.

② 집행관은 미완성 어음등을 압류한 경우에 채무자에게 기한을 정하여 어음등에 적을 사항을 보충하도록 최고하여야 한다.

제213조 〈미분리과실의 매각〉

① 토지에서 분리되기 전에 압류한 과실은 충분히 익은 다음에 매각하여야 한다.

② 집행관은 매각하기 위하여 수확을 하게 할 수 있다.

제214조 〈특별한 현금화 방법〉

① 법원은 필요하다고 인정하면 직권으로 또는 압류채권자, 배당을 요구한 채권자 또는 채무자의 신청에 따라 일반 현금화의 규정에 의하지 아니하고 다른 방법이나 다른 장소에서 압류물을 매각하게 할 수 있다. 또한 집행관에게 위임하지 아니하고 다른 사람으로 하여금 매각하게 하도록 명할 수 있다.

② 제1항의 재판에 대하여는 불복할 수 없다.

제215조 〈압류의 경합〉

① 유체동산을 압류하거나 가압류한 뒤 매각기일에 이르기 전에 다른 강제집행이 신청된 때에는 집행관은 집행신청서를 먼저 압류한 집행관에게 교부하여야 한다. 이 경우 더 압류할 물건이 있으면 이를 압류한 뒤에 추가압류조서를 교부하여야 한다.

② 제1항의 경우에 집행에 관한 채권자의 위임은 먼저 압류한 집행관에게 이전된다.

③ 제1항의 경우에 각 압류한 물건은 강제집행을 신청한 모든 채권자를 위하여 압류한 것으로 본다.

④ 제1항의 경우에 먼저 압류한 집행관은 뒤에 강제집행을 신청한 채권자를 위하여 다시 압류한다는 취지를 덧붙여 그 압류조서에 적어야 한다.

제216조 〈채권자의 매각최고〉

① 상당한 기간이 지나도 집행관이 매각하지 아니하는 때에는 압류채권자는 집행관에게 일정한 기간 이내에 매각하도록 최고할 수 있다.

② 집행관이 제1항의 최고에 따르지 아니하는 때에는 압류채권자는 법원에 필요한 명령을 신청할 수 있다.

제217조 〈우선권자의 배당요구〉

민법·상법, 그 밖의 법률에 따라 우선변제청구권이 있는 채권자는 매각대금의 배당을 요구할 수 있다.

제218조 〈배당요구의 절차〉

제217조의 배당요구는 이유를 밝혀 집행관에게 하여야 한다.

제219조 〈배당요구 등의 통지〉

제215조제1항 및 제218조의 경우에는 집행관은 그 사유를 배당에 참가한 채권자와 채무자에게 통지하여야 한다.

제220조 〈배당요구의 시기〉

① 배당요구는 다음 각호의 시기까지 할 수 있다.

  1. 집행관이 금전을 압류한 때 또는 매각대금을 영수한 때

  2. 집행관이 어음·수표 그 밖의 금전의 지급을 목적으로 한 유가증권에 대하여 그 금전을 지급받은 때

② 제198조제4항에 따라 공탁된 매각대금에 대하여는 동산집행을 계속하여 진행할 수 있게 된 때까지, 제296조제5항 단서에 따라 공탁된 매각대금에 대하여는 압류의 신청을 한 때까지 배당요구를 할 수 있다.

제221조 〈배우자의 지급요구〉

① 제190조의 규정에 따라 압류한 유체동산에 대하여 공유지분을 주장하는 배우자는 매각대금을 지급하여 줄 것을 요구할 수 있다.

② 제1항의 지급요구에는 제218조 내지 제220조의 규정을 준용한다.

③ 제219조의 통지를 받은 채권자가 배우자의 공유주장에 대하여 이의가 있는 때에는 배우자를 상대로 소를 제기하여 공유가 아니라는 것을 확정하여야 한다.

④ 제3항의 소에는 제154조제3항, 제155조 내지 제158조, 제160조제1항제5호 및 제161조제1항·제2항·제4항의 규정을 준용한다.

제222조 〈매각대금의 공탁〉

① 매각대금으로 배당에 참가한 모든 채권자를 만족하게 할 수 없고 매각허가된 날부터 2주 이내에 채권자 사이에 배당협의가 이루어지지 아니한 때에는 매각대금을 공탁하여야 한다.

② 여러 채권자를 위하여 동시에 금전을 압류한 경우에도 제1항과 같다.

③ 제1항 및 제2항의 경우에 집행관은 집행절차에 관한 서류를 붙여 그 사유를 법원에 신고하여야 한다.

_제3관 채권과 그 밖의 재산권에 대한 강제집행

제223조 〈채권의 압류명령〉

제3자에 대한 채무자의 금전채권 또는 유가증권, 그 밖의 유체물의 권리이전이나 인도를 목적으로 한 채권에 대한 강제집행은 집행법원의 압류명령에 의하여 개시한다.

제224조 〈집행법원〉

① 제223조의 집행법원은 채무자의 보통재판적이 있는 곳의 지방법원으로 한다.

② 제1항의 지방법원이 없는 경우 집행법원은 압류한 채권의 채무자(이하 '제3채무자' 라 한다)의 보통재판적이 있는 곳의 지방법원으로 한다. 다만, 이 경우에 물건의 인도를 목적으로 하는 채권과 물적 담보권 있는 채권에 대한 집행법원은 그 물건이 있는 곳의 지방법원으로 한다.

③ 가압류에서 이전되는 채권압류의 경우에 제223조의 집행법원은 가압류를 명한 법원이 있는

곳을 관할하는 지방법원으로 한다.

제225조 〈압류명령의 신청〉

채권자는 압류명령신청에 압류할 채권의 종류와 액수를 밝혀야 한다.

제226조 〈심문의 생략〉

압류명령은 제3채무자와 채무자를 심문하지 아니하고 한다.

제227조 〈금전채권의 압류〉

① 금전채권을 압류할 때에는 법원은 제3채무자에게 채무자에 대한 지급을 금지하고 채무자에게 채권의 처분과 영수를 금지하여야 한다.

② 압류명령은 제3채무자와 채무자에게 송달하여야 한다.

③ 압류명령이 제3채무자에게 송달되면 압류의 효력이 생긴다.

④ 압류명령의 신청에 관한 재판에 대하여는 즉시항고를 할 수 있다.

제228조 〈저당권이 있는 채권의 압류〉

① 저당권이 있는 채권을 압류할 경우 채권자는 채권압류사실을 등기부에 기입하여 줄 것을 법원사무관등에게 신청할 수 있다. 이 신청은 채무자의 승낙 없이 법원에 대한 압류명령의 신청과 함께 할 수 있다.

② 법원사무관등은 의무를 지는 부동산 소유자에게 압류명령이 송달된 뒤에 제1항의 신청에 따른 등기를 촉탁하여야 한다.

제229조 〈금전채권의 현금화방법〉

① 압류한 금전채권에 대하여 압류채권자는 추심명령(推尋命令)이나 전부명령(轉付命令)을 신청할 수 있다.

② 추심명령이 있는 때에는 압류채권자는 대위절차(代位節次) 없이 압류채권을 추심할 수 있다.

③ 전부명령이 있는 때에는 압류된 채권은 지급에 갈음하여 압류채권자에게 이전된다.

④ 추심명령에 대하여는 제227조제2항 및 제3항의 규정을, 전부명령에 대하여는 제227조제2항의 규정을 각각 준용한다.

⑤ 전부명령이 제3채무자에게 송달될 때까지 그 금전채권에 관하여 다른 채권자가 압류·가압류 또는 배당요구를 한 경우에는 전부명령은 효력을 가지지 아니한다.

⑥ 제1항의 신청에 관한 재판에 대하여는 즉시항고를 할 수 있다.

⑦ 전부명령은 확정되어야 효력을 가진다.

⑧ 전부명령이 있은 뒤에 제49조제2호 또는 제4호의 서류를 제출한 것을 이유로 전부명령에 대한 즉시항고가 제기된 경우에는 항고법원은 다른 이유로 전부명령을 취소하는 경우를 제외하

고는 항고에 관한 재판을 정지하여야 한다.

제230조〈저당권이 있는 채권의 이전〉

저당권이 있는 채권에 관하여 전부명령이 있는 경우에는 제228조의 규정을 준용한다.

제231조〈전부명령의 효과〉

전부명령이 확정된 경우에는 전부명령이 제3채무자에게 송달된 때에 채무자가 채무를 변제한 것으로 본다. 다만, 이전된 채권이 존재하지 아니한 때에는 그러하지 아니하다.

제232조〈추심명령의 효과〉

① 추심명령은 그 채권전액에 미친다. 다만, 법원은 채무자의 신청에 따라 압류채권자를 심문하여 압류액수를 그 채권자의 요구액수로 제한하고 채무자에게 그 초과된 액수의 처분과 영수를 허가할 수 있다.

② 제1항 단서의 제한부분에 대하여 다른 채권자는 배당요구를 할 수 없다.

③ 제1항의 허가는 제3채무자와 채권자에게 통지하여야 한다.

제233조〈지시채권의 압류〉

어음·수표 그 밖에 배서로 이전할 수 있는 증권으로서 배서가 금지된 증권채권의 압류는 법원의 압류명령으로 집행관이 그 증권을 점유하여 한다.

제234조〈채권증서〉

① 채무자는 채권에 관한 증서가 있으면 압류채권자에게 인도하여야 한다.

② 채권자는 압류명령에 의하여 강제집행의 방법으로 그 증서를 인도받을 수 있다.

제235조〈압류의 경합〉

① 채권 일부가 압류된 뒤에 그 나머지 부분을 초과하여 다시 압류명령이 내려진 때에는 각 압류의 효력은 그 채권 전부에 미친다.

② 채권 전부가 압류된 뒤에 그 채권 일부에 대하여 다시 압류명령이 내려진 때 그 압류의 효력도 제1항과 같다.

제236조〈추심의 신고〉

① 채권자는 추심한 채권액을 법원에 신고하여야 한다.

② 제1항의 신고전에 다른 압류·가압류 또는 배당요구가 있었을 때에는 채권자는 추심한 금액을 바로 공탁하고 그 사유를 신고하여야 한다.

제237조〈제3채무자의 진술의무〉

① 압류채권자는 제3채무자로 하여금 압류명령을 송달받은 날부터 1주 이내에 서면으로 다음 각호의 사항을 진술하게 하도록 법원에 신청할 수 있다.

1. 채권을 인정하는지의 여부 및 인정한다면 그 한도

2. 채권에 대하여 지급할 의사가 있는지의 여부 및 의사가 있다면 그 한도

3. 채권에 대하여 다른 사람으로부터 청구가 있는지의 여부 및 청구가 있다면 그 종류

4. 다른 채권자에게 채권을 압류당한 사실이 있는지의 여부 및 그 사실이 있다면 그 청구의 종류

② 법원은 제1항의 진술을 명하는 서면을 제3채무자에게 송달하여야 한다.

③ 제3채무자가 진술을 게을리 한 때에는 법원은 제3채무자에게 제1항의 사항을 심문할 수 있다.

제238조〈추심의 소제기〉

채권자가 명령의 취지에 따라 제3채무자를 상대로 소를 제기할 때에는 일반규정에 의한 관할법원에 제기하고 채무자에게 그 소를 고지하여야 한다. 다만, 채무자가 외국에 있거나 있는 곳이 분명하지 아니한 때에는 고지할 필요가 없다.

제239조〈추심의 소홀〉

채권자가 추심할 채권의 행사를 게을리 한 때에는 이로써 생긴 채무자의 손해를 부담한다.

제240조〈추심권의 포기〉

① 채권자는 추심명령에 따라 얻은 권리를 포기할 수 있다. 다만, 기본채권에는 영향이 없다.

② 제1항의 포기는 법원에 서면으로 신고하여야 한다. 법원사무관등은 그 등본을 제3채무자와 채무자에게 송달하여야 한다.

제241조〈특별한 현금화방법〉

① 압류된 채권이 조건 또는 기한이 있거나, 반대의무의 이행과 관련되어 있거나 그 밖의 이유로 추심하기 곤란할 때에는 법원은 채권자의 신청에 따라 다음 각호의 명령을 할 수 있다.

1. 채권을 법원이 정한 값으로 지급함에 갈음하여 압류채권자에게 양도하는 양도명령

2. 추심에 갈음하여 법원이 정한 방법으로 그 채권을 매각하도록 집행관에게 명하는 매각명령

3. 관리인을 선임하여 그 채권의 관리를 명하는 관리명령

4. 그 밖에 적당한 방법으로 현금화하도록 하는 명령

② 법원은 제1항의 경우 그 신청을 허가하는 결정을 하기 전에 채무자를 심문하여야 한다. 다만, 채무자가 외국에 있거나 있는 곳이 분명하지 아니한 때에는 심문할 필요가 없다.

③ 제1항의 결정에 대하여는 즉시항고를 할 수 있다.

④ 제1항의 결정은 확정되어야 효력을 가진다.

⑤ 압류된 채권을 매각한 경우에는 집행관은 채무자를 대신하여 제3채무자에게 서면으로 양도의 통지를 하여야 한다.

⑥ 양도명령에는 제227조제2항·제229조제5항·제230조 및 제231조의 규정을, 매각명령에 의한

집행관의 매각에는 제108조의 규정을, 관리명령에는 제227조제2항의 규정을, 관리명령에 의한 관리에는 제167조, 제169조 내지 제171조, 제222조제2항·제3항의 규정을 각각 준용한다.

제242조 〈유체물인도청구권 등에 대한 집행〉

부동산·유체동산·선박·자동차·건설기계·항공기 등 유체물의 인도나 권리이전의 청구권에 대한 강제집행에 대하여는 제243조 내지 제245조의 규정을 우선적용하는 것을 제외하고는 제227조 내지 제240조의 규정을 준용한다.

제243조 〈유체동산에 관한 청구권의 압류〉

① 유체동산에 관한 청구권을 압류하는 경우에는 법원이 제3채무자에 대하여 그 동산을 채권자의 위임을 받은 집행관에게 인도하도록 명한다.

② 채권자는 제3채무자에 대하여 제1항의 명령의 이행을 구하기 위하여 법원에 추심명령을 신청할 수 있다.

③ 제1항의 동산의 현금화에 대하여는 압류한 유체동산의 현금화에 관한 규정을 적용한다.

제244조 〈부동산청구권에 대한 압류〉

① 부동산에 관한 인도청구권의 압류에 대하여는 그 부동산소재지의 지방법원은 채권자 또는 제3채무자의 신청에 의하여 보관인을 정하고 제3채무자에 대하여 그 부동산을 보관인에게 인도할 것을 명하여야 한다.

② 부동산에 관한 권리이전청구권의 압류에 대하여는 그 부동산소재지의 지방법원은 채권자 또는 제3채무자의 신청에 의하여 보관인을 정하고 제3채무자에 대하여 그 부동산에 관한 채무자명의의 권리이전등기절차를 보관인에게 이행할 것을 명하여야 한다.

③ 제2항의 경우에 보관인은 채무자명의의 권리이전등기신청에 관하여 채무자의 대리인이 된다.

④ 채권자는 제3채무자에 대하여 제1항 또는 제2항의 명령의 이행을 구하기 위하여 법원에 추심명령을 신청할 수 있다.

제245조 〈전부명령 제외〉

유체물의 인도나 권리이전의 청구권에 대하여는 전부명령을 하지 못한다.

제246조 〈압류금지채권〉

① 다음 각호의 채권은 압류하지 못한다.

1. 법령에 규정된 부양료 및 유족부조료(遺族扶助料)

2. 채무자가 구호사업이나 제3자의 도움으로 계속 받는 수입

3. 병사의 급료

4. 급료·연금·봉급·상여금·퇴직금·퇴직연금, 그 밖에 이와 비슷한 성질을 가진 급여채권의 2분의 1에 해

당하는 금액

② 법원은 당사자가 신청하면 채권자와 채무자의 생활형편, 그 밖의 사정을 고려하여 압류명령의 전부 또는 일부를 취소하거나 제1항의 압류금지채권에 대하여 압류명령을 할 수 있다.

③ 제2항의 경우에는 제196조제2항 내지 제5항의 규정을 준용한다.

제247조 〈배당요구〉

① 민법·상법, 그 밖의 법률에 의하여 우선변제청구권이 있는 채권자와 집행력 있는 정본을 가진 채권자는 다음 각호의 시기까지 법원에 배당요구를 할 수 있다.

 1. 제3채무자가 제248조제4항에 따른 공탁의 신고를 한 때

 2. 채권자가 제236조에 따른 추심의 신고를 한 때

 3. 집행관이 현금화한 금전을 법원에 제출한 때

② 전부명령이 제3채무자에게 송달된 뒤에는 배당요구를 하지 못한다.

③ 제1항의 배당요구에는 제218조 및 제219조의 규정을 준용한다.

④ 제1항의 배당요구는 제3채무자에게 통지하여야 한다.

제248조 〈제3채무자의 채무액의 공탁〉

① 제3채무자는 압류에 관련된 금전채권의 전액을 공탁할 수 있다.

② 금전채권에 관하여 배당요구서를 송달받은 제3채무자는 배당에 참가한 채권자의 청구가 있으면 압류된 부분에 해당하는 금액을 공탁하여야 한다.

③ 금전채권중 압류되지 아니한 부분을 초과하여 거듭 압류명령 또는 가압류명령이 내려진 경우에 그 명령을 송달받은 제3채무자는 압류 또는 가압류채권자의 청구가 있으면 그 채권의 전액에 해당하는 금액을 공탁하여야 한다.

④ 제3채무자가 채무액을 공탁한 때에는 그 사유를 법원에 신고하여야 한다. 다만, 상당한 기간 이내에 신고가 없는 때에는 압류채권자, 가압류채권자, 배당에 참가한 채권자, 채무자, 그 밖의 이해관계인이 그 사유를 법원에 신고할 수 있다.

제249조 〈추심의 소〉

① 제3채무자가 추심절차에 대하여 의무를 이행하지 아니하는 때에는 압류채권자는 소로써 그 이행을 청구할 수 있다.

② 집행력 있는 정본을 가진 모든 채권자는 공동소송인으로 원고 쪽에 참가할 권리가 있다.

③ 소를 제기당한 제3채무자는 제2항의 채권자를 공동소송인으로 원고 쪽에 참가하도록 명할 것을 첫 변론기일까지 신청할 수 있다.

④ 소에 대한 재판은 제3항의 명령을 받은 채권자에 대하여 효력이 미친다.

제250조 〈채권자의 추심최고〉

압류채권자가 추심절차를 게을리 한 때에는 집행력 있는 정본으로 배당을 요구한 채권자는 일정한 기간내에 추심하도록 최고하고, 최고에 따르지 아니한 때에는 법원의 허가를 얻어 직접 추심할 수 있다.

제251조 〈그 밖의 재산권에 대한 집행〉

① 앞의 여러 조문에 규정된 재산권 외에 부동산을 목적으로 하지 아니한 재산권에 대한 강제집행은 이 관의 규정 및 제98조 내지 제101조의 규정을 준용한다.

② 제3채무자가 없는 경우에 압류는 채무자에게 권리처분을 금지하는 명령을 송달한 때에 효력이 생긴다.

_제4관 배당절차

제252조 〈배당절차의 개시〉

법원은 다음 각호 가운데 어느 하나에 해당하는 경우에는 배당절차를 개시한다.

1. 제222조의 규정에 따라 집행관이 공탁한 때

2. 제236조의 규정에 따라 추심채권자가 공탁하거나 제248조의 규정에 따라 제3채무자가 공탁한 때

3. 제241조의 규정에 따라 현금화된 금전을 법원에 제출한 때

제253조 〈계산서 제출의 최고〉

법원은 채권자들에게 1주 이내에 원금·이자·비용, 그 밖의 부대채권의 계산서를 제출하도록 최고하여야 한다.

제254조 〈배당표의 작성〉

① 제253조의 기간이 끝난 뒤에 법원은 배당표를 작성하여야 한다.

② 제1항의 기간을 지키지 아니한 채권자의 채권은 배당요구서와 사유신고서의 취지 및 그 증빙서류에 따라 계산한다. 이 경우 다시 채권액을 추가하지 못한다.

제255조 〈배당기일의 준비〉

법원은 배당을 실시할 기일을 지정하고 채권자와 채무자에게 이를 통지하여야 한다. 다만, 채무자가 외국에 있거나 있는 곳이 분명하지 아니한 때에는 통지하지 아니한다.

제256조 〈배당표의 작성과 실시〉

배당표의 작성, 배당표에 대한 이의 및 그 완결과 배당표의 실시에 대하여는 제149조 내지 제161조의 규정을 준용한다.

제257조 (동산인도청구의 집행

채무자가 특정한 동산이나 대체물의 일정한 수량을 인도하여야 할 때에는 집행관은 이를 채무자로부터 빼앗아 채권자에게 인도하여야 한다.

제258조 (부동산 등의 인도청구의 집행

① 채무자가 부동산이나 선박을 인도하여야 할 때에는 집행관은 채무자로부터 점유를 빼앗아 채권자에게 인도하여야 한다.

② 제1항의 강제집행은 채권자나 그 대리인이 인도받기 위하여 출석한 때에만 한다.

③ 강제집행의 목적물이 아닌 동산은 집행관이 제거하여 채무자에게 인도하여야 한다.

④ 제3항의 경우 채무자가 없는 때에는 집행관은 채무자와 같이 사는 사리를 분별할 지능이 있는 친족 또는 채무자의 대리인이나 고용인에게 그 동산을 인도하여야 한다.

⑤ 채무자와 제4항에 적은 사람이 없는 때에는 집행관은 그 동산을 채무자의 비용으로 보관하여야 한다.

⑥ 채무자가 그 동산의 수취를 게을리 한 때에는 집행관은 집행법원의 허가를 받아 동산에 대한 강제집행의 매각절차에 관한 규정에 따라 그 동산을 매각하고 비용을 뺀 뒤에 나머지 대금을 공탁하여야 한다.

제259조 〈목적물을 제3자가 점유하는 경우〉

인도할 물건을 제3자가 점유하고 있는 때에는 채권자의 신청에 따라 금전채권의 압류에 관한 규정에 따라 채무자의 제3자에 대한 인도청구권을 채권자에게 넘겨야 한다.

제260조 〈대체집행〉

① 민법 제389조제2항 후단과 제3항의 경우에는 제1심 법원은 채권자의 신청에 따라 민법의 규정에 의한 결정을 하여야 한다.

② 채권자는 제1항의 행위에 필요한 비용을 미리 지급할 것을 채무자에게 명하는 결정을 신청할 수 있다. 다만, 뒷날 그 초과 비용을 청구할 권리는 영향을 받지 아니한다.

③ 제1항과 제2항의 신청에 관한 재판에 대하여는 즉시항고를 할 수 있다.

제261조 〈간접강제〉

① 채무의 성질이 간접강제를 할 수 있는 경우에 제1심 법원은 채권자의 신청에 따라 간접강제를 명하는 결정을 한다. 그 결정에는 채무의 이행의무 및 상당한 이행기간을 밝히고, 채무자가 그 기간 이내에 이행을 하지 아니하는 때에는 늦어진 기간에 따라 일정한 배상을 하도록 명하거

나 즉시 손해배상을 하도록 명할 수 있다.

② 제1항의 신청에 관한 재판에 대하여는 즉시항고를 할 수 있다.

제262조 〈채무자의 심문〉

제260조 및 제261조의 결정은 변론 없이 할 수 있다. 다만, 결정하기 전에 채무자를 심문하여야
한다.

제263조 〈의사표시의무의 집행〉

① 채무자가 권리관계의 성립을 인낙한 때에는 그 조서로, 의사의 진술을 명한 판결이 확정된
때에는 그 판결로 권리관계의 성립을 인낙하거나 의사를 진술한 것으로 본다.

② 반대의무가 이행된 뒤에 권리관계의 성립을 인낙하거나 의사를 진술할 것인 경우에는 제30
조와 제32조의 규정에 따라 집행문을 내어 준 때에 그 효력이 생긴다.

| 제3편 담보권 실행 등을 위한 경매 |

제264조 〈부동산에 대한 경매신청〉

① 부동산을 목적으로 하는 담보권을 실행하기 위한 경매신청을 함에는 담보권이 있다는 것을
증명하는 서류를 내야 한다.

② 담보권을 승계한 경우에는 승계를 증명하는 서류를 내야 한다.

③ 부동산 소유자에게 경매개시결정을 송달할 때에는 제2항의 규정에 따라 제출된 서류의 등본
을 붙여야 한다.

제265조 〈경매개시결정에 대한 이의신청사유〉

경매 절차의 개시결정에 대한 이의신청사유로 담보권이 없다는 것 또는 소멸되었다는 것을 주
장할 수 있다.

제266조 〈경매 절차의 정지〉

① 다음 각호 가운데 어느 하나에 해당하는 문서가 경매법원에 제출되면 경매 절차를 정지하여
야 한다.

 1. 담보권의 등기가 말소된 등기부의 등본

 2. 담보권 등기를 말소하도록 명한 확정판결의 정본

 3. 담보권이 없거나 소멸되었다는 취지의 확정판결의 정본

 4. 채권자가 담보권을 실행하지 아니하기로 하거나 경매신청을 취하하겠다는 취지 또는 피담보채권을 변
제받았거나 그 변제를 미루도록 승낙한다는 취지를 적은 서류

 5. 담보권 실행을 일시정지하도록 명한 재판의 정본

② 제1항제1호 내지 제3호의 경우와 제4호의 서류가 화해조서의 정본 또는 공정증서의 정본인 경우에는 경매법원은 이미 실시한 경매 절차를 취소하여야 하며, 제5호의 경우에는 그 재판에 따라 경매 절차를 취소하지 아니한 때에만 이미 실시한 경매 절차를 일시적으로 유지하게 하여야 한다.

③ 제2항의 규정에 따라 경매 절차를 취소하는 경우에는 제17조의 규정을 적용하지 아니한다.

제267조 〈대금완납에 따른 부동산취득의 효과〉

매수인의 부동산 취득은 담보권 소멸로 영향을 받지 아니한다.

제268조 〈준용규정〉

부동산을 목적으로 하는 담보권 실행을 위한 경매 절차에는 제79조 내지 제162조의 규정을 준용한다.

제269조 〈선박에 대한 경매〉

선박을 목적으로 하는 담보권 실행을 위한 경매 절차에는 제172조 내지 제186조, 제264조 내지 제268조의 규정을 준용한다.

제270조 〈자동차 등에 대한 경매〉

자동차·건설기계 및 항공기를 목적으로 하는 담보권 실행을 위한 경매 절차는 제264조 내지 제269조, 제271조 및 제272조의 규정에 준하여 대법원규칙으로 정한다.

제271조 〈유체동산에 대한 경매〉

유체동산을 목적으로 하는 담보권 실행을 위한 경매는 채권자가 그 목적물을 제출하거나, 그 목적물의 점유자가 압류를 승낙한 때에 개시한다.

제272조 〈준용규정〉

제271조의 경매 절차에는 제2편 제2장 제4절 제2관의 규정과 제265조 및 제266조의 규정을 준용한다.

제273조 〈채권과 그 밖의 재산권에 대한 담보권의 실행

① 채권, 그 밖의 재산권을 목적으로 하는 담보권의 실행은 담보권의 존재를 증명하는 서류(권리의 이전에 관하여 등기나 등록을 필요로 하는 경우에는 그 등기부 또는 등록원부의 등본)가 제출된 때에 개시한다.

② 민법 제342조에 따라 담보권설정자가 받을 금전, 그 밖의 물건에 대하여 권리를 행사하는 경우에도 제1항과 같다.

③ 제1항과 제2항의 권리실행절차에는 제2편 제2장 제4절 제3관의 규정을 준용한다.

제274조 〈유치권 등에 의한 경매〉

① 유치권에 의한 경매와 민법·상법, 그 밖의 법률이 규정하는 바에 따른 경매(이하 '유치권등

에 의한 경매'라 한다)는 담보권 실행을 위한 경매의 예에 따라 실시한다.

② 유치권 등에 의한 경매 절차는 목적물에 대하여 강제경매 또는 담보권 실행을 위한 경매 절차가 개시된 경우에는 이를 정지하고, 채권자 또는 담보권자를 위하여 그 절차를 계속하여 진행한다.

③ 제2항의 경우에 강제경매 또는 담보권 실행을 위한 경매가 취소되면 유치권 등에 의한 경매 절차를 계속하여 진행하여야 한다.

제275조 〈준용규정〉

이 편에 규정한 경매 등 절차에는 제42조 내지 제44조 및 제46조 내지 제53조의 규정을 준용한다.

| 제4편 보전처분 |

제276조 〈가압류의 목적〉

① 가압류는 금전채권이나 금전으로 환산할 수 있는 채권에 대하여 동산 또는 부동산에 대한 강제집행을 보전하기 위하여 할 수 있다.

② 제1항의 채권이 조건이 붙어 있는 것이거나 기한이 차지 아니한 것인 경우에도 가압류를 할 수 있다.

제277조 〈보전의 필요〉

가압류는 이를 하지 아니하면 판결을 집행할 수 없거나 판결을 집행하는 것이 매우 곤란할 염려가 있을 경우에 할 수 있다.

제278조 〈가압류법원〉

가압류는 가압류할 물건이 있는 곳을 관할하는 지방법원이나 본안의 관할법원이 관할한다.

제279조 〈가압류신청〉

① 가압류신청에는 다음 각호의 사항을 적어야 한다.

  1. 청구채권의 표시, 그 청구채권이 일정한 금액이 아닌 때에는 금전으로 환산한 금액

  2. 제277조의 규정에 따라 가압류의 이유가 될 사실의 표시

② 청구채권과 가압류의 이유는 소명하여야 한다.

제280조 〈가압류명령〉

① 가압류신청에 대한 재판은 변론 없이 할 수 있다.

② 청구채권이나 가압류의 이유를 소명하지 아니한 때에도 가압류로 생길 수 있는 채무자의 손해에 대하여 법원이 정한 담보를 제공한 때에는 법원은 가압류를 명할 수 있다.

③ 청구채권과 가압류의 이유를 소명한 때에도 법원은 담보를 제공하게 하고 가압류를 명할 수

있다.

④ 담보를 제공한 때에는 그 담보의 제공과 담보제공의 방법을 가압류명령에 적어야 한다.

제281조 〈재판의 형식〉

① 가압류신청에 대한 재판은 변론하는 경우에는 종국판결로, 그 밖의 경우에는 결정으로 한다.

② 채권자는 가압류신청을 기각하거나 각하하는 결정에 대하여 즉시항고를 할 수 있다.

③ 담보를 제공하게 하는 재판, 가압류신청을 기각하거나 각하하는 재판과 제2항의 즉시항고를 기각하거나 각하하는 재판은 채무자에게 고지할 필요가 없다.

제282조 〈가압류해방 금액〉

가압류명령에는 가압류의 집행을 정지시키거나 집행한 가압류를 취소시키기 위하여 채무자가 공탁할 금액을 적어야 한다.

제283조 〈가압류결정에 대한 채무자의 이의신청〉

① 채무자는 가압류결정에 대하여 이의를 신청할 수 있다.

② 제1항의 이의신청에는 가압류의 취소나 변경을 신청하는 이유를 밝혀야 한다.

③ 이의신청은 가압류의 집행을 정지하지 아니한다.

제284조 〈가압류이의신청사건의 이송〉

법원은 가압류이의신청사건에 관하여 현저한 손해 또는 지연을 피하기 위한 필요가 있는 때에는 직권으로 또는 당사자의 신청에 따라 결정으로 그 가압류사건의 관할권이 있는 다른 법원에 사건을 이송할 수 있다. 다만, 그 법원이 심급을 달리하는 경우에는 그러하지 아니하다.

제285조 〈가압류이의신청의 취하〉

① 채무자는 종국판결이 선고되기 전까지 가압류이의신청을 취하할 수 있다.

② 제1항의 취하에는 채권자의 동의를 필요로 하지 아니한다.

③ 가압류이의신청의 취하는 서면으로 하여야 한다. 다만, 변론 또는 변론준비기일에서는 말로 할 수 있다.

④ 가압류이의신청서를 송달한 뒤에는 취하의 서면을 채권자에게 송달하여야 한다.

⑤ 제3항 단서의 경우에 채권자가 변론 또는 변론준비기일에 출석하지 아니한 때에는 그 기일의 조서등본을 송달하여야 한다.

제286조 〈이의신청에 대한 재판〉

① 이의신청이 있는 때에는 법원은 변론기일을 정하고 당사자에게 이를 통지하여야 한다.

② 법원은 종국판결로 가압류의 전부나 일부의 인가·변경 또는 취소를 선고할 수 있다.

③ 제2항의 경우에 법원은 적당한 담보를 제공하도록 명할 수 있다.

제287조 〈본안의 제소명령〉

① 가압류법원은 채무자의 신청에 따라 변론 없이 채권자에게 상당한 기간 이내에 본안의 소를 제기하여 이를 증명하는 서류를 제출하거나 이미 소를 제기하였으면 소송계속사실을 증명하는 서류를 제출하도록 명하여야 한다.

② 제1항의 기간은 2주 이상으로 정하여야 한다.

③ 채권자가 제1항의 기간 이내에 제1항의 서류를 제출하지 아니한 때에는 법원은 채무자의 신청에 따라 결정으로 가압류를 취소하여야 한다.

④ 제1항의 서류를 제출한 뒤에 본안의 소가 취하되거나 각하된 경우에는 그 서류를 제출하지 아니한 것으로 본다.

⑤ 제3항의 신청에 관한 결정에 대하여는 즉시항고를 할 수 있다. 이 경우 민사소송법 제447조의 규정은 준용하지 아니한다.

제288조 〈사정변경에 따른 가압류취소〉

① 채무자는 가압류이유가 소멸되거나 그 밖에 사정이 바뀌거나 법원이 정한 담보를 제공한 때에는 가압류가 인가된 뒤에도 그 취소를 신청할 수 있다.

② 제1항의 신청에 대하여는 종국판결로 재판한다.

③ 제2항의 재판은 가압류를 명한 법원이 한다. 다만, 본안이 이미 계속된 때에는 본안법원이 한다.

④ 가압류가 집행된 뒤에 5년간 본안의 소를 제기하지 아니한 때에는 가압류법원은 채무자 또는 이해관계인의 신청에 따라 결정으로 가압류를 취소하여야 한다.

⑤ 제4항의 신청에 관한 결정에 대하여는 즉시항고를 할 수 있다. 이 경우 민사소송법 제447조의 규정은 준용하지 아니한다.

제289조 〈가압류취소재판의 효력정지〉

① 가집행의 선고가 붙은 가압류의 취소판결에 대하여 상소가 제기된 경우에, 불복의 이유로 주장한 사유가 법률상 정당한 이유가 있다고 인정되고 사실에 대한 소명이 있으며, 그 가집행에 의하여 회복할 수 없는 손해가 생길 위험이 있다는 사정에 대한 소명이 있는 때에는, 법원은 당사자의 신청에 따라 담보를 제공하게 하거나 담보를 제공하지 아니하게 하고 가집행선고의 효력을 정지시킬 수 있다.

② 제1항에서 규정한 소명은 보증금을 공탁하거나 주장이 진실함을 선서하는 방법으로 대신할 수 없다.

③ 재판기록이 원심법원에 있는 때에는 원심법원이 제1항의 재판을 한다.

④ 제1항의 재판에 대하여는 불복할 수 없다.

⑤ 제287조제3항 및 제288조제4항에 의한 가압류취소결정에 대하여 즉시항고가 있는 경우에는 제1항 내지 제4항의 규정을 준용한다.

제290조 〈가압류 이의신청규정의 준용〉

① 제287조제3항, 제288조제1항·제4항에 따른 재판의 경우에는 제284조의 규정을 준용한다.

② 제287조제1항·제3항 및 제288조제1항·제4항에 따른 신청의 취하에는 제285조의 규정을 준용한다.

제291조 〈가압류집행에 대한 본집행의 준용〉

가압류의 집행에 대하여는 강제집행에 관한 규정을 준용한다. 다만, 아래의 여러 조문과 같이 차이가 나는 경우에는 그러하지 아니하다.

제292조 〈집행개시의 요건〉

① 가압류에 대한 재판이 있은 뒤에 채권자나 채무자의 승계가 이루어진 경우에 가압류의 재판을 집행하려면 집행문을 덧붙여야 한다.

② 가압류에 대한 재판의 집행은 채권자에게 재판을 고지하거나 송달한 날부터 2주를 넘긴 때에는 하지 못한다.

③ 제2항의 집행은 채무자에게 재판을 송달하기 전에도 할 수 있다.

제293조 〈부동산가압류집행〉

① 부동산에 대한 가압류의 집행은 가압류재판에 관한 사항을 등기부에 기입하여야 한다.

② 제1항의 집행법원은 가압류재판을 한 법원으로 한다.

③ 가압류등기는 법원사무관등이 촉탁한다.

제294조 〈가압류를 위한 강제관리〉

가압류의 집행으로 강제관리를 하는 경우에는 관리인이 청구채권액에 해당하는 금액을 지급받아 공탁하여야 한다.

제295조 〈선박가압류집행〉

① 등기할 수 있는 선박에 대한 가압류를 집행하는 경우에는 가압류등기를 하는 방법이나 집행관에게 선박국적증서등을 선장으로부터 받아 집행법원에 제출하도록 명하는 방법으로 한다. 이들 방법은 함께 사용할 수 있다.

② 가압류등기를 하는 방법에 의한 가압류집행은 가압류명령을 한 법원이, 선박국적증서등을 받아 제출하도록 명하는 방법에 의한 가압류집행은 선박이 정박하여 있는 곳을 관할하는 지방법원이 집행법원으로서 관할한다.

③ 가압류등기를 하는 방법에 의한 가압류의 집행에는 제293조제3항의 규정을 준용한다.

제296조 〈동산가압류집행〉

① 동산에 대한 가압류의 집행은 압류와 같은 원칙에 따라야 한다.

② 채권가압류의 집행법원은 가압류명령을 한 법원으로 한다.

③ 채권의 가압류에는 제3채무자에 대하여 채무자에게 지급하여서는 아니 된다는 명령만을 하여야 한다.

④ 가압류한 금전은 공탁하여야 한다.

⑤ 가압류물은 현금화를 하지 못한다. 다만, 가압류물을 즉시 매각하지 아니하면 값이 크게 떨어질 염려가 있거나 그 보관에 지나치게 많은 비용이 드는 경우에는 집행관은 그 물건을 매각하여 매각대금을 공탁하여야 한다.

제297조 〈제3채무자의 공탁〉

제3채무자가 가압류 집행된 금전채권액을 공탁한 경우에는 그 가압류의 효력은 그 청구채권액에 해당하는 공탁 금액에 대한 채무자의 출급청구권에 대하여 존속한다.

제298조 〈가압류취소재판의 취소와 집행〉

① 가집행의 선고가 붙은 가압류의 취소판결 또는 취소결정을 상소법원이 취소한 경우로서 법원이 그 가압류의 집행기관이 되는 때에는 그 취소의 재판을 한 상소법원이 직권으로 가압류를 집행한다.

② 제1항의 경우에 그 취소의 재판을 한 상소법원이 대법원인 때에는 채권자의 신청에 따라 제1심 법원이 가압류를 집행한다.

제299조 〈가압류집행의 취소〉

① 가압류명령에 정한 금액을 공탁한 때에는 법원은 집행한 가압류를 취소하여야 한다.

② 제1항의 재판은 변론없이 할 수 있다.

③ 제1항의 취소결정에 대하여는 즉시항고를 할 수 있다.

④ 제1항의 취소결정에 대하여는 제17조제2항의 규정을 준용하지 아니한다.

제300조 〈가처분의 목적〉

① 다툼의 대상에 관한 가처분은 현상이 바뀌면 당사자가 권리를 실행하지 못하거나 이를 실행하는 것이 매우 곤란할 염려가 있을 경우에 한다.

② 가처분은 다툼이 있는 권리관계에 대하여 임시의 지위를 정하기 위하여도 할 수 있다. 이 경우 가처분은 특히 계속하는 권리관계에 끼칠 현저한 손해를 피하거나 급박한 위험을 막기 위하여, 또는 그 밖의 필요한 이유가 있을 경우에 하여야 한다.

제301조 〈가압류절차의 준용〉

가처분절차에는 가압류절차에 관한 규정을 준용한다. 다만, 아래의 여러 조문과 같이 차이가 나는 경우에는 그러하지 아니하다.

제302조 〈가집행의 선고〉

가처분의 취소판결에는 재산권과 관계가 없는 청구에 대하여도 가집행의 선고를 할 수 있다.

제303조 〈관할법원〉

가처분의 재판은 본안의 관할법원 또는 다툼의 대상이 있는 곳을 관할하는 지방법원이 관할한다.

제304조 〈임시의 지위를 정하기 위한 가처분〉

제300조제2항의 규정에 의한 가처분의 재판에는 변론기일 또는 채무자가 참석할 수 있는 심문기일을 열어야 한다. 다만, 그 기일을 열어 심리하면 가처분의 목적을 달성할 수 없는 사정이 있는 때에는 그러하지 아니하다.

제305조 〈가처분의 방법〉

① 법원은 신청목적을 이루는 데 필요한 처분을 직권으로 정한다.

② 가처분으로 보관인을 정하거나, 상대방에게 어떠한 행위를 하거나 하지 말도록, 또는 급여를 지급하도록 명할 수 있다.

③ 가처분으로 부동산의 양도나 저당을 금지한 때에는 법원은 제293조의 규정을 준용하여 등기부에 그 금지한 사실을 기입하게 하여야 한다.

제306조 〈법인임원의 직무집행정지 등 가처분의 등기촉탁〉

법원사무관등은 법원이 법인의 대표자 그 밖의 임원으로 등기된 사람에 대하여 직무의 집행을 정지하거나 그 직무를 대행할 사람을 선임하는 가처분을 하거나 그 가처분을 변경·취소한 때에는, 법인의 주사무소 및 분사무소 또는 본점 및 지점이 있는 곳의 등기소에 그 등기를 촉탁하여야 한다. 다만, 이 사항이 등기하여야 할 사항이 아닌 경우에는 그러하지 아니하다.

제307조 〈가처분의 취소〉

① 특별한 사정이 있는 때에는 담보를 제공하게 하고 가처분을 취소할 수 있다.

② 제1항의 경우에는 제284조 및 제285조의 규정을 준용한다.

제308조 〈원상회복재판〉

가처분을 명한 재판에 기초하여 채권자가 물건을 인도받거나, 금전을 지급받거나 또는 물건을 사용·보관하고 있는 경우에는, 법원은 가처분을 취소하는 재판에서 채무자의 신청에 따라 채권자에 대하여 그 물건이나 금전을 반환하도록 명할 수 있다.

제309조 〈가처분의 집행정지〉

① 소송물인 권리 또는 법률관계가 이행되는 것과 같은 내용의 가처분을 명한 재판에 대하여 이의신청 또는 상소가 있는 경우에, 이의신청 또는 상소의 이유로 주장한 사유가 법률상 정당한 이유가 있다고 인정되고 주장사실에 대한 소명이 있으며, 그 집행에 의하여 회복할 수 없는 손해가 생길 위험이 있다는 사정에 대한 소명이 있는 때에는, 법원은 당사자의 신청에 따라 담보를 제공하게 하거나 담보를 제공하게 하지 아니하고 가처분의 집행을 정지하도록 명할 수 있고, 담보를 제공하게 하고 집행한 처분을 취소하도록 명할 수 있다.

② 제1항에서 규정한 소명은 보증금을 공탁하거나 주장이 진실함을 선서하는 방법으로 대신할 수 없다.

③ 재판기록이 원심법원에 있는 때에는 원심법원이 제1항의 재판을 한다.

④ 법원은 이의신청 또는 상소에 대한 판결에서 제1항의 명령을 취소·변경 또는 인가하여야 한다.

⑤ 판결중 제4항의 재판에 대하여는 직권으로 가집행의 선고를 하여야 한다.

⑥ 제1항, 제3항 내지 제5항의 재판에 대하여는 불복할 수 없다.

제310조 〈준용규정〉

제301조에 따라 준용되는 제288조제1항 또는 제307조에 따른 가처분취소신청이 있는 경우에는 제309조의 규정을, 제301조에 따라 준용되는 제287조제3항 및 제288조제4항에 따른 가처분취소신청이 있는 경우에는 제309조제1항 내지 제4항 및 제6항의 규정을 각각 준용한다.

제311조 〈본안의 관할법원〉

이 편에 규정한 본안법원은 제1심 법원으로 한다. 다만, 본안이 제2심에 계속된 때에는 그 계속된 법원으로 한다.

제312조 〈재판장의 권한〉

급박한 경우에 변론을 필요로 하지 아니하는 것에 한하여 재판장은 이 편의 신청에 대한 재판을 할 수 있다.

부칙 〈제6627호, 2002.1.26〉

-제1조 〈시행일〉 이 법은 2002년 7월 1일부터 시행한다.

-제2조 〈계속사건에 관한 경과조치〉 ① 이 법 시행전에 신청된 집행사건에 관하여는 종전의 규정에 따른다.

② 이 법 시행 당시 종전의 민사소송법의 규정에 따라 이 법 시행전에 행한 집행처분 그 밖의 행위는 이 법의 적용에 관하여는 이 법의 해당 규정에 따라 한 것으로 본다.

③ 제1항 및 제2항에 규정한 것 외에 이 법의 시행 당시 이미 법원에 계속되거나 집행관이 취급

하고 있는 사건의 처리에 관하여 필요한 사항은 대법원규칙으로 정한다.

-제3조 〈관할에 관한 경과조치〉 이 법 시행 당시 법원에 계속중인 사건은 이 법에 따라 관할권이 없는 경우에도 종전의 규정에 따라 관할권이 있으면 그에 따른다.

-제4조 〈법정기간에 대한 경과조치〉 이 법 시행전부터 진행된 법정기간과 그 계산은 종전의 규정에 따른다.

-제5조 〈법 적용의 시간적 범위〉 이 법은 이 법 시행전에 생긴 사항에도 적용한다. 다만, 종전의 규정에 따라 생긴 효력에는 영향을 미치지 아니한다.

-제6조 〈다른 법률의 개정〉 '이하 생략'

주택임대차보호법 [일부개정 2002.1.26 법률 제06627호]

제1조 〈목적〉

이 법은 주거용건물의 임대차에 관하여 민법에 대한 특례를 규정함으로써 국민의 주거생활의 안정을 보장함을 목적으로 한다.

제2조 〈적용범위〉

이 법은 주거용건물(이하 '주택' 이라 한다)의 전부 또는 일부의 임대차에 관하여 이를 적용한다. 그 임차주택의 일부가 주거 외의 목적으로 사용되는 경우에도 또한 같다. 〈개정 1983.12.30〉

제3조 〈대항력 등〉

① 임대차는 그 등기가 없는 경우에도 임차인이 주택의 인도와 주민등록을 마친 때에는 그 익일부터 제3자에 대하여 효력이 생긴다. 이 경우 전입신고를 한 때에 주민등록이 된 것으로 본다.

② 임차주택의 양수인(기타 임대할 권리를 승계한 자를 포함한다)은 임대인의 지위를 승계한 것으로 본다. 〈신설 1983.12.30〉

③ 민법 제575조제1항·제3항 및 제578조의 규정은 이 법에 의하여 임대차의 목적이 된 주택이 매매 또는 경매의 목적물이 된 경우에 이를 준용한다.

④ 민법 제536조의 규정은 제3항의 경우에 이를 준용한다. 〈개정 1983.12.30〉

제3조의2 〈보증금의 회수〉

① 임차인이 임차주택에 대하여 보증금반환청구소송의 확정판결 기타 이에 준하는 집행권원에 기한 경매를 신청하는 경우에는 민사집행법 제41조의 규정에 불구하고 반대의무의 이행 또는 이행의 제공을 집행개시의 요건으로 하지 아니한다. 〈신설 1999.1.21, 2002.1.26〉

② 제3조제1항의 대항요건과 임대차계약증서상의 확정일자를 갖춘 임차인은 민사집행법에 의한 경매 또는 국세징수법에 의한 공매 시 임차주택(대지를 포함한다)의 환가 대금에서 후순위권리자 기타 채권자보다 우선하여 보증금을 변제 받을 권리가 있다. 〈개정 1997.12.13, 1999.1.21, 2002.1.26〉

③ 임차인은 임차주택을 양수인에게 인도하지 아니하면 제2항의 규정에 의한 보증금을 수령할 수 없다. 〈개정 1999.1.21〉

④ 제2항의 규정에 의한 우선변제의 순위와 보증금에 대하여 이의가 있는 이해관계인은 경매법원 또는 체납처분청에 이의를 신청할 수 있다. 〈개정 1999.1.21〉

⑤ 민사집행법 제152조 내지 제161조의 규정은 제4항의 규정에 의하여 경매법원에 이의를 신청

하는 경우에 이를 준용한다. 〈개정 1999.1.21, 2002.1.26〉

⑥ 제4항의 규정에 의하여 이의신청을 받은 체납처분청은 이해관계인이 이의신청일부터 7일 이내에 임차인을 상대로 소를 제기한 것을 증명한 때에는 당해 소송의 종결 시까지 이의가 신청된 범위 안에서 임차인에 대한 보증금의 변제를 유보하고 잔여 금액을 배분하여야 한다. 이 경우 유보된 보증금은 소송의 결과에 따라 배분한다. 〈개정 1999.1.21〉

[본조신설 1989.12.30]

제3조의3 〈임차권등기명령〉

① 임대차가 종료된 후 보증금을 반환 받지 못한 임차인은 임차주택의 소재지를 관할하는 지방법원·지방법원지원 또는 시·군 법원에 임차권등기명령을 신청할 수 있다.

② 임차권등기명령의 신청에는 다음 각 호의 사항을 기재하여야 하며, 신청의 이유 및 임차권등기의 원인이 된 사실은 이를 소명하여야 한다.

 1. 신청의 취지 및 이유

 2. 임대차의 목적인 주택(임대차의 목적이 주택의 일부분인 경우에는 그 도면을 첨부한다)

 3. 임차권등기의 원인이 된 사실(임차인이 제3조제1항의 규정에 의한 대항력을 취득하였거나 제3조의2조 2항의 규정에 의한 우선변제권을 취득한 경우에는 그 사실)

 4. 기타 대법원규칙이 정하는 사항

③ 민사집행법 제280조제1항, 제281조, 제283조, 제285조, 제286조, 제288조제1항·제2항·제3항 전단, 제289조제1항 내지 제4항, 제290조제2항중 제288조제1항에 대한 부분, 제291조, 제293조의 규정은 임대차등기명령의 신청에 대한 재판, 임차권등기명령의 결정에 대한 임대인의 이의신청 및 그에 대한 재판, 임차권등기명령의 취소신청 및 그에 대한 재판 또는 임차권등기명령의 집행 등에 관하여 이를 준용한다. 이 경우 '가압류' 는 '임차권등기' 로, '채권자' 는 '임차인' 으로, '채무자' 는 '임대인' 으로 본다. 〈개정 2002.1.26〉

④ 임차권등기명령신청을 기각하는 결정에 대하여 임차인은 항고할 수 있다.

⑤ 임차권등기명령의 집행에 의한 임차권등기가 경료되면 임차인은 제3조제1항의 규정에 의한 대항력 및 제3조의2조2항의 규정에 의한 우선변제권을 취득한다. 다만, 임차인이 임차권등기이전에 이미 대항력 또는 우선변제권을 취득한 경우에는 그 대항력 또는 우선변제권은 그대로 유지되며, 임차권등기이후에는 제3조제1항의 대항요건을 상실하더라도 이미 취득한 대항력 또는 우선변제권을 상실하지 아니한다.

⑥ 임차권등기명령의 집행에 의한 임차권등기가 경료된 주택(임대차의 목적이 주택의 일부분인 경우에는 해당 부분에 한한다)을 그 이후에 임차한 임차인은 제8조의 규정에 의한 우선변제

를 받을 권리가 없다.

⑦ 임차권등기의 촉탁, 등기공무원의 임차권등기 기입 등 임차권등기명령의 시행에 관하여 필요한 사항은 대법원규칙으로 정한다.

⑧ 임차인은 제1항의 규정에 의한 임차권등기명령의 신청 및 그에 따른 임차권등기와 관련하여 소요된 비용을 임대인에게 청구할 수 있다.

[본조신설 1999.1.21]

제3조의4 〈민법의 규정에 의한 주택임대차등기의 효력 등〉

① 제3조의3조5항 및 제6항의 규정은 민법 제621조의 규정에 의한 주택임대차등기의 효력에 관하여 이를 준용한다.

② 임차인이 대항력 또는 우선변제권을 갖추고 민법 제621조제1항의 규정에 의하여 임대인의 협력을 얻어 임대차등기를 신청하는 경우에는 신청서에 부동산등기법 제156조에 규정된 사항 외에 다음 각 호의 사항을 기재하여야 하며, 이를 증명할 수 있는 서면(임대차의 목적이 주택의 일부분인 경우에는 해당 부분의 도면을 포함한다)을 첨부하여야 한다.

  1. 주민등록을 마친 날

  2. 임차주택을 점유한 날

  3. 임대차계약증서상의 확정일자를 받은 날

[본조신설 1999.1.21]

제3조의5 〈경매에 의한 임차권의 소멸〉

임차권은 임차주택에 대하여 민사집행법에 의한 경매가 행하여진 경우에는 그 임차주택의 경락에 의하여 소멸한다. 다만, 보증금이 전액 변제되지 아니한 대항력이 있는 임차권은 그러하지 아니하다. 〈개정 2002.1.26〉

[본조신설 1999.1.21]

제4조 〈임대차기간 등 〈개정 1983.12.30〉〉

① 기간의 정함이 없거나 기간을 2년 미만으로 정한 임대차는 그 기간을 2년으로 본다. 다만, 임차인은 2년 미만으로 정한 기간이 유효함을 주장할 수 있다. 〈개정 1989.12.30, 1999.1.21〉

② 임대차가 종료한 경우에도 임차인이 보증금를 반환 받을 때까지는 임대차관계는 존속하는 것으로 본다. 〈신설 1983.12.30〉

제5조 삭제 〈1989.12.30〉

제6조 〈계약의 갱신〉

① 임대인이 임대차기간 만료 전 6월부터 1월까지에 임차인에 대하여 갱신거절의 통지 또는 조

건을 변경하지 아니하면 갱신하지 아니한다는 뜻의 통지를 하지 아니한 경우에는 그 기간이 만료된 때에 전임대차와 동일한 조건으로 다시 임대차한 것으로 본다. 임차인이 임대차기간 만료 전 1월까지 통지하지 아니한 때에도 또한 같다. 〈개정 1999.1.21〉

② 제1항의 경우 임대차의 존속기간은 정함이 없는 것으로 본다. 〈신설 1999.1.21〉

③ 2기의 차임액에 달하도록 차임을 연체하거나 기타 임차인으로서의 의무를 현저히 위반한 임차인에 대하여는 제1항의 규정을 적용하지 아니한다.

제6조의2〈묵시적 갱신의 경우의 계약의 해지〉

① 제6조제1항의 경우 임차인은 언제든지 임대인에 대하여 계약해지의 통지를 할 수 있다.

② 제1항의 규정에 의한 해지는 임대인이 그 통지를 받은 날부터 3월이 경과하면 그 효력이 발생한다.

[본조신설 1999.1.21]

제7조〈차임 등의 증감청구권〉

약정한 차임 또는 보증금이 임차주택에 관한 조세·공과금 기타 부담의 증감이나 경제사정의 변동으로 인하여 상당하지 아니하게 된 때에는 당사자는 장래에 대하여 그 증감을 청구할 수 있다. 그러나 증액의 경우에는 대통령령이 정하는 기준에 따른 비율을 초과하지 못한다.

[본조신설 1983.12.30]

제7조의2〈월차임 전환시 산정률의 제한〉

보증금의 전부 또는 일부를 월 단위의 차임으로 전환하는 경우에는 그 전환되는 금액에 은행법에 의한 금융기관에서 적용하는 대출금리 및 당해 지역의 경제여건 등을 감안하여 대통령령이 정하는 비율을 곱한 월차임의 범위를 초과할 수 없다.

[본조신설 2001.12.29]

제8조〈보증금 중 일정액의 보호〉

① 임차인은 보증금 중 일정액을 다른 담보물권자보다 우선하여 변제 받을 권리가 있다. 이 경우 임차인은 주택에 대한 경매신청의 등기 전에 제3조제1항의 요건을 갖추어야 한다.

② 제3조의2조4항 내지 제6항의 규정은 제1항의 경우에 이를 준용한다. 〈개정 1999.1.21〉

③ 제1항의 규정에 의하여 우선변제를 받을 임차인 및 보증금 중 일정액의 범위와 기준은 주택가액(대지의 가액을 포함한다)의 2분의 1의 범위안에서 대통령령으로 정한다.

[전문개정 1989.12.30]

제9조〈주택의 임차권의 승계〉

① 임차인이 상속권자없이 사망한 경우에 그 주택에서 가정공동생활을 하던 사실상의 혼인관

계에 있는 자는 임차인의 권리와 의무를 승계한다.

② 임차인이 사망한 경우에 사망당시 상속권자가 그 주택에서 가정공동생활을 하고 있지 아니한 때에는 그 주택에서 가정공동생활을 하던 사실상의 혼인관계에 있는 자와 2촌 이내의 친족은 고동으로 임차인의 권리와 의무를 승계한다.

③ 제1항 및 제2항의 경우에 임차인이 사망한 후 1월 이내에 임대인에 대하여 반대의사를 표시한 때에는 그러하지 아니하다.

④ 제1항 및 제2항의 경우에 임대차관계에서 생긴 채권·채무는 임차인의 권리의무를 승계한 자에게 귀속한다.

[본조신설 1983.12.30]

제10조 〈강행규정〉

이 법의 규정에 위반된 약정으로서 임차인에게 불리한 것은 그 효력이 없다.

[제7조에서 이동〈1983.12.30〉]

제11조 〈일시사용을 위한 임대차〉

이 법은 일시사용을 위한 임대차임이 명백한 경우에는 이를 적용하지 아니한다.

[제8조에서 이동〈1983.12.30〉]

제12조 〈미등기전세에의 준용〉

이 법은 주택의 등기하지 아니한 전세계약에 관하여 이를 준용한다. 이 경우 '전세금'은 '임대차의 보증금'으로 본다.

[본조신설 1983.12.30]

제13조 〈소액사건심판법의 준용〉

소액사건심판법 제6조·제7조·제10조 및 제11조의2의 규정은 임차인이 임대인에 대하여 제기하는 보증금반환청구소송에 관하여 이를 준용한다.

[본조신설 1999.1.21]

부칙 〈제3379호,1981.3.5〉

①(시행일) 이 법은 공포한 날로부터 시행한다.

②(경과조치) 이 법은 이 법 시행 후 체결되거나 갱신된 임대차에 이를 적용한다. 다만, 제3조의 규정은 이 법 시행당시 존속중인 임대차에 대하여도 이를 적용하되 이 법 시행 전에 물권을 취득한 제3자에 대하여는 그 효력이 없다.

부칙 〈제3682호,1983.12.30〉

①(시행일) 이 법은 1984년 1월 1일부터 시행한다.

②(경과조치의 원칙) 이 법은 특별한 규정이 있는 경우를 제외하고는 이 법 시행 전에 생긴 사항에 대하여도 이를 적용한다. 그러나 종전의 규정에 의하여 생긴 효력에는 영향을 미치지 아니한다.

③(차임 등의 증액청구에 관한 경과조치) 제7조 단서의 개정규정은 이 법 시행 전에 차임 등의 증액청구가 있은 경우에는 이를 적용하지 아니한다.

④(소액보증금의 보호에 관한 경과조치) 제8조의 개정규정은 이 법 시행 전에 임차주택에 대하여 담보물권을 취득한 자에 대하여는 이를 적용하지 아니한다.

부칙 〈제4188호,1989.12.30〉

①(시행일) 이 법은 공포한 날부터 시행한다.

②(존속중인 임대차에 관한 경과조치) 이 법은 특별한 규정이 있는 경우를 제외하고는 이 법 시행당시에 존속중인 임대차에 대하여도 이를 적용한다.

③(담보물권자에 대한 경과조치) 이 법 시행 전에 임차주택에 대하여 담보물권을 취득한 자에 대하여는 종전의 규정에 의한다.

④(임대차기간에 대한 경과조치) 이 법 시행당시 존속중인 임대차의 기간에 대하여는 종전의 규정에 의한다.

⑤(소액보증금에 관한 경과조치) 이 법 시행당시 종전의 제8조의 규정에 의한 소액보증금에 해당하는 경우에는 종전의 규정에 의한다.

부칙 (정부부처 명칭 등의 변경에 따른 건축법 등의 정비에 관한 법률) 〈제5454호,1997.12.13〉

이 법은 1998년 1월 1일부터 시행한다. 〈단서 생략〉

부칙 〈제5641호,1999.1.21〉

①(시행일) 이 법은 1999년 3월 1일부터 시행한다.

②(존속중인 임대차에 관한 경과조치) 이 법은 특별한 규정이 있는 경우를 제외하고는 이 법 시행당시 존속중인 임대차에 대하여도 이를 적용한다.

③(임대차등기에 관한 경과조치) 제3조의4의 개정규정은 이 법 시행 전에 이미 경료된 임대차등기에 대하여는 이를 적용하지 아니한다.

부칙 〈제6541호,2001.12.29〉 이 법은 공포 후 6월이 경과한 날부터 시행한다.

부칙(민사집행법) 〈제6627호,2002.1.26〉

-제1조〈시행일〉 이 법은 2002년 7월 1일부터 시행한다.

-**제2조 내지 제5조** 생략

-**제6조〈다른 법률의 개정〉** ① 내지 〈41〉 생략

〈42〉주택임대차보호법중 다음과 같이 개정한다.

제3조의2제1항중 ‘채무명의’ 를 ‘집행권원’ 으로, ‘민사소송법 제491조의2’ 를 ‘민사집행법 제41조’ 로 하고, 같은 조제2항중 ‘민사소송법’ 을 ‘민사집행법’ 으로 하며, 같은 조제5항중 ‘민사소송법 제590조 내지 제597조’ 를 ‘민사집행법 제152조 내지 제161조’ 로 한다.

제3조의3제3항중 ‘민사소송법 제700조제1항, 제701조, 제703조, 제704조, 제706조제1항·제3항·제4항 전단, 제707조, 제710조’ 를 ‘민사집행법 제280조제1항, 제281조, 제283조, 제285조, 제286조, 제288조제1항·제2항·제3항 전단, 제289조제1항 내지 제4항, 제290조제2항중 제288조제1항에 대한 부분, 제291조, 제293조’ 로 한다.

제3조의5 본문중 ‘민사소송법’ 을 ‘민사집행법’ 으로 한다.

〈43〉내지 〈55〉생략

-제7조 생략

주택임대차보호법시행령 [일부개정 2002.6.19 대통령령 제17627호]

제1조 〈목적〉

이 영은 주택임대차보호법(이하 '법' 이라 한다)에서 위임된 사항과 그 시행에 관하여 필요한 사항을 정함을 목적으로 한다.

제2조 〈차임등 증액청구의 기준 등〉

① 법 제7조의 규정에 의한 차임 또는 보증금(이하 '차임등' 이라 한다)의 증액청구는 약정한 차임등의 20분의 1의 금액을 초과하지 못한다.

② 제1항의 규정에 의한 증액청구는 임대차계약 또는 약정한 차임등의 증액이 있은 후 1년 이내에는 이를 하지 못한다.

제2조의2 〈월차임 전환시 산정률〉

법 제7조의2에서 '대통령령이 정하는 비율' 이라 함은 연 1할4푼을 말한다.

[본조신설 2002.6.19]

제3조 〈보증금 중 일정액의 범위 등〉

① 법 제8조의 규정에 의하여 우선변제를 받을 보증금 중 일정액의 범위는 다음 각 호의 구분에 의한 금액 이하로 한다. 〈개정 2001.9.15〉

 1. 수도권정비계획법에 의한 수도권 중 과밀억제권역 : 1천600만 원

 2. 광역시(군지역과 인천광역시지역을 제외한다) : 1천400만 원

 3. 그 밖의 지역 : 1천200만 원

② 임차인의 보증금 중 일정액이 주택의 가액의 2분의 1을 초과하는 경우에는 주택의 가액의 2분의 1에 해당하는 금액에 한하여 우선변제권이 있다. 〈개정 1990.2.19〉

③ 하나의 주택에 임차인이 2인 이상이고, 그 각 보증금 중 일정액의 합산액이 주택의 가액의 2분의 1을 초과하는 경우에는 그 각 보증금 중 일정액의 합산액에 대한 각 임차인의 보증금 중 일정액의 비율로 그 주택의 가액의 2분의1에 해당하는 금액을 분할한 금액을 각 임차인의 보증금 중 일정액으로 본다. 〈개정 1990.2.19〉

④ 하나의 주택에 임차인이 2인 이상이고 이들이 그 주택에서 가정공동생활을 하는 경우에는 이들을 1인의 임차인으로 보아 이들의 각 보증금을 합산한다.

제4조 〈우선변제를 받을 임차인의 범위〉

법 제8조의 규정에 의하여 우선변제를 받을 임차인은 보증금이 다음 각 호의 구분에 의한 금액 이하인 임차인으로 한다.

1. 수도권정비계획법에 의한 수도권 중 과밀억제권역 : 4천만 원

2. 광역시(군지역과 인천광역시지역을 제외한다) : 3천500만 원

3. 그 밖의 지역 : 3천만 원

[전문개정 2001.9.15]

부칙 〈제11441호,1984.6.14〉 이 영은 공포한 날로부터 시행한다.

부칙 〈제12283호,1987.12.1〉

①(시행일) 이 영은 공포한 날로부터 시행한다.

②(소액보증금의 범위변경에 따른 경과조치) 이 영 시행 전에 임차주택에 대하여 담보물권을 취득한 자에 대하여는 종전의 규정을 적용한다.

부칙 〈제12930호,1990.2.19〉 이 영은 공포한 날부터 시행한다.

부칙 〈제14785호,1995.10.19〉

①(시행일) 이 영은 공포한 날부터 시행한다.

②(경과조치) 이 영 시행 전에 임차주택에 대하여 담보물권을 취득한 자에 대하여는 종전의 규정에 의한다.

부칙 〈제17360호,2001.9.15〉

①(시행일) 이 영은 공포한 날부터 시행한다.

②(경과조치) 이 영 시행 전에 임차주택에 대하여 담보물권을 취득한 자에 대하여는 종전의 규정에 의한다.

부칙 〈제17627호,2002.6.19〉 이 영은 2002년 6월 30일부터 시행한다.

상가건물임대차보호법 [일부개정 2002.8.26 법률 제06718호]

제1조〈목적〉

이 법은 상가건물 임대차에 관하여 민법에 대한 특례를 규정함으로써 국민 경제생활의 안정을 보장함을 목적으로 한다.

제2조〈적용범위〉

① 이 법은 상가건물(제3조제1항의 규정에 의한 사업자등록의 대상이 되는 건물을 말한다)의 임대차(임대차 목적물의 주된 부분을 영업용으로 사용하는 경우를 포함한다)에 대하여 적용한다. 다만, 대통령령이 정하는 보증 금액을 초과하는 임대차에 대하여는 그러하지 아니하다.

② 제1항 단서의 규정에 의한 보증 금액을 정함에 있어서는 당해 지역의 경제여건 및 임대차 목적물의 규모 등을 감안하여 지역별로 구분하여 규정하되, 보증금 외에 차임이 있는 경우에는 그 차임액에 은행법에 의한 금융기관의 대출금리 등을 감안하여 대통령령이 정하는 비율을 곱하여 환산한 금액을 포함하여야 한다.

제3조〈대항력 등〉

① 임대차는 그 등기가 없는 경우에도 임차인이 건물의 인도와 부가가치세법 제5조, 소득세법 제168조 또는 법인세법 제111조의 규정에 의한 사업자등록을 신청한 때에는 그 다음 날부터 제3자에 대하여 효력이 생긴다.

② 임차건물의 양수인(그 밖에 임대할 권리를 승계한 자를 포함한다)은 임대인의 지위를 승계한 것으로 본다.

③ 민법 제575조제1항·제3항 및 제578조의 규정은 이 법에 의하여 임대차의 목적이 된 건물이 매매 또는 경매의 목적물이 된 경우에 이를 준용한다.

④ 민법 제536조의 규정은 제3항의 경우에 이를 준용한다.

제4조〈등록사항 등의 열람·제공〉

① 건물의 임대차에 이해관계가 있는 자는 건물의 소재지 관할 세무서장에게 다음 각 호의 사항의 열람 또는 제공을 요청할 수 있다. 이때 관할 세무서장은 정당한 사유 없이 이를 거부할 수 없다.

1. 임대인·임차인의 성명, 주소, 주민등록번호(임대인·임차인이 법인 또는 법인 아닌 단체인 경우에는 법인명 또는 단체명, 대표자, 법인등록번호, 본점·사업장소재지)

2. 건물의 소재지, 임대차 목적물 및 면적

3. 사업자등록 신청일

4. 사업자등록 신청일 당시의 보증금 및 차임, 임대차기간

5. 임대차계약서상의 확정일자를 받은 날

6. 임대차계약이 변경 또는 갱신된 경우에는 변경된 일자, 보증금 및 차임, 임대차기간, 새로운 확정일자를 받은 날

7. 그 밖에 대통령령이 정하는 사항

② 제1항의 규정에 의한 자료의 열람 및 제공과 관련하여 필요한 사항에 대하여는 대통령령으로 정한다.

제5조 〈보증금의 회수〉

① 임차인이 임차건물에 대하여 보증금반환청구소송의 확정판결 그 밖에 이에 준하는 집행권원에 기한 경매를 신청하는 경우에는 민사집행법 제41조의 규정에 불구하고 반대의무의 이행 또는 이행의 제공을 집행개시의 요건으로 하지 아니한다.

② 제3조제1항의 대항요건을 갖추고 관할 세무서장으로부터 임대차계약서상의 확정일자를 받은 임차인은 민사집행법에 의한 경매 또는 국세징수법에 의한 공매 시 임차건물(임대인 소유의 대지를 포함한다)의 환가대금에서 후순위권리자 그 밖의 채권자보다 우선하여 보증금을 변제받을 권리가 있다.

③ 임차인은 임차건물을 양수인에게 인도하지 아니하면 제2항의 규정에 의한 보증금을 수령할 수 없다.

④ 제2항의 규정에 의한 우선변제의 순위와 보증금에 대하여 이의가 있는 이해관계인은 경매법원 또는 체납처분청에 이의를 신청할 수 있다.

⑤ 민사집행법 제152조 내지 제161조의 규정은 제4항의 규정에 의하여 경매법원에 이의를 신청하는 경우에 이를 준용한다.

⑥ 제4항의 규정에 의하여 이의신청을 받은 체납처분청은 이해관계인이 이의신청일부터 7일 이내에 임차인을 상대로 소를 제기한 것을 증명한 때에는 당해 소송의 종결 시까지 이의가 신청된 범위 안에서 임차인에 대한 보증금의 변제를 유보하고 잔여 금액을 배분하여야 한다. 이 경우 유보된 보증금은 소송의 결과에 따라 배분한다.

제6조 〈임차권등기명령〉

① 임대차가 종료된 후 보증금을 반환 받지 못한 임차인은 임차건물의 소재지를 관할하는 지방법원·지방법원지원 또는 시·군법원에 임차권등기명령을 신청할 수 있다.

② 임차권등기명령의 신청에는 다음 각 호의 사항을 기재하여야 하며, 신청의 이유 및 임차권등기의 원인이 된 사실은 이를 소명하여야 한다.

1. 신청의 취지 및 이유

2. 임대차의 목적인 건물(임대차의 목적이 건물의 일부분인 경우에는 그 도면을 첨부한다)

3. 임차권등기의 원인이 된 사실(임차인이 제3조제1항의 규정에 의한 대항력을 취득하였거나 제5조제2항
의 규정에 의한 우선변제권을 취득한 경우에는 그 사실)

4. 그 밖에 대법원규칙이 정하는 사항

③ 민사집행법 제280조제1항, 제281조, 제283조, 제285조, 제286조, 제288조제1항·제2항·제3항
본문, 제289조제1항 내지 제4항, 제290조제2항중 제288조제1항에 대한 부분, 제291조, 제293조
의 규정은 임차권등기명령의 신청에 대한 재판, 임차권등기명령의 결정에 대한 임대인의 이의
신청 및 그에 대한 재판, 임차권등기명령의 취소신청 및 그에 대한 재판 또는 임차권등기명령의
집행 등에 관하여 이를 준용한다. 이 경우 '가압류'는 '임차권등기'로, '채권자'는 '임차인'으
로, '채무자'는 '임대인'으로 본다.

④ 임차권등기명령신청을 기각하는 결정에 대하여 임차인은 항고할 수 있다.

⑤ 임차권등기명령의 집행에 의한 임차권등기가 경료되면 임차인은 제3조제1항의 규정에 의한
대항력 및 제5조제2항의 규정에 의한 우선변제권을 취득한다. 다만, 임차인이 임차권등기 이전
에 이미 대항력 또는 우선변제권을 취득한 경우에는 그 대항력 또는 우선변제권이 그대로 유지
되며, 임차권등기 이후에는 제3조제1항의 대항요건을 상실하더라도 이미 취득한 대항력 또는
우선변제권을 상실하지 아니한다.

⑥ 임차권등기명령의 집행에 의한 임차권등기가 경료된 건물(임대차의 목적이 건물의 일부분
인 경우에는 해당 부분에 한한다)을 그 이후에 임차한 임차인은 제14조의 규정에 의한 우선변제
를 받을 권리가 없다.

⑦ 임차권등기의 촉탁, 등기관의 임차권등기 기입 등 임차권등기명령의 시행에 관하여 필요한
사항은 대법원규칙으로 정한다.

⑧ 임차인은 제1항의 규정에 의한 임차권등기명령의 신청 및 그에 따른 임차권등기와 관련하여
소요된 비용을 임대인에게 청구할 수 있다.

제7조 (민법의 규정에 의한 임대차등기의 효력 등

① 제6조제5항 및 제6항의 규정은 민법 제621조의 규정에 의한 건물임대차등기의 효력에 관하
여 이를 준용한다.

② 임차인이 대항력 또는 우선변제권을 갖추고 민법 제621조제1항의 규정에 의하여 임대인의
협력을 얻어 임대차등기를 신청하는 경우에는 신청서에 부동산등기법 제156조에 규정된 사항
외에 다음 각 호의 사항을 기재하여야 하며, 이를 증명할 수 있는 서면(임대차의 목적이 건물의

일부분인 경우에는 해당 부분의 도면을 포함한다)을 첨부하여야 한다.

1. 사업자등록을 신청한 날

2. 임차건물을 점유한 날

3. 임대차계약서상의 확정일자를 받은 날

제8조 〈경매에 의한 임차권의 소멸〉

임차권은 임차건물에 대하여 민사집행법에 의한 경매가 행하여진 경우에는 그 임차건물의 경락에 의하여 소멸한다. 다만, 보증금이 전액 변제되지 아니한 대항력이 있는 임차권은 그러하지 아니하다.

제9조 〈임대차기간 등〉

① 기간의 정함이 없거나 기간을 1년 미만으로 정한 임대차는 그 기간을 1년으로 본다. 다만, 임차인은 1년 미만으로 정한 기간이 유효함을 주장할 수 있다.

② 임대차가 종료한 경우에도 임차인이 보증금을 반환 받을 때까지는 임대차 관계는 존속하는 것으로 본다.

제10조 〈계약갱신 요구 등〉

① 임대인은 임차인이 임대차기간 만료 전 6월부터 1월까지 사이에 행하는 계약갱신 요구에 대하여 정당한 사유없이 이를 거절하지 못한다. 다만, 다음 각 호의 1의 경우에는 그러하지 아니하다.

1. 임차인이 3기의 차임액에 달하도록 차임을 연체한 사실이 있는 경우

2. 임차인이 거짓 그 밖의 부정한 방법으로 임차한 경우

3. 쌍방 합의 하에 임대인이 임차인에게 상당한 보상을 제공한 경우

4. 임차인이 임대인의 동의 없이 목적 건물의 전부 또는 일부를 전대한 경우

5. 임차인이 임차한 건물의 전부 또는 일부를 고의 또는 중대한 과실로 파손한 경우

6. 임차한 건물의 전부 또는 일부가 멸실되어 임대차의 목적을 달성하지 못할 경우

7. 임대인이 목적 건물의 전부 또는 대부분을 철거하거나 재건축하기 위해 목적 건물의 점유 회복이 필요한 경우

8. 그 밖에 임차인이 임차인으로서의 의무를 현저히 위반하거나 임대차를 존속하기 어려운 중대한 사유가 있는 경우

② 임차인의 계약갱신요구권은 최초의 임대차 기간을 포함한 전체 임대차 기간이 5년을 초과하지 않는 범위 내에서만 행사할 수 있다.

③ 갱신되는 임대차는 전 임대차와 동일한 조건으로 다시 계약된 것으로 본다. 다만, 차임과 보증금은 제11조의 규정에 의한 범위 안에서 증감할 수 있다.

④ 임대인이 제1항의 기간 이내에 임차인에 대하여 갱신거절의 통지 또는 조건의 변경에 대한 통지를 하지 아니한 경우에는 그 기간이 만료된 때에 전임대차와 동일한 조건으로 다시 임대차

한 것으로 본다. 이 경우에 임대차의 존속기간은 정함이 없는 것으로 본다.

⑤ 제4항의 경우 임차인은 언제든지 임대인에 대하여 계약해지의 통고를 할 수 있고, 임대인이 그 통고를 받은 날부터 3월이 경과하면 그 효력이 발생한다.

제11조〈차임 등의 증감청구권〉

① 차임 또는 보증금이 임차건물에 관한 조세, 공과금 그 밖의 부담의 증감이나 경제사정의 변동으로 인하여 상당하지 아니하게 된 때에는 당사자는 장래에 대하여 그 증감을 청구할 수 있다. 그러나 증액의 경우에는 대통령령이 정하는 기준에 따른 비율을 초과하지 못한다.

② 제1항의 규정에 의한 증액청구는 임대차계약 또는 약정한 차임 등의 증액이 있은 후 1년 이내에는 이를 하지 못한다.

제12조〈월차임 전환시 산정률의 제한〉

보증금의 전부 또는 일부를 월 단위의 차임으로 전환하는 경우에는 그 전환되는 금액에 은행법에 의한 금융기관에서 적용하는 대출금리 및 당해 지역의 경제여건 등을 감안하여 대통령령이 정하는 비율을 곱한 월차임의 범위를 초과할 수 없다.

제13조〈전대차관계에 대한 적용 등〉

① 제10조 내지 제12조의 규정은 전대인과 전차인의 전대차관계에 적용한다.

② 임대인의 동의를 받고 전대차계약을 체결한 전차인은 임차인의 계약갱신요구권 행사기간 범위내에서 임차인을 대위하여 임대인에게 계약갱신요구권을 행사할 수 있다.

제14조〈보증금 중 일정액의 보호〉

① 임차인은 보증금 중 일정액을 다른 담보물권자보다 우선하여 변제 받을 권리가 있다. 이 경우 임차인은 건물에 대한 경매신청의 등기 전에 제3조제1항의 요건을 갖추어야 한다.

② 제5조제4항 내지 제6항의 규정은 제1항의 경우에 이를 준용한다.

③ 제1항의 규정에 의하여 우선변제를 받을 임차인 및 보증금 중 일정액의 범위와 기준은 임대건물가액(임대인 소유의 대지 가액을 포함한다)의 3분의 1의 범위 안에서 당해 지역의 경제여건, 보증금 및 차임 등을 고려하여 대통령령으로 정한다.

제15조〈강행규정〉

이 법의 규정에 위반된 약정으로서 임차인에게 불리한 것은 그 효력이 없다.

제16조〈일시사용을 위한 임대차〉

이 법은 일시사용을 위한 임대차임이 명백한 경우에는 이를 적용하지 아니한다.

제17조〈미등기전세에의 준용〉

이 법은 목적건물의 등기하지 아니한 전세계약에 관하여 이를 준용한다. 이 경우 '전세금'은

'임대차의 보증금' 으로 본다.

제18조 〈소액사건심판법의 준용〉

소액사건심판법 제6조·제7조·제10조 및 제11조의2의 규정은 임차인이 임대인에 대하여 제기하는 보증금반환청구소송에 관하여 이를 준용한다.

부칙 〈제6542호,2001.12.29〉

①(시행일) 이 법은 2002년 11월 1일부터 시행한다. 〈개정 2002.8.26〉

②(적용례) 이 법은 이 법 시행 후 체결되거나 갱신된 임대차부터 적용한다. 다만, 제3조·제5조 및 제14조의 규정은 이 법 시행당시 존속중인 임대차에 대하여도 이를 적용하되, 이 법 시행 전에 물권을 취득한 제3자에 대하여는 그 효력이 없다.

③(기존 임차인의 확정일자 신청에 대한 경과조치) 이 법 시행당시의 임차인으로서 제5조의 규정에 의한 보증금 우선변제의 보호를 받고자 하는 자는 이 법 시행 전에 대통령령이 정하는 바에 따라 건물의 소재지 관할 세무서장에게 임대차계약서상의 확정일자를 신청할 수 있다.

부칙 〈제6718호,2002.8.26〉 이 법은 공포한 날부터 시행한다.

상가건물임대차보호법시행령 [제정 2002.10.14 대통령령 제17757호]

제1조 〈목적〉

이 영은 상가건물임대차보호법에서 위임된 사항과 그 시행에 관하여 필요한 사항을 정하는 것을 목적으로 한다.

제2조 〈적용범위〉

① 상가건물임대차보호법(이하 '법' 이라 한다) 제2조제1항 단서에서 '대통령령이 정하는 보증금액' 이라 함은 다음 각 호의 구분에 의한 금액을 말한다.

 1. 서울특별시 : 2억 4천만 원

 2. 수도권정비계획법에 의한 수도권 중 과밀억제권역(서울특별시를 제외한다) : 1억 9천만 원

 3. 광역시(군지역과 인천광역시지역을 제외한다) : 1억 5천만 원

 4. 그 밖의 지역 : 1억 4천만 원

② 법 제2조제2항의 규정에 의하여 보증금 외에 차임이 있는 경우의 차임액은 월 단위의 차임액으로 한다.

③ 법 제2조제2항에서 '대통령령이 정하는 비율' 이라 함은 1분의 100을 말한다.

제3조 〈등록사항 등의 열람·제공〉

① 상가건물의 임대차에 이해관계가 있는 자는 법 제4조제1항의 규정에 의하여 등록사항 등의 열람 또는 제공을 요청하는 때에는 별지 제1호서식에 의한 요청서에 이해관계가 있는 자임을 입증할 수 있는 서류를 첨부하여 당해 건물의 소재지를 관할하는 세무서장에게 제출하여야 한다.

② 법 제4조제1항의 규정에 의한 등록사항 등의 열람 또는 제공은 사업자등록신청서·사업자등록정정신고서 및 그 첨부서류와 확정일자를 기재한 장부 중 열람을 요청한 사항을 열람하게 하거나, 별지 제2호서식에 의한 현황서나 건물도면의 등본을 교부하는 방법에 의한다.

③ 법 제4조제1항의 규정에 의한 등록사항 등의 열람 또는 제공은 전자적 방법에 의할 수 있다.

④ 법 제4조제1항제7호에서 '그 밖에 대통령령이 정하는 사항' 이라 함은 임대차의 목적이 건물의 일부분인 경우 그 부분의 도면을 말한다.

제4조 〈차임 등 증액청구의 기준〉

법 제11조제1항의 규정에 의한 차임 또는 보증금의 증액청구는 청구당시의 차임 또는 보증금의 100분의 12의 금액을 초과하지 못한다.

제5조 〈월차임 전환시 산정률〉

법 제12조에서 '대통령령이 정하는 비율' 이라 함은 연 1할5푼을 말한다.

제6조 〈우선변제를 받을 임차인의 범위〉

법 제14조의 규정에 의하여 우선변제를 받을 임차인은 보증금과 차임이 있는 경우 법 제2조제2항의 규정에 의하여 환산한 금액의 합계가 다음 각 호의 구분에 의한 금액 이하인 임차인으로 한다.

1. 서울특별시 : 4천500만 원

2. 수도권정비계획법에 의한 수도권 중 과밀억제권역(서울특별시를 제외한다) : 3천900만 원

3. 광역시(군지역과 인천광역시지역을 제외한다) : 3천만 원

4. 그 밖의 지역 : 2천500만 원

제7조 〈우선변제를 받을 보증금의 범위 등〉

① 법 제14조의 규정에 의하여 우선변제를 받을 보증금중 일정액의 범위는 다음 각 호의 구분에 의한 금액 이하로 한다.

1. 서울특별시 : 1천350만 원

2. 수도권정비계획법에 의한 수도권 중 과밀억제권역(서울특별시를 제외한다) : 1천170만 원

3. 광역시(군지역과 인천광역시지역을 제외한다) : 900만 원

4. 그 밖의 지역 : 750만 원

② 임차인의 보증금 중 일정액이 상가건물의 가액의 3분의 1을 초과하는 경우에는 상가건물의 가액의 3분의 1에 해당하는 금액에 한하여 우선변제권이 있다.

③ 하나의 상가건물에 임차인이 2인 이상이고, 그 각 보증금 중 일정액의 합산액이 상가건물의 가액의 3분의 1을 초과하는 경우에는 그 각 보증금 중 일정액의 합산액에 대한 각 임차인의 보증금 중 일정액의 비율로 그 상가건물의 가액의 3분의 1에 해당하는 금액을 분할한 금액을 각 임차인의 보증금 중 일정액으로 본다.

부칙 〈제17757호, 2002.10.14〉

①(시행일) 이 영은 2002년 11월 1일부터 시행한다.

②(기존 임차인의 확정일자 신청에 대한 경과조치) 이 영 공포 후 법 부칙 제3항의 규정에 의하여 임대차계약서상의 확정일자를 신청하고자 하는 자는 임대차계약서와 함께 사업자등록증을 제시하여야 한다.